中国商业新趋势

基于**新青年**的需求洞察与商业创新

崔大鹏　何琳 / 著

清华大学出版社
北京

本书封面贴有清华大学出版社防伪标签，无标签者不得销售。
版权所有，侵权必究。举报：010-62782989，beiqinquan@tup.tsinghua.edu.cn

图书在版编目（CIP）数据

中国商业新趋势：基于新青年的需求洞察与商业创新 / 崔大鹏，何琳著. --北京：清华大学出版社，2025.1.
ISBN 978-7-302-67918-9

Ⅰ.F72

中国国家版本馆 CIP 数据核字第 2025GA3777 号

责任编辑：徐永杰
封面设计：彩奇风
责任校对：宋玉莲
责任印制：刘海龙
出版发行：清华大学出版社
    网　　址：https://www.tup.com.cn，https://www.wqxuetang.com
    地　　址：北京清华大学学研大厦 A 座　　邮　　编：100084
    社 总 机：010-83470000　　　　　　　　邮　　购：010-62786544
    投稿与读者服务：010-62776969，c-service@tup.tsinghua.edu.cn
    质 量 反 馈：010-62772015，zhiliang@tup.tsinghua.edu.cn
印 装 者：三河市东方印刷有限公司
经　　销：全国新华书店
开　　本：148mm×210mm　　印张：10.125　字　数：290 字
版　　次：2025 年 3 月第 1 版　　　　　　印　次：2025 年 3 月第 1 次印刷
定　　价：79.00 元

产品编号：103424-01

推 荐 语

（按姓氏拼音顺序）

《中国商业新趋势：基于新青年的需求洞察与商业创新》不是对商业现象的简单描述，而是对商业趋势和社会发展的深刻思考和探索；它满足追求文明与自由的阅读者对各种商业根本问题和时代动向的追问，也可满足他们对创新和人生意义的探索。

曹远征

中银国际研究有限公司董事长

《中国商业新趋势：基于新青年的需求洞察与商业创新》通过深入研究新青年的喜好需要、社交方式、生活态度和价值观念等，揭示了他们对商业创新的期待，为我们了解新青年提供了独特的洞察。本书是崔大鹏博士和何琳女士多年研究积累的缩影，探讨了商业创新在新青年群体中的实践与应用，其中涉及商业模式创新、产品创新、服务创新、营销创新等多个方面。市场人和品牌人读后必定有收获！

古博

宏盟品牌咨询集团中国区主席，英图博略品牌咨询中国区主席，思睿高品牌咨询中国区主席我一直认为，所有的商业模式，都是人类需求的市场映射。新一代年轻人对商品的需求和选择，也往往意味着新的商业趋势。在《中国商业新趋势：基于新青年的需求洞察与商业创新》中，我看到作者对于年轻一代的消费者平权、灵性寻求、身份认同、中国骄傲等元素的挖掘，以及对商业社会变迁的研究，并通过泡泡玛特、红山动物园、野小兽、梵几家居、包小姐与鞋先生等数十个鲜活案例拆解，展现了未来中国的商业画卷。值得推荐！

梅波

弯弓 Digital 创始人、畅销书《私域流量实战：IP、流量池和内容中台》作者

本书将立足点放在了新青年，这是非常具有前瞻性的角度。青年代表着未来，新一代青年的价值观、行为模式和生活习惯，必将深刻影响商业的未来，也就代表着趋势。本书非常严谨地基于 4 个研究模型，归纳和分析各种需求趋势，为当下和未来的商业运作提供了宝贵的价值洞察。

谢宏

贝因美创始人

当代青年的价值取向多元化，受技术推动影响，新的商业模式和营销方法层出不穷，企业人士难免感到疲于奔命。《中国商业新趋势：基于新青年的需求洞察与商业创新》建构了一个洞察当代新青年和深度理解中国商业创新的窗口，作者化身为故事讲述者，以生动的笔触描述关于新青年的趋势洞察，解读商业创新案例。

读这本书,犹如商业创新的参与者,沉浸其中,启迪思考,获得启发。

周文

MetaThink 根元咨询联合创始人

很有趣的行文,让人能够一口气读完。我对书中"美的求索""灵性寻求"等案例印象特别深刻。《中国商业新趋势:基于新青年的需求洞察与商业创新》作者之一也是我的学生,告诉我此本书的写作素材来自对大量新青年的深度访谈,对企业各个部门的跟踪和观察,以及对部分品牌各个城市门店的现场体验,力求从客观、中立的角度分析商业规律和企业的实践探索。本书既适合快速阅读,又因为具备研究框架,适合读者在短期内对新青年的需求趋势有一个全面认识。

张怡

复旦大学发展研究院执行副院长

在市场经济波澜壮阔的大潮中,唯有不断创新才能在全球化经济社会中站稳脚跟。《中国商业新趋势:基于新青年的需求洞察与商业创新》以敏锐的洞察力、扎实的理论功底和翔实的案例分析了基于当代中国青年需求趋势的新模式和新产业,为我们打开了一扇读懂中国新商业的窗户。

张占斌

中央党校(国家行政学院)中国式现代化研究中心主任

推 荐 序 一

商业人士必须读懂现实的商业潮流

生活在 21 世纪的人们似乎已经完全接受了科学的思想体系——万物运行皆有规律,并因此创造了 200 年前难以想象的各种方便人们生活的技术和产品。例如,现在很少有人怀疑在看不见的地方存在着电子的移动,并且争先恐后地利用对电子流运动及其介质的科学理解,继续发明更多、更好的生活与生产的用品。

但是,当你漫步在商业世界中的时候,你在多大程度上依然笃信商业的运行也是有规律的呢?你是否想过在变化无常的商场竞争现象的背后,有着某些不容易一下子看见的力量在运行呢?不错,我们听过了很多创业者或商业大佬的故事。在那里,我们经常为他们的前瞻眼光、创业勇气、创新才能、扭转乾坤的领导力或者精微致远的管理所折服,我们也经常看到其对立面——那些"一失足成千古恨"的失败的故事。久而久之,在我们心中,商业世界就像风云变幻、起伏无常的海洋,时而风平浪静,人人都可以轻易地发财,时而又毫无理由地转入滔天波浪,无数商船顷刻之间进入无序状态,失衡失控,甚至颠覆沉没。

假如你已经经历过这样的场景,或者你正在筹划自己的商业人生,你该如何理解"万物运行皆有规律"呢?你能在多大程度上感受到(而非仅在理论上认识到)自己所在的商业组织正在或者将要受到某种潮流的支配呢?你是否也想找到影响或者决定特定市场起伏的那些规律呢？

坦率地说，在我个人观察所及的范围内，远非每个人都能像在自然科学领域中尊重自然规律那样来看待自己的事业。人们在很多的时候更愿意把商业的成败视为运气或者个人魅力的结果。只有很少的人能够坚持去注意追踪那些隐藏在成败故事背后常人不容易看见的社会现象、人性潮流的变化，因为那些东西"离我们太远了"，不仅不容易看到，"看清了，也没有太大用处"。"因为我们生活在效率时代，处处要突出 ROI 或者 KPI，你只要给我干货就得了，不要跟我讲这些大道理"。的确，在激烈的市场竞争中，企业的每一个策略都要在合理的时间内，一击制胜，并且，最好能招招制胜。这就容易让人放弃从源头上去理解商业的潮流和将要影响市场变化的趋势性力量，离题太远的东西，不仅可能浪费时间，而且即使你给我讲明了趋势，却不给我解决办法，还是没用。

这样的看法在一定程度上是值得同情的，甚至于也是对商业研究与咨询人员的警醒：要理论联系实际，不仅要探索趋势的动向，还要澄清这种动向与现实的商业竞争策略的关系。但是，作为实际从事或将要从事商业实际操作的职业人士或者商业管理者，还是不能忘记智者的传统格言，"人无远虑，必有近忧"。仅仅因为强调要"务实"，就轻易放弃对于将在未来 3～5 年或 5～10 年中影响自己所在市场走势的关注，而不去提升自己或自己所在组织观察市场趋势的方法技能，是一种对于最大的市场"实际"的漠视，是对自己、对企业不负责任的反智行为。因为，规律就是规律，它将要带来的变化，即使对于聪明而敏捷的组织，也要花一定的时间才能消化适应，并设计好相关的行动。你不去关注这样的潮流，就难以事先采取主动，而当未来到来时，你被迫所做的响应，即使成功，其成本也可能要高出百倍。

事实上，能够取得大成功的商业组织或商业领导者，都是前瞻性地观察市场变化并为未来的市场变化提前做好准备的高手。20世纪90年代末，当一位著名的商业战略学者遍访当时的电子行业的领导者时，问了他们一个共同的问题："你为未来的市场做了怎样的战略准备？"几乎所有受访者给出的答案都是基于已经存在的市场基础而去进一步做好自己已有布局内的工作（"把门把手擦得更亮"），只有一个人简单地回答道："我在看下一个市场的变化。"这个人就是乔布斯，他看见了音乐爱好者的痛点，也看到了音乐发行者的痛点，更看见了当时蓬勃发展的数码技术改变行业习惯的可能。

但也正是这位乔布斯，他有一句名言被广为传扬："我从不依靠市场研究。"很多人将这句话奉为不去费心认真理解市场需求的挡箭牌，他们将乔布斯的意思理解为市场研究没有用，因为消费者根本不知道他要什么。这其实是对乔布斯原意天大的曲解。就在他的"我从不依靠市场研究"这句话后面，乔布斯紧接着写道："我们的任务是读懂还没有落到纸面上的东西。"所以，他的意思不是不要市场研究，而是不能依靠不正确的市场研究，那些方法不对的市场研究，是没有"读懂还没有落到纸面上的东西"。也就是说，必须注重市场研究的方法。只有那些采用了正确方法的市场研究，才是可依靠的市场研究。联系到某些企业在市场研究方面的经费投入，就不难理解为什么有那么多的企业永远只能跟风，而鲜有在根本上创新引领的现实了。这是令人痛心而亟需改变的！

本书的两位作者都是我多年的朋友，也是我一直敬重的科学的商业研究探索者和实践者。在 20 多年的商业研究生涯中，他们一直致力于中国消费者和市场变化趋势的研究。他们与他们的客户一起经历过各种风云突变、大起大落的事件，但仍一直坚信理性的态度与科学的方法是在大风大浪中驾驭商业组织迈向成功的不二法门，并坚持用这种态度与方法服务于他们的客户。在过往的合作中，我看过他们为各类研究项目提交的非常专业而严谨的报告，成功地为客户的市场策略提供了基于人心变化和需求演变的"战地地图"。在本书中，我很高兴地看到他们为非市场研究专业的商业从业者与爱好者通俗地展示了多年来的研究成果。难能可贵的是，他们并没有因为通俗而放弃严谨，而是先将研究放在重要的理论体系之上，然后将这些理论作为工具去观察并描述中国市场消费者的特性与行为趋势。更进一步的是，他们也没有像常见的市场研究报告那样，只把自己的功课做到"描画出市场趋势地图"为止，而是将每一种所观察到的消费者趋势，联系到相应的市场化企业的响应案例。这样的研究"闭环"，为读者提供了可靠而易读的商业趋势入门材料。相信这本书能够成为千百万商业工作者理解市场研究、理解中国商业潮流的助力。

陈富国

根元咨询合伙人

推荐序二
阅读商业

那是2019年秋天的一个风和日丽的午后,我与崔博士在景致优雅的黄浦江畔有一场讨论,主题是如何培养商科学生的实际工作能力。我是纯粹的学术背景,崔博士则是先走学术道路然后转向研究和咨询领域。他在美国获得市场营销学博士学位,并在美国工作了相当长的一段时间,回国后继续从事市场研究实务工作。因为他也经常会到大学讲课,也是我每年给本科生开设的市场研究方面课程的"常客",所以他对中国的市场营销教育和企业营销实践都有着深刻的理解。

我们的讨论围绕培养商科学生的实际工作能力展开,时不时穿梭在美国、日本与欧洲等不同的国家、地区与制度空间里,在对比中互为参照、在论证中相互辩驳。在这样的沟通中,作为中国高等院校市场学研究会副会长兼教学委员会主任,我深感成立一家沟通市场研究学界与业界的组织的必要性和紧迫性。正是这次与崔博士的讨论,触动了我牵头发起在中国高等院校市场学研究会下筹建数据与市场研究专业委员会的念头。之后,经过多方发起人的磋商和依条例程序申请,中国高等院校市场学研究会数据与市场研究专委会(以下简称数研会)最终于2020年10月正式获批,并在江南大学承办的中国高等院校市场学2020年学术年会上成功举办了首场分论坛。非常值得一提的是,2023年,数研会在杭州成功举办了第一届营销科学家与营销工程师论坛。我们希望它成为一个有效连接高校、企业与研究机构的桥梁。

在讨论中，我们深感中国商业研究的薄弱——不但缺乏完整的案例库和可采信的数据系统，而且也没有形成自己系统化研究企业的视角。改革开放40多年来，我们所经历的商业发展与变化，无论从程度上还是从速度上来说，都是前所未有的。我们有幸生活在这个时代，目睹和体验了中国波澜壮阔的商业大潮。新产业和新商业模式不断涌现，深入到每一个人的生活和选择中。然而，关于中国企业的所有认知与描述往往建立在一些感性的、个人观察的，甚至是灵感性的基础之上。这些描述不但碎片化，而且缺乏严谨的思考和理论支撑。从学生成长的角度，也缺乏能帮助他们走进商业、领悟商业的读物。这成了我们痛心的遗憾！

崔博士告诉我他正在写一本关于中国商业趋势的书。他从事青年研究十余载，见证了众多企业的发展，恰好又刚刚完成了一项"95后"研究，深有触动。他想结合自己对当前商业发展的理解，为同学们理解商业尽一点微薄之力。完成这么一项宏大叙事是一个艰巨的挑战，不仅需要深度接触许多新兴企业，并在某些时刻亲临现场，也要对当代中国新青年的思想和价值观有独特的洞见。崔博士说，在那个黄浦江畔阳光和煦的午后，开始有一个巨大而沉默的使命凝视着他。他觉得自己逃无可逃，也觉得应该做点什么，而不是怀抱遗憾做个时代的旁观者。我能真切地感受到他的那份使命感，另辟蹊径的自信和即将开始一段忙碌生活的满足。

一晃四年多过去了，今天仔细研读完这本书稿之后，只能用四个字来形容我的感受——酣畅淋漓。

本书具有大人文的视野,从国内外学者纷繁复杂的著作中探察真知灼见;不拘学科和作者身份,深入经典与前沿,寻找契合当代中国商业创新和个体行为洞察的理论根基。作者开创性地发展了一个理论需求模型,归纳和概念化了青年人的长期行为趋势,并从需求视角审视当今中国商业的新模式与新产业。

本书对当代青年的素描我颇为认可。我从事本科教育三十余载,年轻人并不像媒体报道中所说的自闭、躺平、叛逆、冷漠等。他们有自己的价值观且非常多元化,他们对社会公益事业热心并愿意真心实意投入,他们勇于与传统割裂、拥抱新事物,他们也更加理性和务实。我乐观看待年轻一代,并为本书深挖和理解年轻一代的需求而感到高兴。

中国企业界是一个迷信奇迹的商业圈,但是40多年的时间已经足以让这个圈子里的人们开始重新思考商业的本质。商业的存在和价值是以满足一个独立的市场需求为前提的。当喧嚣的尘埃落定,商业创新和企业发展的真相就会浮出水面。本书的价值就是从长期需求趋势的角度来看待和分析商业,直接关联需求和商业模式,分析商业成功和失败必然性的一面。

本书涉及了一些有趣的新兴企业,如梵几家居、野小兽、包小姐与鞋先生、种籽造物等,甚至红山动物园也被纳入分析范围。企业家们可能从来没有想过在创新,但他们凭着勇气、冷静、毅力和对市场的洞察在做自己热爱的事情。他们当前还很弱小,未来也可能会失败,但他们已经绽放出新一代企业家的智慧和魅力。

本书没有用传统的教科书或者历史书的方式来写作,没有用冰冷的数字或模型湮没人们在商业创造中的激情、喜悦、呐喊、苦恼和无奈。其实，企业家不仅在创造商业，更重要的是对他们自身的审视和构建，因此商业应该是可以触摸的，是可以被感知的，也充满了血肉、碰撞和不可预测性。

本书集合了社会学、心理学、美学、政治学和经济学等的语言和思想，围绕着理解消费者行为进行阐述，对商业趋势的洞察和研究充满人文主义的关怀和审美价值。既有对宏大命题的讨论，也有对企业经营细节的描述。文学性强且文字优美，读起来乐趣丛生，时不时能读出哲学的味道、人生的意义、自己的生命和未来的世界。

感谢崔博士和何琳女士，他们记录了这个时代色彩斑斓的一页，也带给我们重新审视中国新商业的视角和框架。德鲁克在《21世纪的管理挑战》中提到，预测未来的最好方法是参与创造。我相信，未来10年将出现更加令人兴奋的商业新模式。让我们不辜负这个时代，全力以赴，共同开创属于自己的年华。

2024年的早春，上海的雨水特别充沛。在淅淅沥沥连续一周的小雨之后，阳光照射进外滩的一家咖啡馆里。室外明媚的阳光和裹挟暖意的江风，让屋内充满着轻快的氛围感。崔博士和何琳女士谈到过去几年写作的感受，一些思考中的趋势和疑惑，未来得及整理的素材，以及有待继续观察的企业。他们眼里有光，有欣慰，也有遗憾。但无论如何，这本书是他们人生中的一个里程碑，也是我乐见其成的有理论、有实践的商业专著。

本书不仅对商业领域专业人士有启发，也非常适合普通受众阅读。我极力将此书推荐给商学院的老师和同学，书中的案例可作为教学案例使用。同学们无论将来从事的是数据科学还是市场策划工作,对商业本质的理解,对中国商业现状的认知,都是其入门必修课。本书将让同学们对世界、对自己、对商业见微知著。

景奉杰

华东理工大学商学院二级教授、营销科学研究所所长

中国高等院校市场学研究会数据与市场研究专业委员会主任

中国高等院校市场学研究会执委会 CEO

序 如何游弋于年轻一代的内心世界

毫无争议,年轻人是推动社会进步的最大动力。年轻化和"潮"生活是目前最为流行的生活方式之一。一代又一代的年轻人不断颠覆过去,让不再年轻的人们应接不暇,感慨于年轻人的无畏与勇敢。

但是"95后""00后"究竟是怎样一群人?在笼统的年代划分之下,作为一个个鲜活的个体,如何通过研究将他们标记为有鲜明特征的一个个群体?

我们的两位"70后"创始人自2008年开始研究"80后",至今已有近16年的积累。我们通过大量的访谈和分析深入了解每一届年轻人,结合政治学、人类学、心理学等学科研究方法,逐步形成了自己的人群研究方法论。

研究的基础:研究模型

我们的研究主要基于四个研究模型。

第一个模型是美国精神分析理论家埃里克·洪伯格尔·埃里克森(Erik Homburger Erikson)的社会化发展理论[①]。基于对文化

[①] 埃里克. H. 埃里克森. 同一性:青少年认同机制[M]. 孙名之,译. 北京:中央编译出版社,2018.

和个体关系重要性的认识,埃里克森提出了"社会化发展理论"(psychosocial developmental theory)。他将人格发展看作历经八个阶段的一个过程。个体在每一个阶段都有其特殊的目标、任务和冲突,同时均面临一个发展危机(development crisis),每一个危机都涉及一个积极选择和一个潜在的消极选择之间的冲突。后一阶段发展任务的完成依赖于前期冲突的解决。社会化发展理论有助于我们从跨时间的角度明确影响年轻人"身份构建"的各种因素。

第二个模型是西方政治文化大家罗纳德·英格尔哈特(Ronald Inglehart)和克里斯蒂·韦尔泽(Christian Welzel)共同构建的世界文化地图(cultural map)[①]。每五年更新一次的世界文化地图从两个维度描述了全球各国文化价值观的变迁:横轴(x轴)代表生存价值观(survival values)与自我表达价值观(self-expression values),从左到右表示从生存价值观(注重经济和人身安全)逐渐过渡到自我表达价值观(注重主观幸福感和生活品质);纵轴(y轴)代表传统价值观(traditional values)与世俗理性价值观(secular rational values),从下到上则是表示从传统价值观(思想保守、教条严格)逐渐过渡到世俗理性价值观(理性宽容、开放鼓励)。世界文化地图有助于我们从跨地域的角度明确影响年轻人"价值观构建"的因素。

第三个模型是美国心理学家亚伯拉罕·哈罗德·马斯洛

---

① 罗纳德·英格尔哈特. 现代化与后现代化:43个国家的文化、经济与政治变迁[M]. 严挺,译. 北京:社会科学文献出版社,2013.

（Abraham Harold Maslow）的需求层次理论（Maslow's hierarchy of needs）[①]。该理论强调人的动机由人的需求决定。而且人在每一个时期，都会有一种需求占主导地位，而其他需求处于从属地位。同时，需求是由低到高逐级形成并得到满足。需求层次理论有助于我们从个体角度厘清年轻人不同需求产生的动机以及需求层次之间的关系。

第四个模型是我们结合心理学理论框架、社会学模型和人类学沉浸式田野研究方法，以马斯洛需求层次理论为原点所构建的中国年轻人需求趋势框架。我们将个体角度对抗需求不满足所产生压力的策略定为纵轴，将群体角度对抗压力的策略定为横轴，塑造出包含八个趋势、若干个子趋势的框架图，具体介绍参见本书第一章第二节。

研究重点的不同：现有年轻人需求趋势研究

为了明确我们的研究重点与其他年轻人需求趋势研究的差异，我们亦长期关注并搜集现有年轻人需求趋势报告，并重点讨论这些报告：结论是否能清晰区别物质主义青年与后物质主义青年的不同需求？能否对不同需求的动机给出合理解释？更重要的是，能否逻辑自洽地说明现实商业运作如何有效响应某种趋势？我们发现：现有资料主要从价值观、亚文化、触媒习惯这三个方面观察、探讨年轻人，并试图为他们贴上标签。

[①] 亚伯拉罕·马斯洛. 动机与人格[M]. 许金声，等译. 北京：中国人民大学出版社，2013.

- **价值观**

例如：在《95后年轻人注意力洞察报告》中[①]，调查者主要研究"95后"年轻人的注意力在时间、内容、形式、场域上的分布特征，说明"95后"年轻人注意力表现背后的深层次心理诉求，并总结为以下几点。

（1）"凸显独特人设"，看重独特刺激，用自我创作塑造独特人设。

（2）"追求美好生活"，享受当下，体验更多元化的世界和文化。

（3）"实现个人价值"，通过创业、创作来创造价值，为理想生活奋斗。

（4）"寻得群体归属"，个人价值实现，关注社区、国家和世界的动态。

这些总结看似吻合后物质主义价值观，然而仔细推敲又令人疑惑，这些标签似乎适用于任何年代、任何年纪的人群。比如，从古至今人类都在渴望"追求美好生活"，只是不同年代美好生活的定义不同。当下人们探索"实现个人价值"，与曾经奋斗过的父辈相比，"95后"年轻人的个人价值有何不同？再如，"看重独特刺激"。什么是刺激？年轻人为何看重刺激？更重要的是，如何通过商业运作满足刺激？

[①] 腾讯营销洞察. 95后年轻人注意力洞察报告[R/OL]. [2021-01-20]. https://research.tencent.com/pdf/web/viewer.html?r=Qn3&a=/.

- 亚文化

在《中国95后洞察报告》中[①]，调查者总结了"95后"年轻人群追求娱乐与潮流，受到大量前卫的"潮"文化、二次元文化的渗透，以及科幻和英雄主义、动漫游戏的影响等。科技、时尚、游戏、艺术等都对他们产生了潜移默化的影响。

这些内容更像是对现象进行直接摘录、缺乏概念精粹。为什么"95后"年轻人喜欢二次元文化？这些现象背后的需求动机是什么？其背后更深层次的与社会发展或个人发展之间的关系又是什么？

- 触媒习惯

在《2018年上半年95后网民行为分析》报告中[②]，调查者通过了解"95后"的生活习惯、兴趣爱好等并对其进行分析发现：就社交领域而言，QQ因为功能多样化而更加契合"95后"人群，活跃度相比微信更高；而"95后"对于偶像、细分领域关键意见领袖（key opinion leader，KOL）的关注，促使微博的重要性不断显现。这份报告更多的是对某些媒体特定效果的描述，而不是对年轻人需求的分析与探讨。

因此，我们发现现有研究存在的问题有：大部分内容只是对现象进行描述，缺乏归纳和概念化；即使有概念，对概念的诠释标签也较为表面化，没有挖掘现象背后深层次的需求与动机；结

[①] 艾瑞网. 中国95后洞察报告[R/OL]. [2019-12-11]. https://report.iresearch.cn/report_pdf.aspx?id=3487.

[②] 易观分析. 2018年上半年95后网民行为分析[R/OL]. [2018-11-19]. https://www.analysys.cn/article/detail/20019030.

论碎片化、缺少体系支撑，甚至偏向特定媒体的广告效果论述。最重要的是这些报告缺少概念与商业现实案例的联系，无法给予人们更多借鉴、启发。

研究的方法：构建闭环逻辑

我们的研究始于好奇心。当我们观察到年轻人具有一些不一样的需求表现时，我们想知道这些现象背后的原因，于是通过案头研究，认识到社会化发展理论、世界文化地图、需求层次理论可以解释我们看到的发生在年轻人身上的诸多现象变化。然而我们更关心的问题是这种目标优先顺序的转变引发出年轻人哪些新的需求趋势，以及从商业维度出发，这些需求趋势在商业运作上得到了何种应用。作为需求趋势研究者，我们需要从真实现象出发，探寻其背后的理论依据，研究最终的落脚点仍是指导商业实践，而不是仅仅停留于理论解释。

因此，以上述三个研究模型为指导，我们首先持续观察年轻人的态度与行为变化，接着开展广泛的深度访谈，然后对素材进行概念化和演绎，从而构建起我们的第四个研究模型——中国年轻人需求趋势框架。最后，我们通过案头研究或一手调研明晰每个趋势领域发生的典型商业实践，并探讨除了这四个研究模型，尚有哪些心理学、社会学、政治学等学科知识点，可以有效连接需求趋势与典型商业案例实践，最终确保我们的研究来自实践，回归实践，并可为实践所用。

由于部分需求趋势伴随英格尔哈特所界定的后物质主

义①青年数量的不断增加而逐渐显现，因此在这本书里我们着重描述对未来五年商业发展尤为重要的年轻一代的需求趋势。随着时间的推移，相信我们的需求趋势将不断得到补充和完善。不仅如此，我们也将定期再度执行这一需求趋势研究，从而不断加深、校准、更新我们对"新青年"的认知。

研究的关键工作环节

- **定性访谈与内容分析**

我们的研究素材大部分来自和年轻消费者面对面的接触与访问。第一种情况是我们主动参与年轻人组织和参加的活动，包括户外运动、公益活动等。此外，我们也会观察他们的微信朋友圈、经常浏览的网站和公众号、使用的 App，以及喜欢评论的内容等。

第二种情况是在条件允许的情况下，我们采用入户访问的方式，观察和体验年轻消费者的实际生活情况。例如：他们如何分配自己的空间，他们喜欢的装修风格，他们的收藏和他们在冰箱里储藏的食品等。对消费者行为与态度有意义的理解来自产品/服务在被使用的时候，消费者对于产品/服务（包括拥有的和想拥有的）的真实态度。同时，我们知道消费者行为经常是习惯的结果，而不是认知的结果，因此我们通常需要对定性访谈的资料做进一步的内容分析。

---

① "后物质主义"概念由政治及社会科学家罗纳德·英格尔哈特于 1977 年在他的著作《静悄悄的革命》中提出，是相对于物质主义而言的。与物质主义者注重物质财富不同，后物质主义者更加注重生活质量、自我实现、政治民主和环境保护等价值目标。

在内容分析工作环节，我们的研究工作主要是从各种各样关于年轻人的丰富素材中，分析和推导他们的需求，特别是要甄选出那些影响深远、为各种宏观因素所推动以及具备广泛人群基础的需求，因为只有这些需求才能被称为"趋势"。

- **素材的归纳与深化**

归纳的核心在于对事物本质的思考，而不是仅仅停留于对事物表面现象的总结。我们对貌似毫不相干、散落各处的现象开展分析，找出现象背后的共同之处，并进一步写下规律性的事物。比如，喜欢在折扣店挑选商品的年轻人与不喜欢衣服上标有显眼品牌标识的年轻人，背后是否存在相同的需求以及需求能否持续存在。

- **趋势的概念化**

概念化就是将不同的因素加以联合、概括、总结、提炼，并使之统一的过程。通常，概念化被认为是归纳的高级阶段。当被概念化之后，概念的重要作用不仅表现在概括着我们所收集的感性材料，而且还指导着我们感知的方向。概念化是发展理论的重要方法之一。

尽管概念化的过程受到主观因素的影响，也存在争议，但在关于年轻人需求趋势的研究中，需求趋势的概念化有助于我们聚焦趋势的边界、成因和表现。概念化的精准程度取决于研究者的研究背景与经验。随着我们自身知识的不断丰富以及与外界的持续探讨，我们对趋势概念的描述也将不断校准。

- **框架的演绎**

演绎的本质在于从已知的普遍规律推理出更为具体的群体表

现。在我们的研究中，既有通过演绎这一逻辑思维活动对某些现象进行解释，从而更好判断看似费解的现象实质归属于哪种趋势；也有从某一趋势核心概念出发对其不同维度展开分析，从而得到数个具备相同内核但又具有鲜明不同特征的子趋势。

- **案例的印证与示范**

趋势框架搭建的价值不在于单纯展现概念。作为一种思考方式和观察视角，趋势的价值在于帮助我们更理性看待各种感性的商业现象，并对未来展开逻辑性的预测。因此我们挖掘、描述众多商业案例，在抛开其他企业管理因素前提下，阐述趋势对这些案例成功或失败的影响。我们希望读者运用趋势的思考框架，从这些案例中推导出对自身行为与策略带来启发的决策。

研究的价值

所谓良好商业运作，即通过恰当的资源整合方式创造产品/服务，有效满足人们的某种需求，资源整合者也从中收获相应的商业利润回报。近16年的研究，让我们能够更客观地面对推动中国社会进步的一代又一代中国新青年，深刻理解他们在所谓"躺平"背后的持续自我努力，在所谓"冷漠"背后对整个社会投注的热情，在所谓"叛逆"背后的勇于尝试，以及在所谓"自闭"背后对外界的包容。我们希望用我们的研究更好地帮助企业为由于需求无法满足而感到不安的年轻人，创造出他们想要的产品/服务/体验，回应他们的各种需求。让良性商业运作为良性社会运作创造必要的社会价值。

尽管如此，身为写作者，我们坚持呼告。我们在这世上巡游。我们倾听，我们体察。我们吟唱诗歌，我们叙说故事。我们是各自时代的见证者。

——玛格丽特·阿特伍德（Margaret Atwood）

目　　录

第一章　记住："我"要的不一样 / 1

　　第一节　是什么在推动全新需求的产生？ / 1

　　第二节　年轻人到底喜欢和需要什么？ / 13

第二章　享受："我"要抛洒我的压力 / 23

　　第一节　年轻人如何释放压力？ / 23

　　第二节　寻求高感觉引发刺激子趋势 / 24

　　第三节　摆脱枯燥带来有趣子趋势 / 42

　　第四节　我要的刺激便捷、有趣，你可以满足吗？ / 63

第三章　热爱："我"要和谐的新型社交 / 65

　　第一节　年轻人的社交与过去有何不同？ / 65

　　第二节　既要表达更要参与引发的平权子趋势 / 66

　　第三节　我要的平权，你可以满足吗？ / 84

第四章　投入："我"要可持续发展的社会 / 86

　　第一节　年轻人如何投身建设可持续发展的社会？ / 86

　　第二节　寻求合理利用资源引发循环利用/节约

　　　　　　能源子趋势 / 87

第三节　互助才能可持续引发的关爱奉献子趋势／108

第四节　我要的循环利用/节约能源、关爱奉献，
你可以满足吗？／126

第五章　收敛："我"要寻求内在的意义／128

第一节　年轻人退缩于内心世界是消沉吗？／128

第二节　渴望灵魂的归属带来社会价值追求子趋势／129

第三节　我要的社会价值追求，你可以满足吗？／148

第六章　掌控："我"要摆脱压力的控制／150

第一节　年轻人如何面对压力带来的紧张？／150

第二节　爱与理解的缺失引发陪伴与倾诉子趋势／151

第三节　我要的陪伴与倾诉，你可以满足吗？／176

第七章　凸显："我"要与众不同的身份／178

第一节　差异化对年轻人重要吗？／178

第二节　追求文化认同带来中国骄傲子趋势／179

第三节　我要的中国骄傲，你可以满足吗？／202

第八章　超越："我"要可持续发展的自我／204

第一节　年轻人如何获得肯定与认同？／204

第二节　发展自我引发 DIY 子趋势／205

第三节　精神高度内卷带来延缓衰老子趋势／228

第四节　我要的 DIY、延缓衰老，你可以满足吗？／247

第九章　选择："我"要拥抱新的体验／249

第一节　年轻人如何探索外部世界？／249

第二节　科技进步带来虚拟与现实的模糊子趋势／250

第三节　富足的物质生活引发对美的求索子趋势／267

第四节　我要的虚拟与现实世界的模糊、对美的求索，你可以满足吗？／291

后记　敬畏、不停歇与永远好奇／293

第一章
记住:"我"要的不一样

第一节 是什么在推动全新需求的产生?

作为"70后"的我,和身边18~30岁的年轻人交流时,常常在不经意间备感惊讶:

——"我和好友曾去凉山支教一年。那里特别穷,每家都是三四个小孩。条件也特别苦,我们不仅要给孩子们上课,还要给他们做饭。难以想象平时'好吃懒做'的两个人,到了凉山竟成了楷模,感觉很有意义。"

——"我学建筑,现在也从事这行。工作就是画图、没完没了地加班。很难找到快乐,没有灵魂,也没办法表达自己。我扪心自问:为什么不换个喜欢的方向?于是开始学计算机。父母,经常质疑我。但我很坚决,既然迈出这一步,坚持下去没什么做不到。"

——"人类作为地球上最高等的动物,有责任对地球友好,应当尽量使用环保材料、追求低碳生活。平时在家我尽量少开灯、少开空调、少用塑料袋,从身边不起眼的事做起。"

"70后"一向自诩更有责任心、更吃苦耐劳,但是相比"95

后""00后",我们也更顺从、更不敢于表达自我。我们会非常自然地选择所谓"主流"的人生轨迹——求学、工作、结婚、生子,也许平淡无奇但安全稳妥。相反,"95后""00后"渴望尝试跳跃、不走寻常路的人生:按部就班的主流生活方式究竟有什么意义?自由与兴趣才是心之所向。那么,究竟为什么"我们"和"他们"有这样不同的价值观?或者说,为什么我们更"务实",他们更"飘忽"?

◇ 努力活着与追求幸福

罗纳德·英格尔哈特,曾是美国密歇根大学政治学教授、社会研究所主任,以及美国艺术与科学院院士。作为当代西方政治文化研究的大师级人物,英格尔哈特于1977年在其成名作《静悄悄的革命:西方民众变动中的价值与政治方式》一书中[①],以马斯洛的需求层次理论为基础,提出:一个国家多数人的需求层次结构,与该国的经济发展水平、工业化程度以及人均受教育水平直接相关。在发展中国家里,人们压倒性的需求是生理和安全需求,很少会涉及较高层次的需求;相反,在西方发达工业社会里,由于"二战"后的经济繁荣、较长时间的稳定和平以及现代福利国家的出现,年轻一代认为经济安全正如他们所呼吸的空气一样是理所当然的。因此,西方发达工业社会正发生一场影响深远的价值观代际转型:年轻一代开始追求更高层次的需求,强调自我表达与个人自由。

---

① 罗纳德·英格尔哈特.静悄悄的革命:西方民众变动中的价值与政治方式[M].叶娟丽,韩瑞波,译.上海:上海人民出版社,2016.

1981年，英格尔哈特开始主持"世界价值观念调查"（world values survey）项目，该项目覆盖90%左右的世界人口，涵盖100多个国家和地区：从年人均收入只有300美元的发展中国家到人均收入百倍于此的发达国家。调查结果每5年发布一次，最近一次是2018—2021年的第7期。在获得全球性、周期性数据的基础上，英格尔哈特证明：价值观的代际转型不仅发生在发达的西方国家，只要有同样的社会经济条件，也会发生在其他国家——随着工业化的深入，从生存价值观（survival values）向自我表现价值观（self-expression values）转变[①]。生存价值观将经济和物质保障放在优先地位，而自我表现价值观则强调个体表达与生活质量，表现为更加关注环境保护、两性平等、多元文化包容等方面。这种转变不是从一极走向另一极，而是反映优先目标的转变。换言之，后物质主义者并不认为经济和人身安全是负面价值，和其他人一样，他们认同它是正面价值；与物质主义者不同的是，他们将个人表现和生活质量放在更优先的位置。

◇ 中国人价值观的转变

2014年，81岁高龄的英格尔哈特第一次来到中国，虽然早在1989年他在开展第二次"世界价值观念调查"时，就已将中国纳入样本序列。在他看来：中国创造了发展的奇迹，就像日本和德国在"二战"后创造的奇迹一样。中国正在发生转型，从生存不稳定和贫穷阶段转型到比较富裕的阶段。在社会科学文献出版社

---

① 罗纳德·英格尔哈特. 现代化与后现代化：43个国家的文化、经济与政治变迁[M]. 严挺，译. 北京：社会科学文献出版社，2013.

演讲时，英格尔哈特表示①，"中国正处于发展的前期阶段，我预测，在20~25年后，中国会有个代际的转变，这个代际的转变会类似美国、西欧国家20世纪60年代的情形，它们在60年代出现了代沟，这和它们的经济奇迹以及受经济奇迹所影响的那一代人有关……但在年轻群体中，这种比例开始降低，也就是说物质主义者的数量开始逐渐下降，而后物质主义者的数量开始逐渐上升"。

作为"70后"，我们自己的日常感受某种程度上也在见证着中国缓缓前行的价值观代际转型——经济安全依然是人人必需的，但它不再等同于幸福。40多年经济的高速增长为全体中国人带来了历史上最好的生存安全期，并由此引发人们对于主观幸福感和生活质量的日益关注。在国家宏观层面，现代化的核心目标——经济增长和经济成就固然重要，但其他价值观也在日益凸显。由此，我们听到了"绿水青山就是金山银山"的"两山"理论，"富强、民主、文明、和谐；自由、平等、公正、法治；爱国、敬业、诚信、友善"的社会主义核心价值观。在个体微观层面，年轻一代的工作动机也逐步发生改变，强调从收入最大化和工作保障转变为追求工作的乐趣和意义。同时，个人表现（如环保、社交），以及生活质量（如体验、社会价值追求）开始逐步占据更为优先的位置。

◆ **需求趋势驱动因素**

为什么年轻一代更重视自我表现价值观？通过研究，我们认为购买力提升、受教育水平提高、老龄化社会、更长的寿命、城

---

① 中国社会稳定研究网. 英格尔哈特：迈向后现代社会的价值观念[C/OL]. [2013-08-13]. https://shwd.nju.edu.cn/81/a7/c15052a295335/page.htm.

镇化水平提升、技术进步、媒体渗透、生物病毒暴发、中国元素和自豪感以及流动性等十项因素，在驱动中国年轻一代价值观的代际转型并最终带来年轻人全新的需求趋势。

- **购买力提升**

国家统计局数据显示：1978 年我国城镇居民恩格尔系数为 57.5%，2022 年已降至 29.5%。恩格尔系数（Engel's coefficient）是食品支出总额占个人消费支出总额的比重。它的下降意味着中国人有更多的可支配收入用于改善生活，提升生活品质。

个人购买力提升背后是中国经济的飞速发展。中国的国内生产总值（GDP）从 1978 年的 3 679 亿元，至 2022 年突破 120 万亿元。对不少中国人而言，生活不再仅仅是为了吃顿饱饭和维持生计，更充裕的购买力让他们更愿意为有质量的生活而支出。然而，这也意味着他们对于产品/服务的要求变得更高，甚至一部分人开始穿越品牌更注重产品/服务更为真实的一面。不仅如此，正如英格尔哈特在其著作《现代化与后现代化》中所描述的：他们将繁荣看作理所当然，将他们的注意力转移到生活的其他方面，如社会环境质量。而且他们将更高、更苛刻的标准应用于这些领域。所以，虽然与物质主义者相比，后物质主义者通常生活的街区的喧嚣程度和污染程度都较低，但是他们显露的对环境的满意度却更低。

- **受教育水平提高**

教育部《2022 年全国教育事业发展基本情况》数据显示[①]：

---

① 教育部. 2022 年全国教育事业发展基本情况[EB/OL]. [2023-03-23]. http://www.moe.gov.cn/fbh/live/2023/55167/sfcl/202303/t20230323_1052203.html.

2022年全国普通、职业本专科共招生1 014.54万人，超过1978年的25倍。不仅如此，2022年，全国共有高等学校3 013所，换言之，过去40多年间高等学校的数量增长了近4倍。高等院校数量和招生人数的大幅攀升，意味着高等教育从原本仅面向少数人的精英教育，转型为超过40%的高中毕业生可被大学录取的大众教育。

高等教育的普及化一方面让更多年轻人有获得更好工作机会的可能性，从而带给其更多的生存安全感，生存安全是后物质主义价值观的起源；另一方面也让年轻人对于社会的了解更为深刻，促使他们更加懂得如何规划自己的时间和未来，更关注个人自我表达的空间，具有更高的平权意识，更前沿的性别认知，以及更高的审美要求。

教育水平的提高令年轻人的目标优先顺序发生转移，并不意味着他们从一极跳跃至另一极，也不意味着他们认为经济和人身安全不重要。相反，由于接受过高等教育的年轻人人数不断增加，部分年轻人为了获得更好的工作、晋升机会，愿意投入更多时间、精力、金钱用于个人持续学习，增强自身生存竞争力。

- **老龄化社会**

国家统计局数据显示[①]：2022年16~59岁的劳动年龄人口占全国总人口比重为62%；60岁及以上人口占全国总人口的19.8%，人口老龄化程度进一步加深。不仅如此，人口出生率从1978年的18.25‰断崖式跌落至2021年的6.77‰，换言之，1 000个人中仅

---

① 国家统计局. 人口总量略有下降，城镇化水平继续提高[EB/OL]. [2023-01-18]. http://www.stats.gov.cn/xxgk/jd/sjjd2020/202301/t20230118_1892285.html.

孕育不足 7 个人。如果减去死亡率，2022 年的人口自然增长率为 –0.60‰，这意味着一个超过 14 亿人口的超级大国一年净增人口数为负数。因此，2018 年全国老龄办常务副主任王建军表示[①]：预计到 2050 年前后，我国老年人口数将达到峰值 4.87 亿，占总人口的 34.9%。

人口结构不断老龄化让年轻人开始涌现延缓衰老的需求趋势。原本是老年人更为关注的养生方式，如用保温杯泡枸杞水，现在也被年轻人所追捧。除了传统的足球、篮球、器械健身等运动方式，冲浪、飞盘、骑行等更刺激、更独特的健身方式也开始小众"出圈"[②]，为更多人所了解、参与。通过医美让面容、皮肤、身形保持年轻，已不再是极少数人悄然进行的隐秘活动，而是年轻人可以在聚会上公开讨论、分享的话题。

- **更长的寿命**

国家卫健委数据显示[③]：中国居民人均预期寿命由 1978 年的 68.2 岁提高到 2021 年的 78.2 岁。人身、经济安全的有效保障让中国人的寿命在 40 多年间平均延长了 10 年，不仅如此，也开始超过全球预期寿命。世界卫生组织数据显示[④]：2019 年全球预期寿命为 73.3 岁。

---

① 新华社. 到 2050 年老年人将占我国总人口约三分之一[EB/OL]. [2018-07-19]. https://www.gov.cn/xinwen/2018-07/19/content_5307839.htm.

② 出圈，网络流行语，指人或事迅速走红，开始进入大众视野。

③ 国家卫生健康委员会. 2021 年我国卫生健康事业发展统计公报[EB/OL]. [2022-07-12]. https://www.gov.cn/xinwen/2022/07/12/content_5700670.htm.

④ 中国疾病预防控制中心. 最新世界卫生统计：中国人均预期寿命77.4岁，4类慢病导致过早死亡[EB/OL]. [2022-07-01]. https://www.chinacdc.cn/gwxx/202207/t20220707_260045.html.

更长的寿命让年轻人更关注自身可持续发展。持续学习、财富管理在他们看来都是在为长周期的生活做准备。不仅如此，更长的寿命引发年轻人对社会可持续发展的思考，毕竟社会是否可以持续稳定健康发展，直接影响到他们未来的生活质量。因此，循环利用、节约能源、关爱互助、互惠互利都成为年轻人更为关注的议题，他们也更有意愿参与相关的公益活动和社会组织。

- **城镇化水平提升**

国家统计局数据显示：2022年末，我国城镇人口占全国人口比重（城镇化率）为65.22%，而2015年则为56.1%。这意味着7年间近1.5亿人离开乡村涌入各级城市，我国城镇化水平不断提升。不仅如此，截至2021年底，全国人口超千万人的特大型城市已有18座，其中北京、上海人口已超过2 000万人。

城镇化令中国出现更为集中的市场、更为集中的商业以及更为集中的企业群。由此，为年轻人带来更为集中的工作机会、更为便利的生活环境以及更为开阔的视野，从而为年轻人提供更为安全的经济和人身保障。这也是许多出生在乡村的年轻人选择离开熟悉的故土，进入陌生城市奋斗、拼搏、定居的原因。然而，不断提升的城镇化水平也带来更为集中的能源消耗、环境污染等各种问题。特别是在超大型城市，年轻人面临更大的生活压力。面对城镇化附带而来的各种问题，年轻人渴望放缓节奏、需要更多的陪伴与倾诉，同时，他们也在积极参与循环利用、节约能源等各种公益活动。

- **技术进步**

在清华大学科学博物馆中，存放着一台1984年美国生产的康柏Deskpro 386台式电脑，这台计算机在当时的售价高达6 499美元，相当于4万多元人民币。而现在即使一台戴尔高端品牌的外星人笔记本也不超过2万元人民币。技术的进步让电脑成为普通中国人可以拥有的日常工具。不仅如此，技术进步带来互联网、移动应用的高度普及。2000年，普通人家只能通过"拨号上网"，上网费高达5元/小时，而现在中国电信100M的宽带使用费仅为1 200元/年。不仅硬件与软件使用的便利性为当下社会生活带来巨大变化，电子商务、短视频的涌现，也将引发未来生活的进一步改变，包括：人体将逐渐替代屏幕，成为人和产品重要的交互方式；居住环境全方位智能互联，智能化家居设备让生活变得更美好；从手表到药瓶都开始变得数码化、智能化，企业通过收集数据来观察、探究、影响消费者的行为习惯；技术让产品和服务的界限变得日益模糊，常常让人无法明确分清究竟哪些是产品，哪些是服务。

一方面，技术的发展为年轻人提供了更为智能化的生活、虚拟与现实界限模糊的生活形态，以及更多表达自我的渠道和空间；另一方面，年轻人接触的信息越多，越容易以更多维的方式看待事物，因此带来对人生的反思，开始寻求精神层面更高级的意义。

- **媒体渗透**

中国互联网络信息中心发布的《中国互联网络发展状况统计报告》显示[①]：截至2022年6月，我国网民规模达10.51亿，互联网普及率达74.4%，人均每周上网时长达29.5个小时。即时通信、网络直播、短视频用户使用率分别为97.7%、68.1%和91.5%，用户规模分别达10.27亿、7.16亿和9.62亿。

互联网的广泛普及让年轻人可以轻而易举地获得各种讯息，

---

① 光明日报.第50次《中国互联网络发展状况统计报告》发布[EB/OL].[2022-09-01]. https://www.gov.cn/xinwen/2022/09/01/content_5707695.htm.

而不再被传统纸媒或是电视媒介所限制。即时通信能够让年轻人分享各种不同的内容形式，包括照片、视频以及社交平台上流行的表情包等各类自我表达。网络视频、短视频在带给年轻人更多元化、更快餐式的信息获取方式的同时，也令年轻人花费大量时间在媒体娱乐上，有时他们甚至无法分清虚拟与现实。由此，一部分年轻人开始透过碎片化的信息和世界，寻找更具真实性的体验和内容。

- **生物病毒暴发**

突如其来的生物病毒自 2020 年初开始传播。生物病毒的蔓延不仅对社会经济带来重大冲击，而且使整个中国、亚太地区和世界各地消费者的行为方式产生了诸多改变，包括：更多人关注自身健康，主动运动健身；以往喜欢热闹的年轻人开始不愿意前往人群汇聚的公共场合；网络菜谱浏览量增多，人们开始尝试在家自己做饭以及开展其他 DIY（do it yourself，自己动手制作）活动等；个人和组织都逐渐接受居家办公的方式；直播卖货成为新的行业风口，大型商超销售业绩每况愈下……

病毒不仅对人们的身体健康产生影响，更促使人们重新思考人与人、人与城市之间的关系。一些年轻人在病毒蔓延的静默期间，展现出前所未有的对他人的无私奉献、关爱互助。也有一些年轻人选择在静默期结束后离开过往生活的超一线城市，前往其他城市寻找更有趣、更真实的生活。

- **中国元素和自豪感**

交通运输部数据显示[①]：截至 2021 年底，全国公路总里程

---

① 交通运输部. 2021 年交通运输行业发展统计公报[EB/OL]. [2022-05-22]. https://xxgk.mot.gov.cn/2020/jigou/zhghs/202205/t20220524_3656659.html.

528.07万千米，其中高速公路里程16.91万千米，公路里程规模居全球首位。中国已成功建设世界上规模最大、现代化水平最高的高速铁路网，到2021年底，高铁营业里程突破4万千米，占世界高铁总里程2/3以上。从无人飞行到载人飞行，从一人一天到多人多天，从舱内实验到出舱活动，从单船飞行到组合体稳定运行，载人航天工程30年的发展令中国成为世界上第三个拥有载人航天技术的国家。二维码支付在日常生活中的出现和迅速普及，让中国普通民众体验到在全球其他国家无法体验到的无现金化生活，以及由此带来的支付、出行、购物的高度便捷。

过去的20年为中国普通民众开启思维定势重构，"95后""00后"的年轻人不仅成长于一个物质充沛的国家，而且成长于一个日新月异、不断在众多领域成为全球第一的国家，因此他们可以以一种全新的视角看待个人、国家在世界中的地位。他们的民族自信心、国家自豪感不断提升，并且这种自豪感不仅局限于经济硬实力，而且开始渗入文化软实力中。年轻人对于中国制造、中国品牌的信心不断增强，对于中国元素的认同感也日益扩大，推崇国货成为身份的象征以及年轻人表达自我、寻觅志同道合伙伴的一种方式。

- **流动性**

交通运输部数据显示[①]：截至2022年12月底，31个省（自治区、直辖市）和新疆生产建设兵团共有53个城市开通运营城市轨道交通线路290条，运营里程9 584千米。便捷的交通方式让超一线、一线城市中的年轻人自由流动。不仅如此，以上海、广

---

① 交通运输部. 2022年城市轨道交通运营数据速报[EB/OL]. [2023-01-20]. https://www.gov.cn/xinwen/2023-01/20/content_5738226.htm.

州/深圳为核心的长三角一体化、珠三角一体化建设，让这些超一线城市周边的中小型城市也变得更为宜居。年轻人可借助轨道交通在核心城市获得更多保障经济安全的工作机会，同时在周边城市定居获得更高品质的生活。

作为现代化的重要部分，个人的自由流动成为现代生活的基本方式。年轻人向往独立、刺激、便捷、无拘无束的生活，来一场说走就走的旅行是无数年轻人渴望实现的梦想。对于循规蹈矩的职场抱以更少的耐心则是他们在人身、经济安全前提下，更注重个人表达和生活质量的一种表现。他们在流动中了解人生百态，逐渐认知本真，发现自身真正所求。

☞ **结语**

由于上述十项宏观驱动因素，一部分"95后""00后"的年轻人开始与前人和同龄人不同，表现出更多后物质主义价值观的特征：更早地寻求经济独立、更早着眼规划未来、对未来充满信心、判断标准多元化、热心公益更有社会担当、更关注现实不空谈理想、为自己创造更多可能、拒绝安稳、敢于追求真实自我。然而，由于中国经济增长地域间的不均衡以及城市和乡村之间发展的差异，目前拥有后物质主义价值观的人群主要集中在北京、上海、广州、深圳这些超一线城市，以及杭州、成都、武汉等一线城市和沿海发达地区。然而，伴随着社会持续的稳定、经济的繁荣与不断调整中的分配均衡，换言之，随着中国现代化进程的不断推进，也许将如英格尔哈特所预测，2035年后，中国重视个人表现和生活质量的人口群体将有可能超过更为重视经济和人身安全的人口群体。

本章思考

1. 与你的父母或子女相比，你认为你和他们在价值观上最大的差异是什么？

2. 除了本节列出的十项因素外，你认为还有哪些因素影响趋势的出现与发展？

3. 你认为人生的意义是什么？

第二节 年轻人到底喜欢和需要什么？

趋势，我们定义为在社会层面上一个显著的行为上的主题。本质上，我们通过自己的行为来诠释生活的意义。如果我们观察一个人的行为，他的姿势、态度、动作、表情、礼貌、野心、习惯、特征等，无不体现出他个人对"生活意义"的理解。他的行为让我们相信，他似乎对某种关于生活的解释深信不疑，他的一举一动都蕴含了他对这个世界、社会和他自己的看法。他似乎在用自己的行动宣示"我就是这个样子，而世界就是那种形态"，这便是他赋予自己以及生活的意义。

在时代的大背景下，每一个趋势都会烙上时代的印记，都会产生基于时代因素的主题。在本书中我们就是挖掘这些主题，研究它们的规律。我们在本篇要呈现的框架，不仅概括了我们挖掘的所有主题，而且能启发我们继续追踪和挖掘。

尽管这些主题有时代的烙印，但它们离不开人类的基本需求属性。让我们先从框架的原点开始。

✧ 框架的原点

英格尔哈特以马斯洛的需求层次理论为基础，提出价值观的代际转型。在中国，购买力提升、受教育水平提高、老龄化社会、更长的寿命、城镇化水平提升、技术进步、媒体渗透、生物病毒爆发、中国元素和自豪感、流动性等十项驱动因素，引发年轻人逐渐从生存价值观向自我表现价值观转变，并随之带来年轻人全新的需求趋势。因此，当我们希望为所有需求趋势寻找一个坐标原点时，我们需要将目光再次转向马斯洛的需求层次理论。

需求层次理论告诉我们：每个人都有一个需求的金字塔。第一层是类似动物属性的生理需求，是我们活着的最基本需求，我们会饥饿、会口渴、想睡觉……需要身体保持舒适状态。第二层是安全需求，每个人都渴望活着但没人希望活得提心吊胆，我们渴望安定生活，期待工作和生活的保障，能为自己和家人提供一种从容安全的生活状态。第三层是归属需求，作为社会性动物的人，需要被社会接纳，成为社会中的一员。第四层是关于尊重的需求，我们渴望获得声望、成就，渴望被他人肯定，渴望在群体中有自己的地位。第五层是自我实现的需求，正如 2005 年史蒂夫·乔布斯（Steve Jobs）在斯坦福大学毕业典礼上发表的演讲中所说："活着，就是为了改变世界……你是否知道在你的生命中，有什么使命是一定要达成的？……我们生来就随身带着一件东西，这件东西指示着我们的渴望、兴趣、热情以及好奇心，这就是使命。"换言之，我想要因为我，世界变得不同；我想要激发我的潜能，不仅是打造更完善的自己，而是要对人类社会、地球甚至整个宇宙有所创造。

既然有需求，人们就会想办法满足。某些场合下，某些需求可以获得即刻满足，比如婴儿在母亲肚子里，各样需求可以即刻得到满足。但是在绝大部分情况下，人们的需求是不能立刻满足甚至长期无法满足的。又或者虽然有满足需求的外部解决方案，但是内心需求和外部解决方案可能不一致、不匹配。库尔特·勒温（Kurt Lewin）通常被认为是社会心理学领域的奠基人，并创建了该领域研究人与环境互动的方法。勒温指出一个没有达成的需求会导致个体产生一种紧张感，这种紧张状态会被多个与需求相关的物体和多个满足需求的路径极大地削减，最终个体会选择最适合的物体和路径来满足需求[①]。换言之，为满足需求所产生的紧张感，个体会为满足需求的行为赋予更多动力。所以，我们认为消费者行为是用来缓解因内心需求没有得到满足所引起的潜意识里的不安的一种具体行为。当个体行为逐渐成为众多人的共同行为，且持续时间较长、影响较大时，趋势就形成了。

事实上，需求为人创造了一个解读框架，通过这个框架，人所在环境的信息被处理、被理解、被用来采取行动。需求为人提供了一种对周围环境，包括环境中的物体、事件和结果等的解读意义，进而为人提供一种对环境的控制感。通过我们的需求，我们日常工作的思想、信仰、欲望、担心等都被转化为行动。我们仔细想一下，如果缺乏对他人为什么而奋斗和如何奋斗的理解，

---

① Lewin, Kurt. Field theory in social science: Selected theoretical papers[M]. Harper & Row, 2018.

我们如何能预测他人的行为呢？如果不能预测他人的行为，我们怎么知道如何采取行动呢[①]？

总结一下，需求趋势归根结底是人群为了缓解需求不满足引发的潜意识中的不安而采取的具体行动策略。我们能看到行为，但行为由需求驱动。因此，我们也称这些趋势是需求趋势。

需求趋势有三个特点：

（1）它持续的时间很长。持续时间很短的趋势通常被称为流行或者时尚。当一个趋势成立之后，它通常持续的周期长达5～10年，而不是一两年的昙花一现。

（2）它有广泛人群基础，因此有巨大影响力。如果只是在少部分人中发酵，只能称之为"小众"元素。

（3）它的出现不是一夜之间突然生发。它通常由社会、经济或技术的演进而导致。而这几项常常是缓慢演进，因此趋势的出现和演进也是缓慢而行。

✧ 框架的坐标轴

从个体角度而言，应对潜意识里产生的不安可以有两种策略。第一种策略是抑制潜意识的不安，导致个体去寻求稳定和控制感，这种策略由疑惑或者怀疑驱动。神经学和目标心理学的最新发展告诉我们，人类大脑中有一种"恐慌和恐惧系统"，这个系统的目标是让人回避恐惧，力求被照顾和被保护[②]。这个系统可以追溯到

[①] Moskowitz, Gordon B. and Heidi Grant. The Psychology of Goals, eds[M]. The Guilford Press, 2009.

[②] 信睿周报. 认知神经科学视野下的情绪研究[EB/OL]. [2020-09-14]. https://mp.weixin.qq.com/s/Tjsnp9hpHlL5CfhYma2bHw.

人类大脑进化的初始阶段。当人类在严酷的自然环境中生存时，对外界的危险有着天生的敏锐度。当"恐慌和恐惧系统"被激活时，人类的自然反应是躲避危险、寻求安全。即便人类进化到现在也是如此，在婴童期，我们使用"哭声"来寻求父母的注意力和照顾，这是一种强大的情感系统。这个"恐慌和恐惧系统"是人类许多行为的基础，比如我们在趋势中讨论逃避现实、寻求陪伴等。

第二种策略是接受并释放潜意识里的不安，导致个体去寻求刺激，这种策略由开放和确定性的态度驱动。部分个体认为既然有危险，那么我们就与危险共舞，从危险中去释放自己的荷尔蒙。在这些个体看来，躲避危险不是一种长期策略，只会让生活更加枯燥和烦闷。从进化论的角度来看，正面拥抱危险、寻求刺激的行为与多巴胺的分泌相关。多巴胺是一种神经传导物质，用来帮助细胞传送脉冲的化学物质。这种脑内分泌物和人的情欲、感觉有关，它传递兴奋及开心的信息[1]。第二种策略是我们所讨论的寻求即刻满足、寻求刺激等趋势的基础。

从社会角度而言，应对潜意识里产生的不安也有两种策略：第一种策略是通过个体的努力改善其情景，提升自我，从而个体强化在群体中的地位，以区别于他人。"现代个体心理学之父"阿尔弗雷德·阿德勒（Alfred Adler）认为，人与生俱来就有一种内驱力，人类一切行为都受"向上意识"的支配，因此追求人群中的优越感是所有人类的通性[2]。现代社会中，没有人能逃得

---

[1] 瑞典科学家阿尔维德·卡尔森（Arvid Carlsson）确定多巴胺为脑内信息传递者的角色，并凭借此发现获得2000年诺贝尔生理学或医学奖。

[2] 阿尔弗雷德·阿德勒. 阿德勒：在自我启发中成长[M]. 王晓琳，译. 南京：江苏凤凰文艺出版社，2019.

过竞争激烈、资源有限的挑战，因此我们必须发展自身身体和心灵，确保我们未来在社会中获得可持续性的发展。事实上，每个人都会有自己的优越感目标，优越感目标属于个人独有，它取决于个人赋予生活的意义，建立在个人的生活方式之中。虽然优越感为个人独有，但它的意义必须由社会承认和认可，也就是能被认定为有效的意义。

第二种策略是强化融入群体和对群体的归属感，与他人积极合作，并为群体作出贡献。这个策略是基于当代年轻人所理解的一个事实：我们自己并不是社会的唯一成员，我们四周还有其他人。只要我们还生活在社会里，就必然要和他们发生联系。单个的人很脆弱，他要受到种种限制，这使得单个的人在多数情况下无法单独完成自己的目标。个体为了自己的幸福，同时也为了社会整体的福祉，所采取的最重要的行动就是和别人发生联系。因此，我们在生活中必须把这种联系考虑在内。当代年轻人意识到，在社会中我们必须与群体合作，互助合作分享合作的群体利益，同时从合作中获得个体成长。我们观察到，当代中国年轻人在合作的过程中表现出有利于社会、有利于他人的明显倾向，他们对价值和成功的判断标准是以合作为基础的。

如果将个体角度的策略定为纵轴，将群体角度的策略定为横轴，我们就有了个体应对需求不满足所引发不安的四个基本策略。当然，在日常生活中，人们所使用的策略比前文讨论的四个基本策略精妙和复杂得多。我们常常可以看到人们在横或纵坐标轴上寻求平衡，平衡点则由个体希冀在社会群体中的自画像决定。同时，我们也看到人们采取混合策略，即一种基于个体角度的策略和一种基于社会角度的策略的混合体。因此在实践中，为了丰富策略的构成，我们补充了四个混合策略，构成了中国年轻人需求的八个趋势（图1-1）。

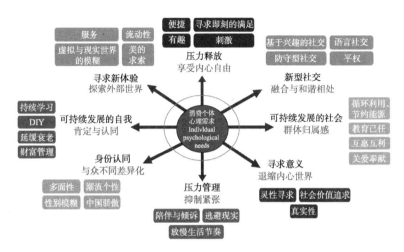

图1-1 中国年轻人需求的八个趋势坐标图

一个趋势可以包含若干个子趋势。子趋势是趋势在某一个维度上的反映，子趋势之间有共同点，但不同的子趋势又有一定的差异，描述了不同的主体行为。

◇ **框架概述**

我们将从"压力释放"趋势开始，顺时针介绍每一个趋势。

（1）压力释放：个体接受并释放潜意识里的不安去享受生活、追求乐趣，寻找让心灵放飞的自由。这个趋势包括便捷、寻求即刻的满足、有趣和刺激等四个子趋势。

（2）新型社交：个体在这个趋势下，不仅寻求和谐的相处方式和方法，而且重新定义人与人、人与组织之间的边界。这个趋势包括基于兴趣的社交、语言社交、防守型社交、平权等四个子趋势。

（3）可持续发展的社会：年轻人已经意识到合作的重要性，让社会和群体可持续发展与个体发展相辅相成。这个趋势包括循环利用/节约能源、教育己任、互惠互利、关爱奉献等四个子趋势。

（4）寻求意义：它介于个体化的控制策略和寻求社会归属感策略之间，这个区域的个体退缩于自己的内心世界，试图在稳定感和集体融入感之间寻求一个平衡。这个趋势包括灵性寻求、社会价值追求、真实性等三个子趋势。

（5）压力管理：当外部世界不确定性高、外部压力增大时，个体寻求对生活的掌控感，从而减少外部压力的影响。既然无法化解外部世界的压力，个体就从自身寻找解决策略。这个趋势包括陪伴与倾诉、放慢生活节奏、逃避现实等三个子趋势。

（6）身份认同：当自己的需求和外部世界不能对接时，个体在非权力的维度上，通过重新定义自己和自己的身份来表达与众不同，彰显自己的个性。这个趋势包括多面性、潮流个性、性别模糊、中国骄傲等四个子趋势。

（7）可持续发展的自我：突出个体的个人表现，提升自己的身体和心灵,强化自身自信和魅力。这个趋势包括持续学习、DIY、延缓衰老、财富管理等四个子趋势。

（8）寻求新体验：个体意识到需要拓宽自己的边界，需要探索外部世界寻找满足需求的策略。这个趋势包括虚拟与现实世界的模糊、服务、流动性、对美的求索四个子趋势。

◇ 趋势间的关系

（1）在图 1-1 中，处于对角线两端位置的趋势相互对立。例如："寻求新体验"与"寻求意义"：前者通过积极探索外部世界，接受和释放潜意识中的不安，比如年轻人热衷通过流动探寻选择不同城市、不同职业、不同群体的差异，一辈子只生活在一个城市、只从事一种工作，甚至只结交一群人，对于不少年轻人而言都是无法想象的人生；后者则是通过深入探究自身内部世界，抑制潜意识的不安，比如灵性寻求，一部分年轻人面对外部世界的压力时，可能无所适从并感受到不安，因此他们退缩于内心，希望理解事物的本质，建立事物在内心的意义，从内心深处获得力量。

（2）任何一个趋势处于相邻两个趋势的平衡点。例如："寻求新体验"介于"可持续发展的自我"与"压力释放"之间。"可持续发展的自我"是通过努力不断强化个体在群体中的地位和与众不同，"压力释放"则是个体通过开放的态度极力释放内心潜意识中的不安，"寻求新体验"则是个体在强调自我发展与释放情绪之间找到一个平衡点，通过对外部事件的探索和学习，体验到外部世界一定程度的新鲜感，从而获得成长和满足。

了解中国年轻人需求趋势全貌以后，从下一章开始，我们将对每个趋势以及其中包含的子趋势进行细致介绍，并且通过案例展现商业组织如何通过模式、营销、品牌和产品创新响应这些趋势。

本章思考

1. 你觉得自身承受的压力大吗？如果需要释放压力，你会怎么做？

2. 你愿意为构建"可持续发展的社会"做哪些事情？做这些事情会让你获得怎样的感受？

3. 你如何定义自身与他人身份上的差异？这种差异让你觉得不安还是希望进一步强化这种不同？

第二章
享受:"我"要抛洒我的压力

第一节 年轻人如何释放压力?

在第一章第二节里,我们曾总结道,中国年轻人的种种需求趋势归根结底是:众多年轻人为了缓解需求不满引发的潜意识中的不安,而采取的具体行动策略。就个体角度而言,应对潜意识里产生的不安可以有两种策略,其中之一是接受并释放潜意识里的不安,促使个体去寻求刺激和新体验,这种策略由开放和确定性的态度驱动。我们将众多年轻人采取的这一类趋势定义为:压力释放。

"智能家居可以调节生活节奏,让你更便捷地达到理想的生活状态。我对AI(人工智能)有很大的期待,这是未来重要的发展方向。因为生活中我比较懒,做饭就很麻烦,以后想要买一个炒菜机器人,它自己可以掌握放多少盐,直接把菜炒出来我就可以吃了,不用叫外卖了。"

——刘女士,26岁,广州

"我考潜水证是为了更好地体验大海,看到更多丰富的海洋生物,触碰野生的海洋生物,比如我看过小鲨鱼、海豚,摸过海龟,是很好、很有趣的经历。"

——王女士,24岁,武汉

"压力大的时候,我会去健身。力量性的对抗,让身体充血,压力可以得到一些缓解。也会出去玩死飞[笔者注:死飞(fixed gear),单速自行车],虽然比较危险,但是很刺激,是我发泄压力的一种方式。"

——钟先生,23岁,上海

"压力释放"这类趋势包含"便捷""有趣""刺激""寻求即刻的满足"这四个子趋势。在这一章中我们着重描述"刺激""有趣"这两个子趋势。

第二节 寻求高感觉引发刺激子趋势

过了这一站,夏天
就挥手离去。它摘下帽子,
连夜拍下一百张炫目的照片,
为雷声留下回忆。

——鲍利斯·列奥尼多维奇·帕斯捷尔纳克
(Boris Leonidovich Pasternak)《雷雨,永恒的一刻》

◇ 刺激子趋势定义

购买力指数的提高与更长的寿命,让越来越多的人身和经济获得安全。具有高感觉寻求倾向的年轻人，对秩序和规则的日常生活感到烦闷，他们追寻带来更大感官刺激和心跳体验的生活方式，并以此作为增强和丰富人生体验的手段。

◇ 现象与疑问

三浦：真是可惜，要是早点说就好了！

幸一：不是事事都能顺利啊！

三浦：是啊，可以再来一份炸猪排吗？

幸一：嗯，好。

三浦：真好吃啊。

幸一：嗯。

——电影《秋刀鱼的味道》

我一生努力工作，照顾家庭，对此我问心无愧。我拒绝当个傻瓜，让那些大人物在背后操纵我。

谁请你去和巴西尼开会，谁就是叛徒！

——电影《教父Ⅰ》

小津安二郎（Yasujiro Ozu）作为全球公认的日本电影史上三大导演之一，他所拍摄的电影节奏缓慢、镜头静止而固定，既没有像样的故事，也没有像样的戏剧冲突。在他最后一部电影《秋刀鱼的味道》中，三浦曾对幸一的妹妹有意，但因对方无意便与他人成为恋人，此时幸一却想从中撮合。如此让人嗟叹、阴差阳错的剧情，在小津安二郎的镜头下却是深水静流，两人一边评论食物的美味，一边微微叹息一两声"早点说就好了"，便温和、平淡地结束了这一幕。

相反，在弗朗西斯·福特·科波拉（Francis Ford Coppola）执导的经典影片《教父》三部曲中，则充满了各种令人血脉贲张的镜头和台词：大哥桑尼在关卡处被七八个杀手乱枪扫射，身中过百枪眼；老教父（维克多）和新教父（迈克）最后一次对话中，垂垂老矣的老教父每一个字、每一句话都意味深长，寓意着其身后的阴谋与诡计、背叛与清洗、金钱与谋杀。

这两种截然不同的电影风格恰似人们对刺激的偏好。有的人喜欢温和、平淡，有的人却需要刺激与冒险，甚至岁月静好让他们百无聊赖。那么，为什么人们对刺激有不同的偏好？特别是为什么年轻一代愿意追求刺激的体验？敏锐的企业如何抓住年轻一代对刺激的偏好，开凿出商业上新的领地？

◆ 寻求刺激的来源

感觉寻求

当你因为蹦极站在悬崖边准备纵身一跃时，你的体验是"能感觉到自己的心在颤抖，平生第一次如此清晰地感受到心跳，后悔瞬间充斥着大脑"，还是"太刺激了！太棒了！I am the king of the world!"当你日复一日在地铁站台挥舞小旗，提醒乘客上下车注意安全时，你的体验是"总是做同样的事，不需要去接触新的东西，这真是太舒服了"，还是"重复再重复，做这样的工作和工具人有什么区别，实在太乏味了"。如果你的体验都是后者，那么你的人格特质可以定义为高"感觉寻求"。

20世纪70年代,美国心理学家马文·祖克曼(Marvin Zuckerman)首先提出感觉寻求理论[①]。感觉寻求表现为低社会化(融入社会程度低)、高度神经质、高度冲动、寻求感觉刺激。感觉寻求与通常意义上的冲动是两个概念,冲动常指一个人在行动前较少运用思考,而感觉寻求则是一个人追寻能令其感受到激动、新奇、兴奋的事情。拥有感觉寻求特质的人乐于追求新奇事物,会主动寻求刺激的感受和经历,并且可能为得到这些刺激不惜去冒险。祖克曼将这种喜欢寻求感觉刺激和经验变化的倾向定义为"感觉寻求倾向"(sensation seeking),并且开发了感觉寻求倾向量表(Sensation Seeking Scale,SSS),用以测量个体感觉寻求倾向程度。

此外,祖克曼和其他研究者还将感觉寻求划定为四个维度:第一,兴奋与冒险寻求(thrill and adventure seeking),渴望参与各种冒险行动从而获得刺激体验,如参加包括高空跳伞、悬崖跳水、近海冲浪等极限运动。第二,体验寻求(experience seeking):通过思想和感官以及违反常规的生活方式寻求新的感觉和体验,如选择与社会传统方式不同的生活方式,乐于与传统社会的边缘群体建立联系,20世纪六七十年代唱着爱与和平参加伍德斯托克音乐节、举行全国性反越战游行的美国嬉皮士一代,便是这一维度的代表。第三,去抑制(disinhibition),通过违反常规的生活,突破社会禁忌来获得感觉刺激,这一维度常常表现为不良的癖好,如青少年无法戒掉的网瘾,明知会家破人亡仍然无法自拔投入其中的赌博与吸毒。第四,厌倦敏感性(boredom susceptibility),对无聊比其他人更为敏感,对平静无奇的社会生活与缺乏新鲜刺

[①] Marvin Zuckerman. Sensation Seeking[M]. Psychology Press, 2014.

激的社会环境产生无聊的体验，很难忍受较少刺激或缺乏新鲜刺激的环境。例如：对重复性工作无法忍耐，相反对总是面对不确定性的工作（如艺术）乐在其中，因为不确定能带给自己新鲜刺激的体验。正如《月亮与六便士》中的男主角斯特里克兰德，放弃稳定的工作和富足的家庭，前往巴黎过着朝不保夕的绘画学习生活。斯特里克兰德仅仅是希望追寻绘画带给自己的新鲜与刺激，他从没考虑过主流与禁忌，"我控制不了自己，就像是溺水的人会不会游泳都没有关系，不管怎样他一定要向上挣扎，不然只有死路一条"。

那么为什么有的人觉得平淡生活有滋有味，而有的人却宁肯追寻刀山与火海？祖克曼和其他研究者研究发现，具备"感觉寻求"人格特质的人并不是对极限运动的危险、非主流生活的代价、赌博和吸毒的危害以及不确定性的风险缺乏判断能力。他们常常具备判断能力，但却无法拒绝投身其中后带给自己的刺激体验。这种个体呈现出的高度感觉寻求倾向主要是由生物遗传因素决定。

"智人是唯一一群移居全世界的早期人类，这带来了极大的风险，所以我认为人类作为一个物种的特点是寻求新奇和强度"，在祖克曼看来这是一个适应性特征。"早期人类也需要寻找生存，那些更愿意承担风险的人可能是更成功的猎人，所以一定程度的冒险行为——由奖励的承诺推动，可能是编入人类的 DNA。"而进一步的研究发现，具有较高水平多巴胺的人，确实具有更大的感觉寻求倾向。

年轻人的感觉寻求

人在青少年时期因为荷尔蒙分泌较多，喜欢刺激和离经叛道。随着年龄的不断增长，壮年以后逐渐衰老，体内的性激素也随之减少，年老后会更喜欢稳定的生活。就某种程度而言，感觉寻求倾向会随着人的逐渐衰老而减轻。这在某种程度上也解释了为什么自古以来各国军队喜欢征召年轻的男性士兵，不仅是因为他们强健的身体素质，也是因为他们正经历一生中冒险的高峰期——性荷尔蒙睾丸素水平的高峰期，因此更愿意在战争中无所顾忌地冲锋陷阵。

重重的顾虑使我们变成了懦夫，决心的赤热的光彩，被审慎的思维盖上了一层灰色。

——威廉·莎士比亚（William Shakespeare）《哈姆雷特》

那么为什么当下年轻一代呈现出对刺激体验的更多寻求？随着社会经济的发展，物质更为充裕，既没有战争的威胁，也没有颠沛流离生活的困扰，秩序和规则更加分明的社会环境，让以往实现高感觉寻求的途径（如战争、挑衅）也随之失去。然而高感觉寻求的生物表现仍然存在于某些人群中，特别是荷尔蒙分泌处于旺盛期的年轻人。在无须担忧人身和经济安全的同时，他们需要途径释放自己对于感觉刺激的寻求，寻找更多新奇和冒险：草莓音乐节高分贝的音乐和人群中高台跳水，能让他们躁起来，感受到荷尔蒙释放带来的刺激；放弃朝九晚五的生活，在云南大理开一爿小店，不确定的生活、与不同的人接触，能让他们感受到变化与新奇；在大海里仅仅依靠一块冲浪板傲立潮头，能让他们感受到渺小个体与狂野大海产生某种共振的兴奋。与此同时，如果高感觉寻求得不到正常的释放，他们也可能成为分不清现实与虚拟而沉迷于游戏的网络成瘾者，或是深夜都市街头疯狂飙车的飞车党，甚至是在赌场不分昼夜，最终落魄街头的赌徒。

因此，在一个较为稳定的社会，重视表达自我并且具备高感觉寻求倾向的年轻人，将具有通过寻求刺激实现自我表现的趋势。问题是企业和组织能否满足年轻人对刺激的需求？能否找到自己的商业价值？接下来让我们阅读一个响应刺激子趋势的商业实践。

✧ 极限运动在中国

包括速降、滑板、极限单车、攀岩、滑雪、冲浪等在内的极限运动，正是一种在人身和经济安全环境下满足年轻人高感觉寻求需要的途径。20世纪60年代发源于美国的极限运动，经过60多年的发展，在欧美等国已成为成熟产业，在国内则处于刚刚起步的阶段。根据从事极限运动推广、运营的专业平台——"极限之路"数据显示[①]：国内极限运动爱好者每年至少参与极限活动2次，花费为3 500～15 000元/年；当前中国极限运动市场规模已达到3 600亿元，且正处于逐年增长中，其中滑雪、潜水、冲浪发展最为迅速。根据国家体育总局印发的《冰雪运动发展规划（2016—2025年）》显示[②]：到2025年，直接参加冰雪运动的人数将超过5 000万人，冰雪产业总规模将达到万亿元；截至2019年我国滑雪场数量为770万家，滑雪人次为2 090万。中国潜水运动协会数据显示[③]：从2010年开始，在海南省三亚市，参加体

---

① 腾讯. 极限运动Z时代：一门"大"生意[EB/OL]. [2021-09-27]. https://new.qq.com/rain/a/20210927A0F3NL00.
② 国家体育总局. 国家体育总局发布《冰雪运动发展规划（2016—2025）》及《全国冰雪场地设施建设规划（2016—2022）》[EB/OL]. [2016-11-03]. www.sport.gov.cn/n315/n330/c773860/content.html.
③ 界面新闻. 潜水"走红"旅游市场 一站式服务开创产业新模式[EB/OL]. [2018-10-31]. https://www.jiemian.com/article/2583170.html.

验潜水的游客每年超过 150 万人次，并且保持年均 30%的增长速度。特别是持有潜水证的人群中，15%以上每年会安排 2～3 次、每次 6～10 天的潜水旅行。根据《海南日报》报道，2020 年仅海南日月湾接待冲浪游客便突破 30 万人次[①]。这三项极限运动的发展也带来了相关企业注册数量的大幅增长。天眼查数据显示：2020 年潜水相关企业注册数量达到 5 年来最高，同比增长 152%，共计 1 299 家；滑雪相关企业注册数量达 514 家，同比增长 55%；冲浪相关企业注册数量达 263 家，同比增长 10%，截至 2021 年 2 月底，全国已有 136 家冲浪（桨板）俱乐部完成注册[②]。

伴随着极限运动在国内的迅速发展，极限运动比赛也应运而生。2019 年首次举办的中国极限运动大会，作为全国第一个将冲浪、攀岩、滑板、小轮车四个奥运极限项目汇集一起的综合性赛事，囊括 9 个大项 57 个小项，参加人数超过 1 300 人。2019 年全球顶级极限运动 IP——X Games（世界极限运动会）正式进入中国。这也是 X Games 近 25 年历史上，第一次在海外同一年同一个国家举办夏季和冬季赛事活动。由夏、冬两大系列赛事组成的 X Games，自 1995 年举办至今汇聚全球顶尖选手，赛事转播遍及全球 210 个国家和地区，覆盖全球 5 亿多个家庭，已成为拥有巨大影响力的全球极限运动盛会。X Games 在中国举办赛事正是看中中国极限运动的蓬勃发展，特别是 2.5 亿名年轻一代的价值。夏季 X Games 中国 2019 比赛包括滑板、小轮车、越野摩托车等项目。

---

① 海南日报．自贸港观察·故事 | 逐浪万宁日月湾 [EB/OL]. [2021-03-11]. https://res.hndaily.cn/file/news/20210310/cid_100_228275.html.

② 国家体育总局．体育总局水上中心关于公布 2021 年全国冲浪（桨板）项目注册俱乐部名单的通知[EB/OL]. [2021-02-22]. https://www.sport.gov.cn/sszx/n5207/c978982/content.html.

年轻人不仅在现有极限运动人群中占据多数,更表达出强烈的参与意愿。2021年夏,《中国青年报》面向全国各地2 892名大学生发起问卷调查,结果显示[1]:超过86%的人对冲浪、攀岩、滑板等极限运动中的一项或多项非常感兴趣或比较有兴趣。其中滑板(54.63%)、冲浪(45.68%)、攀岩(35.20%)都是较多受访者想尝试的极限运动。厦门大学的马同学表示:浪尖上的速度不仅让他享受刺激感,也让他更加感恩和敬畏自然。"冲浪最大的成就感就在那一瞬间——站起来,在浪的托举下往前冲,就在那一瞬间,刺激的体验足以治愈之前所有被浪打翻的挫败感。"

那么,虽拥有绵长海岸线,但一向对海上运动相对冷漠的国人,是如何开始关注冲浪这项极限运动的呢?冲浪运动又是如何小众出圈的呢?

❖ 冲浪在中国

当你第一次从冲浪板上站起来的那一刻,天地都是你的。

——浪人浪语

冲浪运动是运动员站立在冲浪板上,或利用腹板、跪板、充气的橡皮垫、划艇、皮艇等驾驭海浪的一项水上运动。在冲浪专家——国家冲浪队马福来总教练看来[2],相比深圳西涌、惠州双月岛、青岛石老人海水浴场等冲浪点,海南拥有着国内最适宜的冲

---

[1] 中国青年报. 近九成大学生期待新兴运动课 [EB/OL]. [2021-08-02]. https://zqb.cyol.com/html/2021-08/02/nw.D110000zgqnb_20210802_1-08.htm.

[2] 海南网. "浪上"培育项目 "浪下"布局产业 海南冲浪"建功正当时" [EB/OL]. [2022-02-16]. https://lwt.hainan.gov.cn/ywdt/gdty/202202/t20220216_3143015.html.

浪自然条件。由于浪的形成主要受潮汐、洋流和海底地形地貌等综合因素影响，因此自然条件对这项极限运动非常重要。青岛的浪期比较短——通常只有八九月份有浪；广东、福建、浙江等地只有在气象影响下才会有浪。相反，与全球最适宜冲浪的区域之一——夏威夷纬度、自然条件颇为相似的海南，部分地区则是全年有浪，而且浪的条件非常适合初学者。以国家冲浪队训练所在地海南万宁日月湾为例，水质清澈，海浪绵长有力、起伏频率高，年平均温度26.5℃，年平均浪高达到1.5～2米，是全球少有的拥有高质量定点浪型和沙滩浪型的海域之一。

虽然自然条件很好，但是疫情却是冲浪运动发展的一道分水岭。2001—2010年，万宁日月湾只是国外资深冲浪者和极少数国内第一批冲浪者的秘密花园。直到2010年，首届中国海南万宁国际冲浪节举办才成为中国冲浪产业的起点，但是之后十年仍是不温不火。2019年底的疫情让一些平常去东南亚冲浪的爱好者纷纷转往海南，而接下来明星的打卡和综艺节目的曝光，终于让冲浪在2020年出圈——原本一家冲浪俱乐部一年接待几千人学习，现在一年要接待近2万人。以最为知名的三亚后海渔村为例，冲浪俱乐部在村里爆发式增长，50多家中，2020年新开的占去一半；在后海从3月开始每天都是旺季，只要有白浪的地方就有人在冲浪，这一势头在2021年更是只涨不消。现在海南已形成以万宁的日月湾和三亚的后海村为"头部梯队"，万宁的石梅湾/神州半岛以及陵水的清水湾为"第二梯队"，"连点成线"的冲浪发展基地。年轻一代是主要参与者。据《海南日报》统计，2021年春节期间前来海南冲浪的年轻人相比两年前增加了14%，总体占比 41%①。

除了前来冲浪短暂逗留，还有一些年轻人选择常住海边，逐浪而生，成为真正的浪人。有人辞掉了大城市大厂的工作，过上了每天抬头看云、低头看海，一块浪板等浪的生活。最开始居住在后海村学习冲浪，当后海村 1.5 米的温和浪水无法带给他们刺激体验时，他们就会沿着海岸线去找寻能冲 3 米浪的更挑战、更刺激的地方；即使浪季结束，夏天的海湾平静得像一汪湖水时，浪人们也三五成群地聚集在村里，以各种方式度过一天——城市、朝九晚五、循规蹈矩对他们而言，是一种回不去的生活。

"没有一道浪是相同的。人一旦开始冲浪就不再愿意做其他事情，曾经的事业、抱负、野心都被海浪打散。生活的动力只剩下一道好浪。"

这样的年轻人来自国内各个城市，走在距离日月湾直线距离仅数百米的村庄——田新村，五湖四海的口音让人忘记这里的方言本是闽南语系的万宁话。例如：作为一名戏剧演员的藏族小伙洛桑，在 2021 年的"五一"后，辞掉工作、只身从北京来到田新村，成为一名常驻浪人，在他看来，自己原来的生活十分乏味、缺少变化和刺激。不仅如此，他还计划在村里租房开设一家民宿。2021 年田新村民宿已有近 35 家，围绕着浪人生活所需开设的商店、餐饮店、咖啡店等也如雨后春笋般在村里生长起来，原本在 2019 年 800 多元/月的单人房也涨到了 2 000 多元，并且租金还有进一步上涨的势头②。

---

① 虎嗅. 三亚后海，实在太浪了[EB/OL]. [2021-04-22]. https://www.huxiu.com/article/423450.html.

② 人民网. 在浪尖起舞的田新村，谱写乡村振兴新乐章[EB/OL]. [2023-05-04] http://ent.people.com.cn/n1/2023/0504/c1012-32677997.html.

与此同时，全国冲浪锦标赛、第十四届全运会冲浪比赛、ISA（国际冲浪协会）世界桨板冲浪锦标赛、世界长板冲浪锦标赛等国内外顶级赛事在日月湾的举办，一方面，吸引了全球40多个国家超过5 000名顶尖运动员参赛；另一方面，也让小渔村原有的物理容纳空间显得捉襟见肘。2021年夏天，《万宁市日月湾时尚运动小镇（冲浪小镇）控制性详细规划》编制完成并对外公示。规划显示：田新村正位于冲浪小镇建设的核心区域，也是商业用地的集中区域，未来将建设体育休闲民俗村、主题运动馆、竞技娱乐场馆等一系列集群产业[1]。

✧ 冲浪产业的挑战

这一切只是冲浪这项极限运动产业化的开始。和海外成熟区域相比，国内冲浪产业仍存在不少挑战：首先，冲浪产业链下游俱乐部准入和管理刚刚起步。如何开办一家冲浪培训店？在以前，几块冲浪板、一张桌子和几个冲浪爱好者就能搭起一个冲浪培训班，因此2020—2021年冲浪运动出圈时，一些冲浪爱好者甚至渔民纷纷开起了自己的冲浪俱乐部。不仅如此，对于无论是教学还是安全都至关重要的冲浪教练人员奇缺。在后海村，持有国际冲浪协会颁发的ISA冲浪教练证的教练占比不到5%[2]。虽然，在温和海浪下冲浪并没有很大的危险，但是触碰礁石受伤、抢浪造成碰撞受伤、溺水等极端事件都有可能发生，应对这样的情况，有

---

[1] 南海网. 万宁日月湾时尚运动小镇控制性详细规划出炉[EB/OL]. [2021-05-08]. https://www.hinews.cn/news/system/2021/05/08/032550642.shtml.

[2] 腾讯. 去三亚过年的人，都逃不过被坑的命运？[EB/OL]. [2022-02-06]. https://new.qq.com/rain/a/20220206A059OF00.

资质的教练非常关键。不仅如此，一些新开业的俱乐部特别是缺乏有资质教练的俱乐部，为了获客开始低价竞争。冲浪课程费用减至每两小时 200~300 元，定价只有老牌俱乐部的一半。甚至在后海村出现了每两小时 9.9 元的冲浪体验课。为了改变小、散、乱的局面，2021 年下半年，国家体育总局水上运动管理中心（以下简称"管理中心"）建立冲浪（桨板）运动水平等级体系，全年组织举办了 40 期冲浪、桨板技能教练员培训班，启动国内冲浪教练资质考核；2022 年 4 月底，管理中心颁布《全国冲浪（桨板）项目俱乐部管理办法（试行）》[①]，开始对俱乐部的准入设置门槛并进行规范。然而，成为一名经验丰富、具备专业精神的教练仍需要时间的磨练，如仅仅是如何抱着冲浪板走入大海，如何对抗迎面冲刷过来的海水都需要细心的教练传授技巧，从而避免学员第二天起床后四肢酸痛。对于冲浪运动而言，毁掉初学者对冲浪向往的常常是冲浪教练一个并不专业的微小细节。资深冲浪俱乐部提供的数据显示：国内冲浪新手转化为冲浪爱好者的概率不到 1%，而国外的转化率在 5% 左右。

其次，冲浪产业链上游缺少国产品牌。冲浪产业链上游为冲浪装备制造，包括冲浪板、脚绳、防滑蜡、冲浪衣等产品。我国是冲浪装备生产大国，却不是研发和消费大国，如安徽安庆永大体育用品公司年生产最为重要的冲浪装备——冲浪板 40 万张，规模居亚洲第一，但以代加工出口为主。在冲浪爱好者眼中，KIPSTA、迪卡侬等海外品牌知名度和市场份额都较高。近年来维

---

① 国家体育总局. 体育总局水上中心关于公布《全国冲浪（桨板）项目俱乐部管理办法（试行）》的通知[EB/OL]. [2022-04-21]. https://www.sport.gov.cn/sszx/n5207/c24219531/content.html.

特拉体育、一苇、waydoo等本土冲浪板品牌虽然开始涌现,但市场份额非常有限。不仅如此,冲浪板的研发也为国外企业所主导。"现代冲浪板之父"Bob Simmons在20世纪50年代初设计出现代冲浪板。十年之后的1959年,Hobie Alter采用Clark Foam公司的塑料泡沫材料制造冲浪板,仅用一年时间便垄断市场,建立起一个冲浪板帝国。而现在可持续性发展成为全球冲浪板研发界最关心的议题。例如:澳大利亚领先的冲浪板供应商FireWire致力于通过创新设计、新材料以及先进结构提升冲浪的体验,其推出的Rapidfire系列产品可能的有害性仅为传统冲浪板的2%。

再次,产业消费结构不合理。在海外,以冲浪板为核心的冲浪装备消费是整个产业中最重要的细分市场。美国Grand View Research公司数据显示[①]:2020年全球冲浪装备市场规模为38.8亿美元,其中冲浪板占68%,同时预计装备市场2021—2028年整体复合增长率为4.4%,达到57.7亿美元。然而对于仍处于起步阶段的国内冲浪产业,冲浪培训费是消费者主要支出。目前各个俱乐部收入中85%以上来自培训,赛事及其他产品周边仅仅占到10%~15%。远未形成由赛事、培训、俱乐部、商店、装备修补工作室、品牌、活动等各个相关方构成的一个正常、良性循环的冲浪产业消费结构。

最后,冲浪所引发的冲浪文化进而带来的相关产业商业价值尚未开始。由于受到严格的自然条件影响,冲浪注定是一个无法在国内遍地开花的极限运动。虽然商业组织如"冲浪中国"自2009年起连续十年,通过在杭州举办"钱塘江国际冲浪挑战赛",将冲

---

① Brandon Gaille. 22 Surfing Industry Statistics and Trends [EB/OL]. [2018-02-20]. https://brandongaille.com/22-surfing-industry-statistics-trends/.

浪运动引入内陆地区为更多人所关注，以及少数俱乐部在北京、上海等超一线城市开设室内冲浪馆，或是打造购物中心外的露天冲浪池，让更多平常无法前往海边冲浪的年轻人也能感受到一丝冲浪的刺激体验，但是这些做法并不能真正为冲浪产业带来规模性增长。事实上，以冲浪产业为核心、以冲浪文化为杠杆，也许能撬动起更多相关产业蓬勃发展。

◇ **冲浪文化在全球**

冲浪文化在美国

从夏威夷人的精神支柱型运动到南加州的标志性运动，冲浪在美国不仅催生了冲浪产业，还带来了冲浪服饰、冲浪潮牌，引发了冲浪音乐、冲浪电影，甚至冲浪用语日常化，而这一切又反过来带动更多美国地区，甚至澳洲、欧洲、日本成为全球冲浪热爱者聚集地。

20世纪50年代，冲浪电影在美国电影院展露初容，一部描述Malibu海滩一群年轻人冲浪生活的 *Gidget*，为好莱坞开创了冲浪电影这一细分市场。影片不仅风靡全美，引发了观众对冲浪的狂热追求，也形成了自己的一条产业链。每个女孩都想拥有片中女主角Sandra Dee的同款比基尼，各种各样的电影周边、图书、续集、剧场版陆续出现。由此，丰厚的商业回报令众多与冲浪相关的电影纷纷开机。20世纪70年代，低成本电影 *The Endless Summer* 上映——18岁和21岁的两个年轻浪人在环游世界中寻找完美的海浪，最终收获3 000万美元的票房[①]。之后，各种冲浪电

---

① Tigerhood. E for the Endless Summer：冲浪世界最具风格的电影代表作之一[EB/OL]. [2020-05-06]. https://www.thetigerhood.com/e-for-the-endless-summer.

影、纪录片、电视节目的拍摄此起彼伏延续至今。

冲浪音乐是唯一一种因为一项运动——冲浪而产生的音乐。《冲浪音乐发展史》描述道：只是通过一些简单的组合，冲浪音乐就能表达出在冲浪板上、在浪尖上与大海共舞的奇妙感受。冲浪音乐诞生于 20 世纪 50 年代后期，带有明亮、轻盈、快速的摇滚和感伤色彩。运用特制的电吉他来表达让人联想到海浪声的声音。虽然初代冲浪男团"Beach Boys"中并不是所有人都会冲浪，但这并不妨碍他们将冲浪和浪人生活融入歌曲，并创作出多首经典流行歌，成为一支具有传奇色彩的乐队。之后亦有众多冲浪乐手和乐队追随 Beach Boys 的脚步，创作出众多冲浪音乐作品。

Grand View Research 公司数据显示：2020 年全球冲浪服装及配件市场规模为 12.3 亿美元，其中冲浪服装占 77%，同时预计服装及配件市场 2021—2028 年整体复合增长率为 5%，达到 18.2 亿美元。这里的冲浪服装既包括专业冲浪衣，也包括体现冲浪精神的运动休闲服。不仅如此，冲浪运动还引发了众多冲浪潮牌的诞生。包括早期的 Quiksilver、billabong、volcom，以及 Saturdays、pilgrims surf、tcss 这些新兴潮牌，都将"冲浪的精神"赋予自己的品牌内涵和产品设计中。甚至目前全球瑜伽第一品牌 Lululeon 的创始人也曾经创办过自己的冲浪潮牌。在这些潮牌中，Quiksilver USA 曾成为美国第一家上市的冲浪产业公司，并在 2001 年取得超过 10 亿美元的国际销售额，可惜之后陈腐的设计和不善的管理，让 Quiksilver USA 在 2015 年申请了破产保护，并最终被私募股权公司所收购。

冲浪在文化上的成功,也让其进一步融入美国社会生活。一些冲浪术语已成为美国习惯用语的一部分。即使是那些从未踏上过冲浪板的人,也会用"hang loose"来描绘自己无拘无束,碰到什么都满不在乎、镇定自若的形象。

冲浪文化在中国

与刚刚起步的冲浪产业相对应的是冲浪文化在国内基本悄无声息,但情况在悄然起着变化。2013年"冲浪中国"在杭州开设自己的第一家板类生活方式零售店,代理和销售美国、澳洲的多个板类潮牌。但是发展却不尽如人意。直到2020年冲浪中国在日月湾开设冲浪俱乐部,并将代理的Ocean & Earth品牌旗舰店设立在日月湾湾口——专业冲浪的人群和非专业的体验人群聚集地,情况才得以改观。由于学员众多,最高峰时一天有两百多人前来学习冲浪,并且其中大部分是"95后""00后"的年轻人,他们更愿意购买冲浪产品。不仅如此,冲浪中国曾尝试在自己的品牌集合店中植入自有品牌,后来却发现国际的冲浪大牌都没有被国内消费者接受,自己开发品牌纯属一厢情愿。现在冲浪中国自有冲浪培训俱乐部开业后,他们尝试推出一些以俱乐部名命名的产品,慢慢试水,希望伴随着冲浪产业的发展,为中国冲浪文化的发展探寻道路。

2020年,爱奇艺出品了一档综艺节目《夏日冲浪店》,邀请演员、流量明星共同在日月湾一边经营冲浪店,一边体验冲浪生活。作为新手的他们勇敢上板尝试、直面凶猛浪潮、感受冲浪这项极限运动带来的刺激。节目播出后,流量明星为冲浪运动带来了一波关注和体验者。只是要形成更有影响力的冲浪文化还需要大量这样的文化产业产品。不仅如此，冲浪文化除了物理上呈现，也需要在精神上有更多表现。例如：对冲浪运动所代表的人类对于大自然的敬畏与勇于探索，以及由此带来感觉需求上的高度满足，甚至于现代社会的现代性对人类灵魂世界的影响做更深入的探讨。

此外，其他行业一些嗅觉敏锐的企业也开始开展与冲浪爱好者、冲浪俱乐部的合作实验，希望结合冲浪这项体现勇于探索冒险精神的运动，展现自身品牌内涵或产品价值。Apple Watch 通过与冲浪爱好者合作，展现 Apple Watch 对冲浪的帮助，以及浪人对刺激体验的思考。例如：由于潮汐会影响海浪状况，可以使用 Apple Watch 观察潮汐的高低，选择浪较好时前往；相反，冲台风浪的经历也让在广告中出镜的浪人明白千万不要去挑战自己能力范围以外的海浪，寻求刺激与冒险不等于鲁莽与百无顾忌。

☞ *结语*

在浪壁上滑行的那段时间好像穿越到另一个空间。后来才知道原来我刚刚冲进了一道浪管，浪管就是比较大的浪卷下来之后形成的一个空心地带。冲浪的人会在空心的这个地方滑行，所以解释了刚刚为什么"天"黑了，声音和水花也没有了。那天我很兴奋，因为浪管是很多浪人的终极梦想，那是我第一次进入浪管里滑行，很难忘、很开心。

——浪人浪语

虽然冲浪运动才刚刚出圈、冲浪文化还似有若无，但在中国第一位女子长板冲浪冠军，也是国内第一个专门为女子定制冲浪营的郭淑娟看来，未来五年中国的冲浪运动一定会发生翻天覆地的变化。她相信市场会越来越规范，许多与冲浪直接相关或间接相关的品牌也会出现。

展望未来五到十年，冲浪只是众多极限运动中的一项，而极限运动也是众多能够带给年轻一代刺激体验的商业方式之一。就像每一道浪墙快要倒塌时，通常会在最陡峭的位置形成一个"浪尖"，浪人会从浪尖进入他们选择的波浪，踏浪而行。懂浪的人能在浪墙形成前就判断出浪墙的价值，并做好纵身一跃站上浪板的准备，只有这样才能抓住一生难遇的好浪。那么，对于满足年轻人刺激子趋势，你做好商业准备了吗？

本篇思考

1. 除了极限运动，你还能想到哪些商业新现象是在满足年轻人的刺激需求？

2. 你所在的企业是否有条件开展与刺激子趋势相关的产品/服务研发？

3. 请找寻一个刺激趋势商业实践案例，并尝试分析这一商业案例面对哪一群体、提供何种产品/服务、带给用户何种价值，以及面临哪些挑战？

第三节　摆脱枯燥带来有趣子趋势

我记得那美妙的一瞬，
在我的面前出现了你，
有如昙花一现的幻影，

有如纯洁之美的精灵。

——亚历山大·谢尔盖耶维奇·普希金（Alexander Sergeyevich Pushkin）《致凯恩》

◇ **有趣子趋势定义**

消费者对工作和工作—生活的平衡点的认知与态度正在发生变化。对有些人来说，有秩序但程序化的现代生活环境制造了一种不可接受的枯燥和无趣。在这样的环境里，一些年轻消费者试图通过一些有乐趣的事情为他们的生活增添一些色彩。

◇ **现象与疑问**

"好看的皮囊千千万万，有趣的灵魂万里挑一。"这句话我们似乎经常听到。但是你思考过这个问题吗？——什么是"有趣"？

在《现代汉语词典》里"有趣"的定义是："能引起人的好奇心或喜爱"。词典里"好奇心"和"喜爱"之间用的是"或"，表示二者选一。但在现实生活中，当某件商品、某种现象或者某个人让我们感到有趣时，常常是因为它既引起了我们的好奇心又让我们感到喜爱。

2021年春，上海一家中餐厅（以下称之为T餐厅）因人均2 000多元的消费价格和"板前中餐"的用餐形式引发热议。所谓"板前中餐"，可以理解为主厨定制日料（omakase）在中餐中的套用——无菜单，由主厨根据当令食材决定当日菜品、上菜节奏以及呈现形式。此外，用餐期间主厨边现场操作边与食客交流。在日本，主厨定制料理受到高端食客的追捧，一方面是由于日料中的鱼生、寿司这类冷餐食材，易于现场无烟烹饪提升食客的有趣体验；另一方面是因为主厨定制料理强调厨师、食物与食客之间的沟通与凝聚，这是一种深受日本人喜爱的交流方式。

T餐厅之前，偶尔也有中餐厅采取类似形式，但没有引发这样多的负面评价。食客带着好奇心前来T餐厅，抱着极大的兴趣想知道：在什么样的环境下就餐，使用什么样的器皿，厨师会和自己交流什么，关键是品尝到什么样的美味。然而，现实却是："在一个普通高级中餐馆子里，一盘番茄炒蛋上来，先绕场一周，展示完以后分菜，一人夹一筷子；就餐环境很压抑，每个人的套餐价是两三千元，各方面都给你极大的压力，规矩极多，这不能摸那不能碰，这个不能问那个不能说，一旦厨师不高兴，扭头就回屋休息去了……"（摘自某位食客在"大众点评"平台上的评论）。显然T餐厅的表现没能达到食客的要求。"金梧桐中国餐厅指南"评委会理事林卫辉认为[①]：运营板前中餐，主厨形象要好，要善于与客人沟通交流，能让客人理解主厨的做饭逻辑，菜品也要新颖有创意，否则客人自然会有意见。

当下，在北上广深等超一线城市中，精致餐饮的消费水准大致在人均1 000元，人均2 000元的消费已是凤毛麟角。考虑到T餐厅的定价，除了番茄炒蛋之外，它一定也为食客准备了相当高级的食材，只是要在味觉、嗅觉、视觉各方面均做到力求完美呈现，才能满足无菜单、高定价引发的食客的好奇心，令食客发自内心地称之为"有趣的餐厅"，并向朋友推荐，从而为T餐厅带来持续的关注和营收。

T餐厅的例子表明，在商业环境下，要让消费者觉得有趣，

---

① 凤凰网. 人均2000的板前中餐，水土服不服？[EB/OL]. [2022-03-06]. https://foodnwine.ifeng.com/c/8E9x77uYjZf.

不仅需要引起消费者好奇，还要让消费者喜爱好奇带来的结果，否则满足好奇心后带来的负面甚至灾难信息，将在现代社会以远比正面信息传播得更快、更广的方式四散开来——"好事不出门，坏事传千里"。

◇ "有趣"背后的心理学

现在我们再思考一个问题："人们为什么觉得有趣？"这个问题非常重要，它决定了我们的商业决策或策略能否真正让人们获得有趣的体验，从而为我们带来商业价值。

如果我们将"有趣"这个心理活动分为两步，那么首先是引起好奇心，其次是让人喜爱。所以我们的问题也许可以相应地拆解成两个问题："人们为什么会好奇"和"人们如何产生喜爱"。

好奇的英文"curiosity"源自拉丁语 cūriōsitās，意为：为了探求知识而探求知识。古希腊哲学家亚里士多德（Aristotle）曾说："人们研究世界并提出各种理论是天性使然，不受任何功利驱使。"到了现代，美国卡耐基梅隆大学教授、行为经济学创始人乔治·洛温斯坦（George Loewenstein）提出[①]：好奇是人的一种对于知识/信息的渴望。在洛温斯坦看来，这种渴望可能来源于人的本性（trait curiosity），一种作为个体特质的好奇，拥有这种特质的人可能对生活中各个方面都充满好奇；也可能源于外在的刺激（state curiosity），人们在特定刺激下所产生的好奇感。

洛温斯坦通过研究提出，人们对于信息/知识的好奇，实际上源于"信息差距"（information gap）。信息差距是指"我想知道的

[①] Loewenstein, George. Exotic Preferences: Behavioral Economics and Human Motivation[M]. Oxford University Press, 2007.

信息"与"我已经知道的信息"之间的差距。和大多数人所认为的不同,并不是信息差距越大时人越好奇,而是差距越小时,人们反而越好奇。换言之,当我们知道的越多,我们的好奇心越大;相反,当我们对某个对象一无所知时,我们对其一点儿也不好奇。请一定要记住这个非常有趣的结论,接下来我们会看到这个结论将如何在商业领域被有意或无意识地运用,并取得卓有成效的结果。

在《现代汉语词典》里,"喜爱"一词的定义是:对人或事物有好感或感兴趣。科学家发现,人类大脑会分泌多种能让人感到快乐、安全和成就感的物质,这些物质统称为"快乐素"(happiness hormone)。通常情况下,快乐素的释放水平很低,使我们的心情维持平静。只有当我们完成某件事时,大脑才会增加快乐素的分泌作为奖励,让人感受到满足和成功的喜悦——这被称为大脑的奖励机制。如果人们一直做这件事,大脑一直给予奖励,人们不断感到快乐,那么人们就会对这件事产生好感或兴趣,也就是喜爱。

现在关于"人们为什么觉得有趣?"这一问题,我们有了更容易理解、更有步骤性也更具有商业应用性的答案:人们因为自己知道某件事、某个产品的一些信息/知识,由此想知道更多的信息/知识,在满足"我想知道"与"我已经知道"之间差距的过程中,大脑的奖励机制让人们不断感受到快乐从而产生喜爱这件事、这个产品/服务的情绪,最终人们在这件事、这个产品/服务上体验到"有趣"。

具体到年轻人,有趣的人生、有趣的体验普遍能够引发超一线、一线城市以及经济发达地区的年轻一代的好奇心。对他们而言,在人身、经济安全都得以保障的前提下,他们更关注生活质量,而通过尝试趣味性强的活动,满足好奇心所带来的快乐是高质量生活的体现之一。同时,"有趣"也是个体表现自我的一种标签。一个人被周围人评价为"有趣",常常意味着他的言谈举止有独到之处,并且给周围的人带来惊喜和快乐,深受周围人的喜爱。

接下来让我们阅读两个响应有趣子趋势的商业创新案例。

◇ 拆盲盒拆出来的新产业

"有趣"创造出年轻的中国潮玩市场

2020年"盲盒第一股"泡泡玛特在港交所上市首日突破1 100亿港元市值,这让一众不买盲盒的中生代基金经理,突然发现盲盒已悄然形成一个产业,"潮玩+盲盒售卖"的形式被众多"Z世代"所追捧。泡泡玛特在招股说明书中介绍道[1]:"我们运营85个IP……根据我们的IP源源不断地创作原创、独特和有趣的潮流玩具产品,从而提升其知名度并增加其商业价值……我们的销售和经销网络包括:①主要位于中国33个一、二线城市主流商圈的114家零售店。②位于中国57个城市的825家创新机器人商店,这些商店帮助我们扩大消费者触达范围,为粉丝提供交互式的有趣购物体验。"追求有趣的潮流产品和有趣的购物体验让泡泡玛特2017—2019年度净利润,分别达157万元、9 952万元和4.51亿元,三年内增长了近287倍。招股书显示:2019年底泡泡玛特在中国潮流玩具零售市场份额排名第一,占据8.5%。

---

[1] 泡泡玛特国际集团. 泡泡玛特国际集团有限公司招股书[R/OL]. [2020-12-01]. https://popwebsite.paquapp.com/pdf/%E6%8B%9B%E8%82%A1%E4%B9%A6.pdf.

潮流玩具又称为设计师玩具,在海外亦被称为艺术玩具、可收藏玩具。泡泡玛特招股说明书中援引弗若斯特沙利文咨询报告:中国潮流玩具零售市场增长迅速,由 2015 年的 63 亿元增加至 2019 年的 207 亿元,预计 2024 年将增加至 763 亿元,复合年增长率为 29.8%。

茉莉盲盒为何能一鸣惊人

创立于 2010 年的泡泡玛特在 2016 年以前,只是一家贩卖潮流玩具的店铺,没有自己的知识产权(intellectual property,IP)产品,仅作为潮玩的一个销售渠道。虽然创始人王宁力图赚取批发和零售差价的商业模式看似简单,但泡泡玛特却连年亏损。2015 年底店铺盘点时,王宁发现一款叫作"Sonny Angel"(天使男孩)的日本 IP 玩具盲盒卖得不错,于是泡泡玛特团队决定自己做类似的盲盒产品。但彼时王宁对潮玩没有概念,于是他和团队在微博开展调研:大家除了喜欢收集 Sonny Angel,还喜欢收集其他什么呢?结果在上百人的回复中,一半以上的人都给出了同一个答案——茉莉(Molly)娃娃。

茉莉是一个嘟着嘴唇、有着湖蓝色眼睛的可爱小女孩角色玩偶,是一个对世界充满好奇但又很跩的小画家。王宁很快前往香港与茉莉之父——王信明达成共识:泡泡玛特成为茉莉大陆地区独家授权经销商及独家授权生产厂商。同年泡泡玛特推出首款茉莉十二宫星座系列盲盒。伴随着茉莉盲盒的爆红,2018 年和 2019 年泡泡玛特分别取得茉莉在中国地区以及全球的知识产权所有权,彻底将茉莉收归旗下。招股书显示:2017—2019 年,泡泡玛特基于茉莉形象的产品销售额分别占总销售额的 89.4%、62.9%和

32.9%。某种程度而言，茉莉成就了泡泡玛特这只"独角兽"，但Molly盲盒为什么能让消费者体验到有趣并成为爆款？

盲盒推出之前，茉莉这个IP已经运营十多年、拥有相当的粉丝基础，换言之，人们对茉莉并不陌生、知道相关信息，不仅如此，人们也知道十二款星座系列的茉莉各自的模样。但是盲盒这类产品的特性是只有开盒后，消费者才知道自己拿到的是哪一款茉莉，意味着泡泡玛特在"我已经知道"（茉莉是谁、星座系列的设计呈现）与"我想知道"（我能不能拿到我想要的那款）之间构建了一个差距，从而引发人们的好奇心，让人们甘愿为自己的好奇心买单。设想一下，如果泡泡玛特选择一个对人们而言完全陌生的玩具形象（"我一无所知"），或者不采取盲盒形式、只是直接售卖茉莉十二星座系列（"我都知道"），能否带来脱胎换骨般的商业结果？恐怕很难。所以茉莉的成功确实依靠IP自带的流量，但更重要的是依靠盲盒构建的信息差距。

茉莉十二宫星座系列盲盒仅仅是开始，泡泡玛特需要不断刺激大脑行使奖励机制，让人们不断感受到快乐从而产生喜爱情绪，最终使人们在茉莉盲盒上体验到"有趣"。于是泡泡玛特提高了茉莉推陈出新的速度：一年可以完成10个系列共100款以上的设计——季节限定、节日限定、联名限定、校园风、朋克、艺术家、花童、开心火车、生肖等。泡泡玛特让人们不断引发好奇心、不断满足好奇心、不断获得大脑给予的奖励、不断获得快乐，最终沉溺于购买茉莉盲盒而不可自拔。

◆ **让有趣持续可不容易**

品牌+渠道

但是茉莉带来的快感总会消失，更何况也有许多年轻人对茉莉不感冒，为了不断构建信息差距、引发好奇，泡泡玛特的品牌运营版图稳步扩张，相继拥有 DIMOO、YUKI、BOBO&COCO 等自有品牌，以及 PUCKY、LABUBU 等独家品牌。2018 年后，泡泡玛特更是积极拓展联名产品，与知名动漫、电影、小说甚至真人明星合作，推出米奇、冰雪奇缘、火影忍者、海贼王、钢铁侠、周同学等非独家品牌。

有了有趣的潮流玩具产品，泡泡玛特还需要不断扩大消费者触达范围，为粉丝提供有趣的购物体验。仔细阅读泡泡玛特的年报，你会发现凯德置地、恒隆、太古、大悦城、华润、龙湖等购物中心是泡泡玛特进驻最多的线下购物渠道，特别是恒隆和太古，泡泡玛特几乎入驻了它们旗下的每一家购物中心。但在全国拥有 300 多家店的万达广场里，泡泡玛特开设的直营店却不到 10 家。仔细想想，以恒隆、太古为首的前 6 家购物中心留给人的印象是什么？——年轻人、潮人出没，店面、公共区域设计新奇，可以遇见听说过但不太熟悉的商品品牌、不是为购物而逛；万达广场留给人的印象是什么？——中年人出没，店面、公共区域设计保守，遍布已经出现十多年非常熟悉的商品品牌、为购物而去。要触达追寻有趣的年轻人，泡泡玛特自然要入驻前者（图 2-1）。

第二章 享受:"我"要抛洒我的压力

图 2-1 泡泡玛特一号店
(图片来源:泡泡玛特官网)

体验环境+限量版+社群运营

不仅要在现有购物渠道触达消费者,泡泡玛特还要构建新的、有趣的潮玩体验环境。2017 年起,泡泡玛特在北京举办首届国际潮流玩具展,之后每年于北京、上海各举办一次。2019年,北京国际潮流玩具展吸引来自 14 个国家及地区的超过 270 名艺术家、超过 200 个潮玩品牌,参观人次超过 10 万。泡泡玛特在展会上提供签名会、现场绘图、采访及游戏,这一切既是让更多人"知道一些信息",也是为了提供有趣的购物体验,观众可以在展会上购买泡泡玛特和第三方潮玩品牌新推出的潮玩玩具。2019 年,泡泡玛特展会收入超过 4 500 万元。2020 年,参加上海潮玩展(Shanghai Toy Show,STS)的观众装备齐全、自带小马扎,排起了长队。队伍从上海世博展览馆的北门一直蜿蜒到街角。开展后,组成队伍的人分散、奔跑,在展馆内的玩具指定发售点组织起新队列。在现场试图维持秩序的保安反复喊道:"不要挤,每个人都能买到。"但是,他很快被排队的人所反驳:"怎么可能,是限量的。"[①]

获得限量版玩具让消费者能够获得更多大脑给予的奖励,从而获得更多的快乐以及更有趣的购物体验。泡泡玛特对隐藏款盲盒的设计也有异曲同工之妙。泡泡玛特在许多系列都设有隐藏款盲盒,抽中隐藏款盲盒的概率连1%都不到,这大大增加了抽中隐藏款盲盒的难度。在不断追求隐藏款盲盒并最终获得时,人们感受到的快乐会远高于从普通款盲盒中获得的快乐,从而形成更有趣的购物体验。

此外,为了营造有趣的体验,泡泡玛特不断在与消费者接触时增加类游戏的环节,如线上盲盒机"摇一摇"的提示形式;泡泡玛特亦构建粉丝在线社群——"芭趣",便于粉丝取得潮玩文化信息及最新资讯、买卖潮玩并与志趣相投的其他人社交互动。2022年年报显示[②]:泡泡玛特的粉丝群主要覆盖15~35岁人群,截至2022年12月31日,累计注册会员总数为2 600.4万人,2021年会员贡献销售额占比93.1%,会员复购率为50.7%。

延伸阅读2-1

[①] 一财. "中国式潮玩"简史[EB/OL]. [2021-03-05]. https://www.yicai.com/news/100968546.html.

[②] 泡泡玛特国际集团. 泡泡玛特国际集团有限公司招股书2022年度报告[R/OL]. [2023-04-21]. https://prod-out-res.popmart.com/cms/ANNUAL_REPORT_2022_e5c3886181.pdf?updated_at=2023-04-21T11:24:00.017Z.

3. 年轻人"二刷三刷"的乐园

40%是年轻人的网红动物园

"大爷怎么样了？"是 2020 年春天南京红山森林动物园（以下简称红山动物园）的"小编"在各大自媒体账号的后台收到最多的问题。"大爷"不是"人"，而是一只娃娃

延伸阅读 2-2

鱼，它被南京市民在水沟中捡到并送至当地派出所，疫情平稳后被送往红山动物园。野生娃娃鱼是国家二级保护动物，派出所民警难以判断这只娃娃鱼是野生还是家养，因此"寄居"期间将其视为野生，"好吃好喝供着"，所以它才有了"大爷"这一称呼。

在中国公立动物园界，红山动物园可谓赫赫有名。不仅有一大群粉丝和"小编"高频互动，而且园内的考拉和老虎在线直播成为"流量网红"，猩猩的"印象派"大作结集成画册出版，饲养员和游客的"观熊日记"成为畅销书，红外相机拍摄下动物的爱恨情仇被剪辑成微电影……作为全国省会城市动物园中唯一的自收自支型事业单位，红山动物园每年游客人数达 500 万人次，而南京市常住人口数也只有 900 多万。虽然红山动物园成人门票价格为 40 元（儿童减半），并且连续十多年未曾提价，但稳定、高流量的客群仍为其带来了 85% 左右的收入。此外，与其他动物园基本以儿童游玩为主不同，目前年轻人占红山动物园游客总数的比重接近 40%。园内随处可见打扮入时的他们，拿着相机或双筒望远镜，入迷地寻找和观察动物。

你不禁要问：为什么年轻人在红山动物园能够获得有趣的体

验，愿意前来"二刷三刷"，甚至成为动物园的忠实粉丝？

用你的名字呼唤我

回想一下国内传统动物园留给人们的印象：无趣。斑驳的墙面、铁质的动物笼舍看起来像集体宿舍，笼舍外相隔一米处围着一圈铁栏杆，游客在栏杆后看着动物无聊、无奈又无助地转来转去（转圈在动物饲养领域的专业术语为"刻板行为"，表示动物们不开心）。另一边的熊馆、虎山一般采用"坑式"展示——无精打采的动物站着或昏睡在低矮的坑里，游客站在围墙外面远远看着。如果你想知道更多关于动物的信息，基本上只能通过墙上挂着的充满专业术语、干巴巴、一两百字的介绍，甚至其中很多字你都不知道该怎么读。对于这样无趣的动物园，小朋友去一次就够了，更不用说成人了，丝毫提不起兴趣。

与此相反，在红山动物园，除了被送来救治的动物，其他所有动物都有自己的名字，游客可以从设计精致而富有趣味性的介绍提示板上，了解每只动物的名字和特点（图 2-2）。比如大熊猫平平，圆滚滚的身材，暖男；考拉梧桐，蠢萌睡神，特供"MAX 治愈力"[①]；小熊猫牙牙，爱吃竹叶和苹果的 C 位（核心位置）萌神。这些拟人的名字、熟悉的描述，一下子拉近了游客和动物的距离，令游客了解到一些关于动物的信息。《三联生活周刊》的记者这样描述她参观红山动物园中华北豹的感受[②]：我知道这片丛林

[①] 网络用语，形容有很强的温暖人心、净化心灵、治愈心灵创伤的能力。

[②] 三联生活周刊. 如何成为"理想动物园"？[EB/OL]. [2020-11-06]. https://www.lifeweek.com.cn/h5/article/detail.do?artId=119073.

里有三只豹子,一只叫"憨憨",一只叫"越越",还有一只被称为"桃子"。憨憨好动,喜欢在丛林里晃悠;桃子最为胆小;越越则喜欢睡觉,脸比桃子要圆一些(信息来自介绍板)。我看到的是憨憨,三只豹子里唯一的雄性动物。体形很匀称,走起路来能看到身上流畅的肌肉线条,显得特别有力。最吸引我的是它的四只脚,平滑而柔软,像天鹅绒一样。我看得有些呆了,为这种自然界造就的美而赞叹……想象走到华北豹身边与它做朋友。

图 2-2　红山动物园中的各种手绘介绍
(图片来源:红山森林动物园官微)

如果按照传统动物园对动物的介绍:华北豹,金钱豹亚种中唯一生存于中国的种类，20世纪60年代以前曾广泛分布于长江以北的河南、河北、山西、北京、甘肃东南部和宁夏南部等地区。因为人为的过度捕杀及栖息地的破坏，2012年被列入世界自然保护联盟濒危物种红色名录。游客也许只为匆匆瞥一眼看看濒临灭绝的华北豹长什么样，并不会想知道越越的脸比桃子圆多少，过会儿看到的是不是好动的憨憨，更不会如此细致地观察遇见的华北豹，并且因为它的健美而由衷地喜欢上这种动物、想与它做朋友，从而产生有趣的游园体验。

看大象剪指甲的沉浸式乐趣

除了关于动物的介绍，红山动物园在场馆设计上也尽量让游客体验到有趣的感觉。一方面，园内树木、小溪、灌木力图模仿动物野外生活的真实环境，如在德国博世集团的资助下，红山动物园对大象馆进行改造：室外有两组巨型的三叶草遮阴系统以及喷淋系统，外运动场由水泥地改造成沙地，增设游泳池。在炎热的夏天，大象路麦和麦哥夫妇可以在遮阴伞下冲凉、洗沙浴、泡澡。来探访大象馆的游客，好像真的和大象一起待在自然环境中。这种"沉浸式观景"远比待在传统动物园臭气熏天的水泥馆里，让游客感觉更惬意、更让人喜爱。不仅如此，由于生活在接近野外的环境里，动物也表现出原本的各种生活习性，而不再是乏味地转圈，如红猩猩乐申进入新的亚洲灵长馆没几天，便开始爬到树上自己筑巢。这样的情景不要说是游客，就连饲养员也只是在书上看到过，因此吸引了大批对红猩猩生活习性充满好奇的游客前来一睹为快。"我们希望游客看到的是勇敢、自信、强健、奔跑的动物，充满了自由又对生命充满强烈的渴望，而不是圈养动物的懒散、无奈。人们到动物园能观察到动物的自然行为，包括：它的天敌是什么？它怎么样去谈恋爱？如何繁殖？它的生态环境是什么样子？"红山动物园园长沈志军总结道。确实，当人们一无所知时，因为信息差距过大，而丧失了好奇心；相反，人们知道得越多，越想知道更多。如果只是看到大象转圈，没看到过大象泡澡、剪脚指甲，就不会好奇大象还有哪些我们不知道的习性。现在红山动物园设计的"假如我是大象饲养员"项目，已经成为动物园最受欢迎的研学活动。

另一方面，红山动物园在设计场馆时用心考虑如何让游客更好地观察动物、获得更多信息。红山动物园为此拆除了隔离游客和动物的铁栏杆，用大玻璃幕墙代替铁质的笼舍，为熊猫馆安置人行观察天桥，为老虎馆安置老虎可在空中行走的过道。从此，游客可以仅隔着一层玻璃、近距离与小眼睛的狼王沃夫对视（图2-3）；站在天桥上欣赏大熊猫九九半仰坐着吃竹子，把吃剩的竹子皮扔在自己的肚皮上；甚至经过虎馆时，被头顶路过的图图大王淋一身尿……一切的体验都是这样新奇而充满乐趣。在传统动物园里，通常游客只能看到空荡荡的笼舍，基本看不到活生生的细尾獴。这种动物头小脸尖、黑眼眶，长得像电影里的外星人ET，直立时两只前爪并在一起，曾被美国有线电视新闻网（CNN）评为世界上最可爱的物种之一，也曾出现在电影《狮子王》和《少年派的奇幻漂流》里。它生长于非洲喀拉哈里沙漠，非常胆小机警。红山动物园的细尾獴馆里有一座玻璃金字塔，为观众提供观察细尾獴的低视角。在这里，参观者可以看到它们不受人类干扰的真实自然的状态。一位游客在红山动物园提供的观察笔记里记录道：

图 2-3　狼王沃夫的凝视

（图片来源：红山森林动物园官微）

在红山，你可以看到活生生的细尾獴三五成群地趴在沙土地上，一个个抬头看着天，一旦有凤头鹰掠过，它们就屁滚尿流地逃回洞里去，像它们在非洲喀拉哈里沙漠里一样。这是完全不同于其他动物园的有趣经历。

游客也是饲养员：熊在吗

在红山动物园，园区不仅通过环境、场馆改造为游客提供新颖、欢乐的游玩体验，还会根据饲养需要设计类游戏的互动环节，吸引游客扮演饲养员角色进一步了解动物，感受动物的可爱。2021年1月熊馆正式开馆，除了相当于人类90多岁高龄的马来熊"老马"是红山的老住户外，其余4只小熊都是初来乍到的新住户。饲养员彭培拉发现由于害怕陌生环境，小熊珍珠和石头都出现了"刻板行为"。但是熊馆太大了，彭培拉平时也很忙，不能一直观察它们的行为情况。于是她在熊馆展示窗前挂出"行为记录本"，请游客一起记录[①]，记录本上写道："如果您能做我们的眼睛，协助我们一起帮助它们克服刻板行为的不良影响，就太好了！"接着彭培拉清晰标明哪些行为属于刻板行为——踱步、撇头，并告诉游客如果发现它们有这样的行为时该采取这些措施：记录在本子上，或者告诉遇见的饲养员。

接下来，仅仅2个月的时间里，就有500多名游客通过文字、作画、行为符号等方式记录下观察到的"熊行为"。随着时间的推移，不仅熊宝宝的行为变得越来越多样，状态越来越自在，记录本上的内容也逐渐变得温馨、有趣。红山动物园以这本记录本为雏形，策划了全国首本出版的动物园游客留言集锦《熊在吗》（图2-4）。"仔细品味游客的笔记，我们看见游客对于动物认知上的改变和提升，他们更想了解动物的真实状态和生活，想要知道它们健康不健康、开不开心。来到动物园，他们更想感受到生命与生命之间的尊重和情感连接。这些，才是逛动物园的意义。"沈志军认为[②]。

在红山动物园，如果游客想了解动物的情况，可以直接询问遇见的饲养员。和传统动物园不一样，红山动物园的饲养员很乐意像朋友聊天一样，和游客聊聊大家想知道的信息。"请问本土动物都去哪儿了，怎么一只也没看到？""天气太冷了，都躲起来啦，刚刚刺猬还去办公室那边暖和暖和。"许多经常来"刷"动物园的成年游客更是动物园热心的流动答录机，他们会主动介

[①] 朱赢椿，沈志军. 熊在吗[M]. 长沙：湖南文艺出版社，2022.

[②] 南京日报. 看红山动物明星们的"文艺生活"[EB/OL]. [2022-03-04]. https://njdaily.cn/news/2022/0304/4190860999735996428.html.

绍动物园的小秘密。"等下12点你再来熊猫馆，那时又到了喂食时间，九九它们又到处溜达找东西吃。""周一是红山动物园的禁食日，因为在野外动物也不是天天都能打到猎物，为了模仿野外环境，所以周一不给吃的。"回想一下，人们在其他动物园和陌生人只有擦肩而过的缘分，哪里能够像这里因为动物而产生有趣的交流呢？

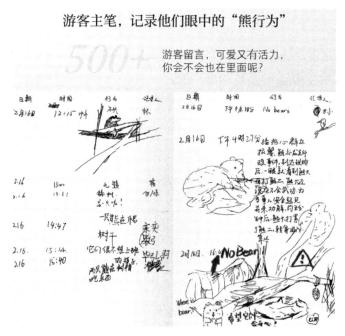

图 2-4 《熊在吗》图书宣传图

（图片来源：《熊在吗》）

动物的作品：Zoo 直播与微电影

除了让前来现场的游客拥有有趣的体验，红山动物园也在努力借助各种科技手段让人们不在现场时也能感受到乐趣。2020年初，由于疫情的缘故，动物园闭园51天。为此红山开通"Zoo直播"，这是全国首家线上云游动物园。犀鸟、环尾狐猴、长颈鹿、小鹿等动物明星依次出场，收获网友"花式"好评。"动物园直播到第三期时，在抖音、新浪、荔枝等各个直播平台上的粉丝累计流量，已经超过1 220万人次。"红山宣传教育部部长白亚丽介绍道[①]。在红山的密林中，生活着大大小小200多种野生动物。2020年，红山动物园购置20台红外相机，在整个园区实现全覆盖、24小时不间断拍摄，在有助于科学研究的同时，记录下动物或令人捧腹，或出人意料的成长故事。有了这些丰富、独一无二的素材，红山动物园创作了各类"影片"：微电影《貉谁有关》探案追凶、动作片《豪猪"大战"狗獾》精彩刺激、文艺片《夜色下的浪漫约会》细腻动人……这些"影片"，全部由生活在红山动物园里的野生动物"本色出演"，编剧、导演、字幕、配音等工作均由动物园的工作人员完成。由此，红山动物园的有趣如同"春色满园关不住，一枝红杏出墙来"。

☞ 结语

我们从"有趣"的定义出发，拆解出在商业运作中"人们为什么觉得有趣"：人们因为自己知道某件事、某个产品/服务的一些信息/知识，由此想知道更多的信息/知识，在满足"我想知道"与"我已经知道"之间差距的过程中，大脑的奖励机制让人们不

---

① 界面新闻. 一座动物园如何成为"网红"[EB/OL]. [2022-06-06]. https://www.jiemian.com/article/7554766.html.

断感受到快乐从而产生喜爱这件事、这个产品/服务的情绪，最终使得人们在这件事、这个产品/服务上体验到"有趣"。

接下来，我们分析了泡泡玛特和红山动物园如何利用"有趣"创造了一个产业，或是改变了一个产业老旧的模式。这两个案例非常值得继续观察，首先，泡泡玛特只比排在其后的竞争对手多占不到1%的市场份额，它需要制定更多的策略引发人们更多的好奇心，并让人们在满足好奇心的过程中感受到快乐，才有可能拉开与对手的距离。不仅如此，其2022年年报显示：存货由截至2020年12月31日的2.25亿元增加至截至2022年12月31日的8.67亿元，主要由于增加了产品库存，以满足不断增长的产品需求；存货周转天数从2020年的78天增加到2022年的156天，而更多的存货周转天数意味着商品受欢迎程度的下降以及更高的财务成本。其次，红山动物园园长沈志军正在实践许多新的想法，如通过新建成的本土动物保育区，与第三方机构合作有机化动物粪便形成商品，让人们不仅体会到人与动物相处的乐趣，更能感受到自然资源循环再利用带来的有趣体验。

伴随着经济的发展、教育的普及，人们获得的信息日益增加，这意味着人们知道的信息日益增多。如何在"我想知道的信息"与"我已经知道的信息"之间为自己的产品/服务创新、品牌定义、用户体验找到合适的位置，本身就是一个有趣的议题。

本节思考

1. 就你自身而言，你体验过哪些有趣的产品/服务？它们为何让你觉得有趣？

2. 有趣子趋势是否会对你所在行业产生影响？

3. 对你所在企业而言，是否可以研发满足年轻人有趣需求的产品/服务？

4. 你还知道哪些有趣子趋势商业实践案例？

第四节　我要的刺激便捷、有趣，你可以满足吗？

"我们家抽油烟机可以用手势感应开关，特别是你手上有油的时候，很方便。另外，油烟机和煤气灶是联动的，这样的话你就不会忘记关煤气，还很安全。"

——裘先生，24岁，北京

"我很喜欢买不同系列的盲盒，有时候会整盒买，拆的时候每个盲盒都能有不一样的惊喜。我之前还买过超级植物（SUPER PLANTS）的盲盒，它是以环保为主题的，我收到后拆开发现是一个凤梨种子，很有意思。"

——沈女士，20岁，成都

商业的价值在于满足人们各种各样的需求。杰出的商业能让消费者在精神层面得到愉悦，因此企业可以赚得超额利润。想一想，当你使用第一台苹果手机或苹果电脑时，你脑海中的第一个念头是太贵了还是太梦幻了？相反，平庸的商业让消费者在精神层面受到折磨，因此企业不得不为了每个钢镚儿疲于奔命。

所以对企业而言，关键是在看似变化无常、林林总总的现象中，能否挖掘出消费者的某类需求，特别是需求趋势。现代管理学之父彼得·德鲁克曾说过:"变不是最重要的,变化的趋势或趋势的变化是最重要的,趋势的变化能让人发现看得见的未来。"

是的,趋势代表未来,代表企业继续存在的可能性。

现代社会中,年轻人的生活充满了压力,在压力释放趋势中,年轻人表现出这样的想法:我不愿意被压力所牵制,我要借助各种外部物品、通过各种外部途径,让内心因压力而产生的不安向外释放。压力越大,我玩得越开心!压力越大,我越需要释放!压力越大,我越渴望自由!压力越大,我越向往色彩!

行走在无尽、伸手不见五指的黑色隧道中,假如前方出现一丝熹微的光亮,你会做什么?拼尽全力向有光的地方狂奔而去!有时,压力就像助推器,推着年轻人向外找寻快乐。所以,现在请你想象一下,你的企业所提供的产品、服务或是体验,能够帮助高感觉寻求的年轻人真切感受到生活、体会到活着对他们的意义,或是让他们感受到在满足知道与不知道之间差距的过程中带来的乐趣吗?

第三章
热爱:"我"要和谐的新型社交

第一节 年轻人的社交与过去有何不同?

当个体既希望通过向外释放压力,又希望通过融入某个群体、被群体接纳,获得群体归属感,从而缓解因为需求不满足引发的潜意识中的不安时,社交行为便油然而生。封闭、缺乏流动的社会里,社交是小范围熟人间的交往;开放、不断流动的社会里,特别是当互联网让社交可能发生的范围超越地域限制时,年轻人通过社交缓解不安则是一种追求融合与和谐相处的策略。我们将众多年轻人身上表现出的这一类趋势定义为:新型社交。

"滑雪圈子不是有鄙视链么?有一个滑板队,玩双板的都是那种高富帅、白富美,有钱人家的孩子都去玩双板。单板就像痞子,我所有的朋友都是玩单板的,单板就是入门难,深造简单,是自由的,放荡不羁的。"

——王女士,24岁,北京

"'80后'的表情包比较老式,如QQ自带表情包;'90后'的表情包多样化一点,会用可爱搞笑的图案加文字;'00后'喜欢用'yyds'之类的缩写,每代人年轻的时候都使用过火星文。"

——徐先生，25岁，成都

"我有一个微博小号，身边的人都不知道，在我压力比较大时，我会到微博里面去发一些文字，类似于超话，那里面没有熟悉的人，更加自在，可以将平时不能说的话在那里说出来。"

——刘女士，20岁，上海

"我们那里没有阶级之分，大家一起画画，工作氛围很欢乐，我有时候说他们'你的手怎么抖成这样'，就是氛围很轻松。"

——尹先生，22岁，广州

"新型社交"这类趋势包含"基于兴趣的社交""社交语言""防守型社交""平权"这四个子趋势。平权子趋势是其他三项子趋势的基础，正是基于平权子趋势，才能延伸出其他三项，因此，在这一章中我们着重描述平权子趋势。

第二节 既要表达更要参与引发的平权子趋势

有时我向往躺在公园的一条长椅上：
那会改变我现在的状况
从丢失的内部到
丢失的外部。
——耶胡达·阿米亥（Yehuda-Amichai）《最后的词语是船长》

◇ 平权子趋势定义

消费者和组织之间从传统的从上至下的关系，演变为一种平等的关系。品牌正在改变与消费者互动的方式。过去，商业对话是一种单向的、大规模的从组织到消费者的传播方式。现在，商业公司正在改变与消费者互动的方式，他们咨询消费者，并将消费者卷入产品研发过程中。随着对商业公司信任度的降低，消费者要求商业公司和品牌以一种透明的方式行动。

消费者过去以表面意义来接受产品和服务，然而，随着信息密度的增加，以及消费者对商业公司不信任度的增加，消费者逐渐要求商业公司不仅要提供关于产品和服务更清晰的信息，而且在定价与其他商业实践上，也要公开更多的信息。

✧ 现象与疑问

2023年4月初，一张关于陈某龙因为被安排在清明节假期加班而在企业微信群怒怼领导的对话截图，一夜间像病毒一般疯狂传播。大家纷纷表示：这就是"我"的互联网嘴替……虽然事后官方发布公告：陈某龙虚拟该企业员工姓名、头像，捏造制作多张微信聊天记录截图，并发布在网络社交平台。然而，我们也许该思考一下，为什么身处四川某地级市一个不知名的、二十几岁的陈某龙，仅发布十几张聊天记录截图，就令整个事件激起全网热议。众多年轻人在微信群里彻夜讨论，有管理者半夜在企业微信群里对过往安排加班向员工表达歉意，还有企业紧急发布通告表示以后将不再强制加班，甚至有人说陈某龙事件"拯救"了众多打工人。

同样是2023年4月初，苏州科技大学在常人都酣睡的凌晨4:30，发布研究生复试调剂拟录取通知，并要求学生在半小时内确认，否则视作放弃录取资格。这一相关话题立即成为次日的网络热搜榜第一名。众多年轻网友发出灵魂拷问：为何选择在凌晨4:30通知考生？为何只给考生半个小时的确认时间？凌晨通知学生的方案是临时起意,还是组织的共同决定?录取确认流程是否提前公示,每个考生是否提前知晓?

那么究竟是这一代的年轻人火气大、容易被激怒?还是他们在追求另外一种对话方式,另外一种组织与个人之间相处的方式?他们为什么不像"70后""80后"那样平静、顺从?商业社会中,有哪些组织响应了这种变化趋势,用平等的方式与消费者开展对话?甚至抱着开放的心态欢迎消费者参与产品研发、营销甚至组织构建中,从而创造出可观的商业价值?

❖ 人们为什么追求平权?

平权与平权理念

要讲清"平权"这个概念,必须追溯美国历史。

1776年,美国建国纲领《独立宣言》(The Declaration of Independence)宣称[①]:人皆生而平等(all men are created equal)。但当时这里的"人"指的是有选举权的男性白人,女性和以黑人为主的有色人种没有选举权,自然也不是法律意义上的"人"。由此,在相当长的时期里,美国女性和有色人种等与男性白人之间非常不平等。种族问题为美国国家发展埋下了祸根,最终导致1861年南北战争爆发。

战争结束后,美国国会于1868年颁布的《美利坚合众国宪法第十四条修正案》里有一项平等保护条款(equal protection clause):任何人,无论什么种族,都应该受到同等的法律保护。

---

① 王希. 原则与妥协:美国宪法的精神与实践[M]. 北京:北京大学出版社,2014.

该修正案成为美国反对种族歧视最重要的法典。但是这项修正案真正依靠行政权力广泛落实要到一百年后了。

1961年,肯尼迪总统签署行政命令,要求所有政府雇主"不得因为种族、信仰、肤色或者国籍而歧视任何雇员或者申请人",并且"采取平权措施来确保申请人受到雇佣,而且他们在就业期间受到的待遇不能因为他们的种族、信仰、肤色或国籍产生改变"。1965年,约翰逊总统通过新的行政令,承诺"通过所有的执行部门,积极并持续地促进并充分实现平等就业的机会"。这些政策的目的是要通过"程序正义"(procedural Justice)和"补偿正义"(compensatory Justice)改变历史上对有色人种和白人女性的歧视,将他们在历史上承受的痛苦折算成现实的利益。

由此对美国乃至全球社会产生深远影响的平权行动(Affirmative Action)在就业、教育、企业竞争等领域轰轰烈烈展开。例如:加州大学伯克利分校(University of California,Berkeley)是美国第一个将平权运动引入学校教育的践行者,通过实行为有色人种申请者"加分"的制度,20世纪90年代中期,一个曾经几乎是"纯白"的学校,已经被"平权行动"粉刷得"五颜六色":39%的亚裔;32%的白人;14%的拉美裔;6%的黑人和1%的印第安人[①]。

平权运动很快从美国扩展至全球:非洲取消原有"种族隔离"政策,黑人的工资得到大幅增长;芬兰在招聘工作中采取性别平衡政策;德国"基本法"给予妇女和残障申请人优先选择政策;等等。

伴随着全球范围内平权运动的如火如荼,平权理念也得到广

---

① 爱思想. 刘瑜:"平权运动"中的程序正义与补偿正义[EB/OL]. [2012-10-06]. https://www.aisixiang.com/data/57844.html.

泛传播。对一切在传统关系中相对弱势的一方而言，都可以主动或被代表地提出平等诉求。例如：男性（强）VS 女性（弱），企业组织（强）VS 用户个人（弱），工厂生产（强势）VS 环境污染（弱势），……

然而平权运动发展到 20 世纪 90 年代时，在弱势群体权利日益受到关注和改善的同时，也有人不断提出疑问：为什么 200 多年前人们犯下的错误需要牺牲 200 多年后某个个体的利益进行补偿，这样的"补偿正义"是否足够合理？如果提倡人人通过努力获得美好生活，为什么别人因为肤色可以多加 20 分，这是不是剥夺了"我"的平等权利？1996 年美国加利福尼亚州颁布的"第 209 号法案"：在处理公共就业、公共教育或公共合同上，不得基于种族、性别、肤色、族群或民族来源而歧视或优待任何个人或群体。由此擅长考试的亚裔在加州大学伯克利分校的录取比例稳步上升，而黑人和拉丁裔则逐步下降。

虽然平权运动在全球的发展经历着激进或回撤，但平权理念却伴随着运动逐渐为人们所接受。越来越多获得人身和经济安全的年轻人开始关注这一议题，并且积极参与到改变原有某种关系中弱势一方地位的活动中。例如：经济发展 VS 环境保护，组织威权 VS 个人权利，结婚生育 VS 不婚主义、丁克……

◇ 国内年轻人的平权子趋势

在一个供给匮乏的社会中，相对于企业组织，用户个人是弱势群体。用户个人能买到东西就该庆幸，更不必提商品品质如何，或者在购买过程中享受到服务以及其他各种权益是否受到保护。

在一个教育水平低下的社会中,相对于企业组织,用户个人是弱势群体。他既不了解自己有哪些权利,又没有足够的知识分辨企业告知自己信息的真伪。在一个技术落后的社会中,相对于企业组织,用户个人是弱势群体。选择渠道的单一,让他没有更多购买场所;沟通成本的高企,让他没有更多途径向企业表达自己的诉求。在一个媒体不发达的社会中,相对于企业组织,用户个人是弱势群体。他既不了解除了眼前的商品,还有哪些选择;碰到问题时,也没有渠道让他发声。

因此,相对于"70后""80后"成长于物质相对短缺的年代,国内超一线城市、一线城市以及经济发达地区的年轻人,从小既拥有更多的金钱可支配,长大后也有相比过去更为丰富的物质可选择。他们普遍受教育水平较高、拥有更多知识,甚至能分得清护肤品中的化学成分的作用;能够在线下通过电商甚至跨境获得产品/服务;可以通过微信、微博等社交 App 表达自我;有各种传统媒体、自媒体平台传播各种商品信息并且提供他们表达自我的平台。因此,年轻人还会甘心在组织与个人的关系中继续扮演弱势的角色吗?还愿意顺从接受组织各种安排,而不是清晰表达"我"想要、不想要什么吗?不为"我"自己争取更多话语权、参与权和其他权利吗?

于是,一方面,在其所属的组织中,年轻人更注重个人与组织间的平权,他们注重未来发展、组织架构和就业权益上的平等,他们表示:"工作环境扁平化,是组织扁平化。团队要有领导者,这个领导者只是去领导讨论,不是管理,没有那么明显的层级关系……""我不大喜欢朝九晚五的工作,比较喜欢在有效时间提升工作效率、达到工作目标,之后我的时间可以自己安排……"另一方面，年轻人更喜欢与品牌进行朋友式的联结——更重视透明、直接、有效的沟通，不喜欢品牌高高在上、单方面的灌输式"教育"，他们希望："品牌能够多多换位思考，从消费者的角度考虑问题，平等、透明地与我们沟通，而不是出了问题一问三不知。"

"其实对于这个产品好不好用、好不好看，我们也有许多想法，问题是企业没给我们表达的渠道。"

面对年轻人的平权子趋势，一些敏锐的企业开始深度思考并积极回应这一需求，过去以企业主导的产品研发，现在由消费者共同参与；传统的营销成为组织与消费者间平等的对话，甚至传统的企业股权治理也显现消费者的身影……接下来让我们阅读一个响应年轻人平权子趋势的商业创新。

◇ 让用户成为企业的主人

NIO Day：是新品发布会但更是车主的狂欢

"这就是一场战役，战役只论输赢、充满硝烟，我们做的每一个与申办有关的决定，都代表着这一个有着光荣历史的城市和整个西部的重托。这不只是成都人的战斗，也是重庆、是昆明、是贵阳、是西安……"

这段壮志凌云的话语如果出自全运会或者某场国家级赛事申办誓师大会，则显得稀松平常，然而它出自"壹波云天"——波哥，一位普普通通的成都蔚来车主，成都 NIO Day 2020 申办小组总策划。

蔚来汽车将 NIO Day 定义为专属于蔚来用户的节日，也是属于蔚来用户朋友的年度"家宴"。从 2017 年首届 NIO Day 在北京举办，蔚来免费为车主提供机票和酒店，组织并邀请全国各地的准车主参加，到 2020 年采取申办制——通过 40 天内各地车友会自主报名、自建申办小组、自编活动预案、自制城市介绍短片（图 3-1），最终在 40 小时内由 4 万多名蔚来车主投票决定申办城市。不仅如此，蔚来从全国 277 位报名者中选出 5 位，作为用户顾问与蔚来创始人李斌、联合创始人秦力洪以及其他工作人员共组 NIO Day 2020 筹委会，负责 100 天筹备工作，同时，由蔚来用户担任 NIO Day 总导演，参与节目创意、编排……①

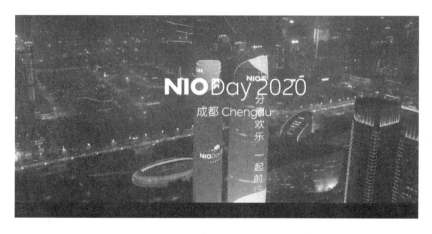

图 3-1　成都 NIO Day 2020

（图片来源：蔚来官网）

NIO Day 的底层逻辑是为用户打造一场盛典，蔚来借用户的舞台实现高曝光、高口碑的产品发布会。然而在蔚来之前，年度新品发布会每家公司都有，但没有一家车企将舞台主角让给用户。从外界聚焦蔚来如何豪掷千金吸引用户，到用户共创理念真正出圈，NIO Day 已成为传播蔚来产品力和用户企业理念的最强活动

---

① 36 氪. 把 NIO Day 搞成"申奥现场"，蔚来这波操作打几分？[EB/OL]. [2020-08-10]. https://auto-time.36kr.com/p/831986522481799.

品牌。而这背后正是蔚来对于"平权"的思考。在蔚来内部，从企业文化、公司治理、组织架构、战略乃至机制策略，都可以看到这一趋势对蔚来的影响。蔚来创始人李斌希望企业从内到外让用户感受到被尊重、被理解，从而构建起组织与用户之间朋友般的联结，并最终实现蔚来的商业价值。

企业价值观：用户拥有与养成

价值观不仅对外展现组织形象，而且对内指引组织运作的灵魂。蔚来汽车执行副总裁周欣认为，打动他加入蔚来团队的主要原因，不是李斌对汽车行业商业逻辑的思考，"基本上像个外行"，而是其对人的思考，"用户要买个车，再怎么也得几万块钱，但车厂对待用户的态度非常糟糕，用户并没有受到尊重，也没有得到重视，所以这是他的一个概念，我觉得这个挺有道理，这是一个突破点。因为大家都不做这件事情，而这件事情又客观存在，每个人都希望被尊重，越往高端走，用户对被尊重的感觉、归属感、成就感的需求就越大"。

早在2015年3月蔚来汽车创立不足半年时，毕业于北京大学社会学系、对人有更为本质理解的李斌对企业的价值体系已有系统思考。"斌哥、力洪（蔚来汽车联合创始人、总裁）和我三个人聊到凌晨三四点。基本上今天大家看到的蔚来整个品牌和体验的框架就是那一晚出来的。"作为蔚来汽车001号员工、"NOMI之父"的李天舒回忆那晚情景，"当时他们就定义了很多体验，关键词是什么？——'愉悦'。另外就是用户企业，斌哥表达的是他心中想的用户拥有、用户养成的企业。我们不做传统车厂，通过在线卖车给用户，我们要管服务，不光要管生活服务，还要管他生活愉悦的触点和创造惊喜的感受。这个就是我们讲的从端到端、从头到尾,不一定是以用车为单点的这样一个全程。当时我们认为用户体验以用户为核心,可能还是一个手段和原则,但现在发现它是目的、是最终的意义"。2018年蔚来在招股说明书中,将自身的价值体系定义为[①]:使命——创造愉悦的生活方式;愿景——成为用户企业;愿景驱动力——从用户利益出发,超越期待的全程体验,持续创新,体系化效率和设计驱动;价值观——真诚、关爱、远见、行动。

组织设计:从 copy machine 到扁平化

对蔚来而言,如果员工自身无法体会到平等的氛围,那么很难想象他会与用户建立平等的关系,因此蔚来在组织架构与协同上选择更为扁平化的管理方式。"传统车企的各种规章制度流程、职责分工、KPI 的奖惩制度,其实是把人变成了复制机器的一个部分,它对于人的创造力没有那么大的需求。大家按部就班地去做,什么事情都有标准答案,事情做起来就比较简单,它讲究的是标准化。"从 1995 年即进入汽车产业的周欣描述过去和现在的工作环境,"我们的组织非常扁平化,有任何问题在工作层面都能迅速解决,解决不了的也能够快速升级提交到上一级别的部门。现在我们执委会的成员每周有 4 天会参与研发、用户体验等方面的讨论和决策。这样能够更好帮助团队去理解公司的思维逻辑,弄清楚什么是我们看重的,什么可能对别的企业很重要,但对我们来讲可能不是最重要的"。

[①] 蔚来汽车. 蔚来汽车招股书[R/OL]. [2020-06-09]. https://ir.linklogis.com/static/investor/financialReports/%E6%8B%9B%E8%82%A1%E6%9B%B8.pdf.

相比传统车企更讲究以部门职能按部就班的工作方式，蔚来汽车更多以解决问题为导向，根据需求快速将不同专业团队进行组合、共同完成任务。不仅如此，蔚来汽车通过飞书、VAU（vision action upgrade，类似于蔚来版的绩效考核方法）等管理工具促进工作任务的透明度和直接性，从而让组织协同变得更顺畅。在周欣看来，"汽车行业是多工种、多专业部门的一个联动，大家各自的工作有点像盲人摸象，但我们的工作之间有交集，彼此需要依赖，那么我们创造这样的管理方法、工具，可以让大家快速获得所需要的信息"。

公司治理：车主享有收益权的用户信托

以成为"用户企业"为愿景的价值体系为基础，蔚来从公司治理角度进一步构建企业与用户之间的平等关系。2019年初，李斌作为信托委托人，将其持有的5 000万股蔚来汽车股票（占其持有股票总额1/3）作为信托资产设立用户信托[①]。这些股票的投票权保留在李斌手中，收益权属于信托受益人——所有蔚来用户。之后，李斌与蔚来用户开始探讨信托的运作机制，包括抽选用户编写信托章程草案——明确组织架构、收益来源、使用方式、监督方式等。同年12月，决定信托收益使用的理事会成立。理事会明确收益使用方向为：蔚来用户社区关爱项目、支持环境保护与发展、蔚来社区认为有必要开展的其他项目、支付本信托日常运作的开支和费用。

"一开始我们都不能理解，但李斌说以后这个信托就是用户代

---

① 蔚来汽车. 蔚来用户信托章程 | 终稿公示及投票表决[EB/OL]. [2019-07-26]. https://app.nio.com/content/1838061968?load_js_bridge=true&show_navigator=false&content_type=vote.

表，它其实成为这家公司真正的、最大的股东。蔚来用户信托不是简单地做慈善公益，而是面向整个社区和用户的关怀、成长。比如，疫情期间，车主最困难的时候买不到口罩，用户信托花大价钱买口罩，给每位车主发防疫包。我们会给用户中的医护人员发慰问基金，给不幸染病的用户送去慰问和资助。"蔚来汽车商业研究负责人于欣烈这样阐述信托的价值。

业务划分：构建用户体验生态体系

蔚来汽车用户体验包括功能体验和情感体验，它需要落实到每一个用户触点形成一个全程体验，最后依托快速迭代机制，形成完整的用户体验生态体系，这是蔚来汽车整体设计研发的逻辑。依托这个逻辑，蔚来汽车将整体业务分成四个方面：首先，造车，其作为一种功能体验是企业业务的基石。其次，购车、用车和卖车构成的服务既是一种功能体验也是一种情感体验，相较于传统车企，蔚来汽车提供NIO Power的换电体系、自动辅助驾驶订阅模式服务体系以及道路服务团队。再次，数字触点，兼有功能和情感体验，包括车机交互、车内语音助手Nomi、NIO App等。最后，超越汽车本身，则全部为情感体验，包括：①NIO House（蔚来线下体验店）有别于传统郊区4S店，通常位于城市区域核心商场，是蔚来用户分享欢乐、共同成长的生活方式社区。②NIO Life提供蔚来汽车周边产品业务，此外，还包括服饰、红酒、食品等，目标是将全球500多位设计师的好设计、好产品带进每个人的日常生活。③用户社区，区别于传统车企的车友会，蔚来汽车用户社区提供除车友会外各类兴趣社群，并且更多依赖车主共创举办包括NIO Day在内的各种社群活动（图3-2）。

图 3-2　NIO Life 美食研究所
（图片来源：蔚来官网）

营销模式：激起层层涟漪的用户社群

传统车企的营销模式可称为"漏斗模式"，即品牌方通过包括线上、电视、户外等全渠道投放大量广告收集线索，随后邀约线索前往经销商开办的 4S 店试驾，最终用户从经销商手中购买汽车，这是一个层层转化的过程。

蔚来不依赖经销商，而是采取直营的方式，从建立朋友般的联结出发，构建"涟漪模式"。"你扔一块石头到一个水塘里，然后水波就一圈一圈荡开来，这每一个圈层对我们来说都是不同的用户。最中心的这个圈我们叫核心用户，再外面一点就是热心用户，之后是我们的关注者，我们是靠里边的人去影响外面的人。"蔚来用户关系负责人沈泓解释道。

蔚来最早的潜在用户由两部分构成：一类是蔚来的员工、投资人、媒体合作伙伴、供应商以及他们的亲朋好友；另一类是通过招募获得的第一批潜在种子用户——电动车关注者或是国内最早的一批特斯拉新能源车用户。蔚来将这两群人统称为"蔚来的朋友"，并以此为基础开展社区运营——邀请朋友参加活动、发布会,通过线上积分体系维护社区。

沈泓介绍用户社区最初的维护模式时说:"品牌创立初期,用户特别能接受有一家企业这么在乎每一个用户,创始人李斌都会跟大家没有任何距离感地交流聊天。用户在 NIO App 上@李斌,他都自己回复,而不会让助手做,每天晚上还在群里给用户发红包等。"蔚来的第一批用户在以往购车过程中经历的体验都是购买结束后 4S 店销售的人员即成为陌生人,从未感受过这种朋友般关系的建立,因此购车全程体验非常好,他们之后也很愿意向亲朋好友主动推荐蔚来汽车。

"我们每个周末都会有各种各样的见面会,所以用户和用户之间,我们和用户之间的关系其实很多都是处于朋友的层面。大家互相了解,每个人参加很多活动时都叫得出别的车主的名字,知道他从事的行业、家里的宝宝多大等。"沈泓愉快地讲述着目前用户社区的开展情况。每一个朋友式联结的建立都意味着一个新涟漪的出现,意味着不断有核心用户出现从而影响热心用户和关注者,这一切最终帮助蔚来汽车居于国内造车新势力第一梯队。

反馈机制:face to face

在传统车企里,从 4S 店购车的用户遇到问题更多地会将问题反馈至 4S 店,无法直接触达车企,整个反馈过程信息传导不畅、解决耗时日久。蔚来用户可以通过 NIO App、NOMI、Fellow(客户经理)以及线下用户面对面反馈意见,所有反馈将被汇总至蔚来后台 Debug 团队,再由他们分类传递给对应责任部门,由其负责 24 小时内给予用户初步反馈,并最终提供解决方案、修复问题。不仅如此,蔚来的产品经理会对用户问题进一步分析并将可采纳意见列入开发、测试流程，最终用户通过 FOTA（Firmware Over-The-Air，移动终端空中下载软件）升级、下载、安装新功能，从而实现蔚来汽车功能的不断优化。透明、直接、有效的沟通以及快速的迭代机制，不仅让蔚来用户感受到被尊重、被理解，更认为自己是在帮助蔚来共同成长。

"我们其实很重视与用户面对面的这种交流，我们的高管团队、工程团队每个周末都会在全国各个城市举办战略面对面活动，用户只要想参加就可以去参加。斌哥、秦力洪每年差不多有半年的时间，甚至周末都会到各个城市去跟用户沟通。他们作为公司最高领导层，包括其他部门负责人，在与用户面对面交流的过程中收集到问题就会找对应部门和同事来处理，实际上形成了一个循环。"于欣烈坦陈面对面线下交流的价值。

运营焦点：朋友关系的联结很重要

相较于传统车企更关注销售和利润率，蔚来从构建平等、透明朋友式联结出发，更关注用户满意度。蔚来在与用户的每一个触点中，如试驾、安装充电桩、在 NIO House 喝咖啡……都设计了五星评价，每个月都能从 NIO App 上收集到超过 10 万条的评价，作为跟踪用户反馈的渠道之一。

不仅如此，蔚来会针对每位客户经理的服务水准开展定期问卷调研。客户经理的绩效除了考核车辆售卖数量，更要考核用户满意度。蔚来希望让每位客户经理理解"涟漪模式"的重点不是卖了多少辆车，而是朋友关系的联结，是核心用户的培养。

此外，蔚来还会邀请用户作为神秘访客提供观察报告。沈泓介绍道："你今天要去买车对吧？你今天要去装桩……我们会提前通过 App 推送任务——你能不能帮我们做一次'用户侦探'？我们将要检查的内容发给你，你用你的第一视角、真实的用户体验反馈给我们。我们一期一期地去做招募，我们的车主会提供非常详细的照片、感想、各种建议，这些反馈第一是真实的，第二对我们特别有用。"

用户满意度也是蔚来核心高管层关注的焦点。每周二由蔚来执行管理层召开的最高管理层会议，都会有一个议题讨论每周用户满意度情况。用户关系部负责呈现各种用户反馈问题以及常规检查项，确保管理层能够基于用户满意度开展工作。

志愿者：欢迎大家踊跃参与

蔚来用户关系部（负责用户关系设计和运营）只有十几位员工，他们从最初站在舞台前主动组织年会、发布会、自驾游，到现在退居舞台背后，更多是承担提供资金、场地、人员支持服务，提供蔚来用户曝光、实现自我价值的机会，各地车友会、用户组织已经站在前台。用户企业的理念是让用户当主人，李斌相信今天的公司制可能在今后发生很大变化，因为互联网缩短了人与人之间、品牌与人之间的距离，他希望让蔚来用户成为这家公司真正的主人。

不仅是车友会、兴趣会这些社区活动由蔚来用户主导、组织，甚至一些企业内部运营工作，蔚来也邀请用户作为志愿者共同参与。除了 NIO Day，上海车展期间，从数千位用户中选出的 20 多位志愿者，从东北、江浙等地赶来参与展示，和蔚来员工一起向参观者介绍蔚来电动车的设计和性能。对传统车企而言，这项工作通常由临时聘请的展示小姐完成。为了让志愿者获得更好体验，蔚来十分关注志愿者参与机制的设计。2020 年底，蔚来面临爆发式交付压力，因此计划邀请用户一起参与车辆交付。交付工作不仅需要为新用户办理各种手续，还需要向他们详细讲解车辆使用方法，因此每交付一辆车需要花费志愿者 1～2 个小时，一天忙碌下来十分辛苦。然而蔚来将交付活动设计为纯粹的"职业体验"，既不给予志愿者物质报酬，也不给予社区积分奖励。

对此沈泓解释道，"我们想把这件事做得纯粹一点，如果大家为挣积分来，这个活动就变味了，就变成我领工资，那这样对于新用户来说可信度也不高。我们宁愿是活动结束之后，门店负责人给大家发个红包热闹一下，请大家吃个饭撸个串，表示我和你之间是朋友关系而不是雇佣关系，这个也是满足马斯洛理论中更高层次的需求"。

◇ 平权无错，平衡把握不易

我们在介绍平权与平权理念时，曾总结道：一切在传统关系中相对弱势的一方，都可以主动或被代表地提出平等诉求。理想中，随着平权行动的不断推进，双方达到势力均衡，对等而相互尊重，然而现实中，平衡的把握却不是那么容易。

2023 年 5 月，蔚来发布全新的 ES6 车型，由于配置与一年前推出的 ES7 相差不多，但价格却便宜近 10 万元，由此，引发了一些 ES7 车主向蔚来提出免费增加某些权益的要求。换言之，话语权的不断增加，让某些车主试图越过平衡线、成为强势的一方。而一向对车主和颜悦色的李斌这次果断拒绝他们的要求。他需要将平权运用在蔚来可以控制的范围内，在层出不穷的变化中，努力寻找更有利于蔚来的平衡。然而，随着蔚来车主数量的不断扩大,随着车主背景的日益多元化,随着为更多人创造愉悦生活的成本不断增加,蔚来把握平衡的难度也将不断增大。然而我们始终期待在这样一场平权实验中,李斌能在理想与商业现实中达到他所向往的彼岸,我们也将持续关注蔚来的各种举措。

▶ 结语

在现实商业中,我们也常常听到企业邀请用户参与产品共创,如为了促进与客户的沟通和交流,并让客户参与公司产品的创新,星巴克创建"我的星巴克想法"平台。在该平台上,用户可以提出各种各样的想法,星巴克公司会根据大家对想法的响应程度进行流程改进或产品改进。那么共创和平权之间有什么区别呢?

平权是原有关系中弱势的一方主动提出平等诉求,如少数族裔要求获得更多教育资源、妇女要求获得更多就业机会、用户个人有意识有能力对企业组织的产品/服务表达意见或选择。而共创是企业组织主动让渡一部分话语权,推动用户个人更积极发声,发声的目的是助力企业发展。例如:字节跳动飞书OKR 5.0版的控费功能在开发与测试阶段时,就邀请核心用户参与体验,并从中收集反馈以迭代优化产品。

换言之,组织与个人平权是一种在后物质主义价值观影响下的需求,是对组织与个人关系的重新认识和塑造,而共创是企业组织在平权趋势下的一种应激反应、一种顺势而为的策略。或者说,共创是平权的一种策略体现。

延伸阅读 3-1

面对越来越多的年轻人将平权放在更为优先的目标,我们也期待更多的企业组织从组织与个人平权这一趋势出发,而不仅仅是从共创角度出发,深入思考如何从里至外响应平权这一需求。

本章思考

1. 在阅读本章以前,你是否了解"平权"的含义?
2. 你自身是否参与过类似的争取平权的活动?
3. 在你看来,蔚来在实践平权理念的同时,如何更好地维护公司自身利益?
4. 你还知道哪些平权子趋势的商业创新案例?

第三节 我要的平权,你可以满足吗?

"耐克让那些不想被当作宝贝的少儿运动明星,站出来作为新一代的代表,说出自己的运动宣言就很棒。告诉大人让他们自己做主!"

——李先生,21岁,成都

"杜蕾斯曾发起一场公益实验,让更多人看见女性为家庭做出的奉献。或许许多女性对家庭的付出都出于自愿,但这并不意味着她们的付出可以被忽视。"

——沈女士,23岁,上海

巴金先生的精神之塔——俄国思想家彼得·阿列克谢耶维奇·克鲁泡特金(Pyotr Alexeyevich Kropotkin),在1892年欧洲众人还在为温饱而惶惶终日时,就曾指出"人不单是靠着面包生活"。所以当下,面对经济富足、衣食不缺的超一线城市、一线城市以及经济发达地区的"95后""00后",如果企业组织还是抱着单向灌输的心态,说出"我不要你觉得,我要我觉得"的话语,提供只是"我"在实验室里认为有价值的产品、服务时，必然会被残酷的商业现实所打击。

在新型社交趋势中，年轻人逐渐表现出这样的态度：我不愿意被压力所限制，我要在向外释放与社会群体归属中找到和谐的平衡！我要在我感兴趣的社交圈层里找到认同和共鸣！我要用我的语言和文字表达我的想法！我要透明、直接、有效的对话！

也许对企业而言，适应这种从顺从到反叛、从灌输到互动、从高高在上到平等相待的转变确实不易。"鱼儿水中游，麋鹿林中跳"，每个人都习惯待在自己固定的舒适圈内，害怕、恐惧进入学习或压力区，更何况是由众多个体组成的企业组织。然而趋势的变化能让人发现看得见的未来，未来是企业继续存在的基础。当企业真正放下所谓的身段，将消费者作为"人"来对待，也许年轻人乐于看见的相互尊重、理解与认同才能逐渐滋生。

第四章
投入:"我"要可持续发展的社会

第一节 年轻人如何投身建设可持续发展的社会?

与个体角度相对应的是社会角度。就社会角度而言,对付潜意识里产生的不安也有两种策略:其中之一是强化融入群体,个体希望被群体接纳,并为群体做出贡献。通过在群体中获得归属感和放松感的行动策略,个体潜意识中的压力在某种程度上得以消减。我们将众多年轻人采取的这一类趋势定义为:可持续发展的社会。

"虽然我点外卖会勾选要一次性餐具,但是我喜欢养些花花草草,就把用完的一次性餐具拿来固定花枝。让我养的植物生长得更好。"

——沈女士,26 岁,上海

"我会在社区、学校等各类场所宣传禁毒相关内容。举办不同的活动,让禁毒人员感受到社会关爱的氛围,引导他们。"

——关先生,24 岁,广州

"当时我被推荐成为小组负责人,当我有做得不好的地方时,他们会帮助我成长。同时我带的组里有学术能力很好的人,或者笔答能力很好的人,但两者都好的人很少。帮助他们进步也是一件有成就感的事。"

——尹女士,19岁,北京

"我在本科的时候曾参与开店,店本身就是一个非营利的模式。每天下午我负责钢琴演奏,发挥一下特长,最后我们把营业额换成了衣服等物资捐给云南的山区。"

——许先生,23岁,武汉

"可持续发展的社会"这类趋势包含"循环利用/节约能源""教育己任""互惠互利",以及"关爱奉献"等四个子趋势。在这一篇中我们着重描述循环利用/节约能源、关爱奉献这两个子趋势。

第二节 寻求合理利用资源引发循环利用/节约能源子趋势

愈深,在我的头顶
水就愈加聚拢,而在某个瞬间
我感到了鱼儿的触碰
在安静的海洋
——汉斯·娄岱森(Hans LodEizen)《忧伤的柔性》

◇ 循环利用/节约能源子趋势定义

人类社会已演变为一个极度依赖化石燃料的系统。但是最近十年,这个系统的负面效应逐步显现,促使人类社会发展其他形式的能源和减少碳足迹。随着能源的可持续发展成为一个全球性的担忧，消费者已经行动起来，积极参与环境的保护和有节制的消费。

◇ 现象与疑问

"奶茶换用纸吸管，我喝出了生啃鞋盒的味道。"

"万万没想到，有一天我戒掉奶茶是因为纸吸管。"

……

2020年1月，《国家发改委 生态环境部关于进一步加强塑料污染治理的意见》（发改环资〔2020〕80号）发布，规定到2020年年底，全国范围餐饮行业禁止使用不可降解一次性塑料吸管。[1] 2021年1月1日，史上最强限塑令正式执行，餐饮行业纷纷将塑料吸管换成纸吸管。然而紧接着，纸吸管就连续3次被骂上热搜。仅微博话题"#讨厌纸吸管的原因#"，就有1.6万人参与讨论，1.1亿人阅读[2]。

爱喝奶茶、咖啡、果汁等现制饮料的大多是年轻人，甚至有的人是靠"天天一杯奶茶或者咖啡续命"。莫非这些怨声载道的年轻人都不愿意通过限制塑料使用，减少对石油能源的索取、降低对自然生态的污染吗？恰恰相反，2017年联合国环境署驻华代表处与中国连锁经营协会合作发布的《中国可持续消费研究报告》

---

[1] 发展改革委. 国家发展改革委 生态环境部关于进一步加强塑料污染治理的意见[EB/OL]. [2020-01-16]. https://www.gov.cn/zhengce/zhengceku/2020-01/20/content_5470895.html.

[2] 人民网. 纸吸管被"吐槽"上热搜 减少一次性用品是正解[EB/OL]. [2021-02-23]. http://health.people.com.cn/n1/2021/0223/c14739-32034552.html.

显示[①]：约一半中国消费者愿意为可持续产品支付不超过 10%的溢价；超过 73%的 20 岁以下消费者完全相信或基本相信可持续消费。现实也印证了这种趋势，在我们身边随处可见这样的年轻人：选择购买二手图书、二手衣物；使用电子票务，拒绝纸质打印；随身携带餐具和水壶……

那么，为什么年轻人拒绝使用纸吸管？使用纸吸管企业能够获利吗？纸吸管是否真的有助于节约能源？

✧ 办公室的灯为什么常常忘记关？

"公地悲剧"理论

事实上，当我们提起节约能源、保护环境时，我们通常指的是节约公共能源、保护公共环境，指的是看似所属权属于全体人类，但实际上没有落实到任何一个具体个人的公共财产。对于所属权明确的能源和环境，通常所属人都会认真思考如何使用。例如：自家用电随手关灯是大家都会去做的事，几乎没有人会在夜晚身处卧室睡觉时开着客厅的电灯，因为没有人愿意浪费自己的钱。

1968 年，美国生态经济学家加勒特·哈丁（Garrett Hardin）首先提出了著名的"公地悲剧"（tragedy of the commons）理论[②]：个体利益与公共利益会在资源分配中发生冲突后引致社会陷阱。哈丁设置了这样一个场景：一群牧民一同在一块公共草场放牧。每

[①] 中国连锁经营协会. 中国可持续消费研究报告[R/OL]. [2017-08-16]. http://www.ccfa.org.cn/portal/cn/view.jsp?lt=1&id=431434.

[②] Garret Hardin. The Tragedy of the Commons[J]. Science, 1968(162): 1243-1248.

个牧羊者作为理性人都期望自己的收益最大化。在不具备排他使用权的公共草地上，每增加一只羊会产生两种结果：一是获得增加一只羊的收入；二是加重草地的负担，并有可能导致草地过度放牧。经过思考，一位牧羊者决定不顾草地的承受能力而增加羊群数量，由此他会因羊只的增加而增加收益。看到有利可图后，其他牧羊者也纷纷效仿。由于羊群进入公共草地不受限制，所以牧场的承载能力将会达到极限导致草地荒漠化，致使羊因草量有限而相继饿死，最终发生"公地悲剧"。

造成这种悲剧的经济学原因在于：由于个体在进行经济决策时只考虑个体边际收益大于或等于边际成本时的情况，而忽略了其行为本身所造成的社会成本，所以最终会造成所在经济系统的失灵。"公地悲剧"的核心论点是：个体对公共资源的使用必然会减少其他人对该资源的使用，由此引发的负外部性往往会导致公共资源的滥用。

在公共资源面前，任何人都有使用权，则每个人都会倾向于过度利用、扩张生产，实现个体利益最大化，最终则会造成资源枯竭和破坏。而这也是造成生态恶化、环境污染的重要原因。要阻止这类"悲剧"并不简单，它需要制度的管理、道德的约束、个人以及组织对欲望的克制。

接下来让我们延续纸吸管的故事，阅读两个响应年轻人循环利用/节约能源子趋势的真伪商业创新。特别是第二个创新发生在面向企业用户的企业中，再次说明该趋势不仅对面向个人用户的企业产生影响，年轻用户趋势的变化将带来产业链上下游的改变。

◇ 被年轻人说"不"的纸吸管

纸吸管到底是什么做的

1888年,美国商人马文·史东(Marvin Stone)从卷烟制作中获得灵感,制成了世界上第一根纸质吸管。1937年纸吸管开始投入工业化生产,并迅速广泛推广。不过随着石油衍生品大量应用、渗透至人类社会各个角落,塑料吸管因其制作方便、成本低廉、使用便利,取代了纸吸管在全球范围广泛使用。

央视财经报道显示[①]:2019年,全国塑料制品行业累计完成产量8 184.17万吨,其中塑料吸管约3万吨,约合460亿根,人均使用量超过30根。塑料吸管的使用时间只有几分钟,但完全降解所需的时间可能长达500年,回收利用难度很大,基本只能当作一次性垃圾处理。

虽然控制塑料的使用势在必行,但是使用纸吸管不论是从消费者使用体验还是企业利益角度,都带来不小的麻烦,甚至究其本质,"使用纸吸管节约能源"本身可能是个伪命题。

纸吸管通常由两层里纸和一层面纸卷曲而成。主要以漂白硫酸盐针叶木浆和阔叶木浆为原料,每一层之间再涂以胶黏剂。一般而言,奶茶的封口膜选用PE、PP、PET等材料,硬度要高于纸吸管,因此消费者会体验到用纸吸管戳破奶茶封口相对较难。不仅如此,热水浸泡是纸制品天敌,普通胶黏剂涂布的纸吸管在60 ℃水中保持20分钟便会溶解,出现离散情况。目前市面上大多数纸吸管,在55 ℃的水中最多耐热30分钟。而各家饮品店热饮的温

[①] 央视财经. 别了,塑料吸管![EB/OL]. [2021-01-12]. https://www.ndrc.gov.cn/xwdt/ztzl/slwrzlzxd/202101/t20210112_1318974.html.

度普遍高于这个温度，如星巴克出杯温度在 62～68 ℃、一点点在 55～70 ℃、喜茶则在 50～95 ℃。进一步而言，如果饮料里添加了常见的珍珠、芋圆等辅料，由于毛细作用，这些辅料将牢牢地附着在纸吸管内壁，增加了消费者饮用难度。最后采用亚硫酸盐法制纸浆的过程中，残留在纤维间及纤维细胞壁内的 H_2S 等难闻气体，会随着纸吸管浸泡时间的加长而渐渐溢出，给饮料增添一抹"前所未有的怪味"。诸如此类的问题最终让消费者嫌弃纸吸管，毕竟喝饮料不仅是解渴，更是一种放松、一种解压的生活方式。

对消费者而言难以接受的纸吸管也增加了使用企业的负担。根据央视财经报道：1 吨一次性塑料吸管的成本在 8 000 元左右，而 1 吨纸质吸管的成本则将近 22 000 元。这些额外的成本支出对于销售规模较大的餐饮企业而言，一年可能需要多支出数百万元。

费钱又不讨好的纸吸管

假如通过消费者放弃更多舒适体验、企业放弃更多利润，能够为日益严峻的地球节约宝贵的能源、减少环境污染，纸吸管仍有其存在价值，但事实是使用纸吸管很可能不环保。清华大学环境学院刘建国教授接受央视采访时表示[①]：纸是从哪儿来的，主要是树木。树木的生长需要土地、水分、化肥，还需要砍伐再加工，整个过程其实都带有污染物的排放。纸的吸管，有一些外面也有一层塑料的膜，它其实是塑料跟纸的一个混合材质，更加难处理，最后没有办法开展再生纸回收，其实只能

---

① 央视新闻客户端. 可降解塑料怎么分类？纸吸管真的更环保吗？看专家为你解答！[EB/OL]. [2021-01-12]. http://m.news.cctv.com/2021/01/12/ARTIE75ByNpy-Sa7UlwsV5pDa210112.shtml.

焚烧处理。整体上来讲，纸吸管并不一定就比塑料吸管在环境影响上有优势。

确实如此，首先，让我们比较一下塑料和纸制品生产需要消耗的能源。美国环境毒理学和化学学会（SETAC）研究显示[①]：相同容量下，生产纸袋的能耗是塑料购物袋的 1.5～2 倍，并且生产纸袋的过程还会释放出更多的废料和温室气体。其次，看似比塑料吸管更易于再回收的纸吸管其实非常难以回收。纸制品生产中，如果每吨纸浆中湿强剂的添加量超过 10 千克，成品使用后很难在碎浆系统中处理回用。而为了生产纸吸管，湿强剂的添加量有时可以达到惊人的 30 千克，因此纸吸管基本上无法再制浆、回收，只能和塑料吸管一样，被当作一次性垃圾焚烧处理。

纸吸管的起伏命运揭示出：虽然持有后物质主义价值观的年轻人追求环保，但如果要求他们为了节约能源而放弃个体舒适，必然得不到持久响应。不仅如此，他们相比前辈年轻人拥有更好的教育背景、更广阔的眼界以及更愿意去一探究竟的欲望。因此，他们更有能力去甄别企业/组织推出的环保做法，仅仅是出于营销策略的"伪环保"，还是出于热爱地球的"真环保"。换言之，年轻人愿意为环保付出，但绝不愿意被环保忽悠。

面对纸吸管的困局，2021 年 4 月底，星巴克在上海超过 850 家门店推出由 PLA（聚乳酸）和咖啡渣制成的可生物降解吸管——"渣渣管"，并计划在年内逐步覆盖全国门店。星巴克介绍称[②]，吸管制造所用的咖啡渣均来自自家咖啡萃取后再利用，4 个月内

[①] 科普中国. 限塑令落地十年，塑料袋和纸袋谁更环保? [EB/OL]. [2018-06-01]. https://vocy.cn/vocy/vocyArticle/preview/1259.

[②] 界面新闻."渣渣辉"我知道，"渣渣管"是什么? [EB/OL]. [2021-04-20]. https://www.jiemian.com/article/5981028.html.

可降解 90%以上。此后，精品咖啡连锁品牌 Manner 以及新茶饮赛道热度最高的喜茶，也纷纷采用使用体验更接近塑料吸管的 PLA 吸管。现在消费者可以在下单时，自主选择使用 PLA 或是纸吸管。然而 PLA 吸管的成本甚至高于纸吸管，如果没有国家政策的引导、消费者节约能源意见的表达，单纯从成本角度出发，企业选择的动力还是相对不足。

在使用纸吸管这个场景里，禁塑令是国家从节约能源的角度出台的管理制度，年轻人从后物质主义价值观的角度更愿意选择非塑料制品，最终企业从遵守制度、满足消费者诉求的角度选择成本更高的 PLA 吸管，克制赚取更高利润的欲望。不然，如果企业只需要考虑使用塑料吸管带来自身边际收益的提高，而忽略其行为本身所造成的公共资源滥用、环境污染的社会成本，就必然不会有动力使用能够降低边际成本的 PLA 吸管。

我们究竟为什么要节约能源

"环保"纸吸管的商业创新，让我们不禁思考这样一个问题：节约能源的真正目的是什么？

从刀耕火种到化石燃料应用，人类文明的发展一直以来都是建立在对自然环境的改造上，"环保"是人类与自然、经济、社会之间的一场漫长博弈。真正的环保理念是可持续发展。换言之，倡导的是适度消费、适度使用各种能源及社会资源。在适度的前提下，追求生活的便利和舒适从来都不应该被谴责和反对。20 世纪塑料吸管替代纸吸管的主要原因是为了减少树木砍伐，从而节约森林资源、减少环境污

延伸阅读 4-1

染,最开始的塑料吸管并没有设计为仅供一次使用。刘建国教授表示:实际上塑料问题的核心是一次性,而不是塑料本身。我们应该摒弃的实际上是一次性消费的文化,对于很多东西我们要做到物尽其用,就比如塑料制品,我们要尽可能重复使用,而不是用一次就扔。

所以年轻人认可的循环利用/节约能源是"适度、合理使用各种能源及社会资源",欢迎的是在没有带来自身消费成本增加、体验变差的基础上,所做的商业创新。

◇ **探索电池的梯次利用**

环保的初衷让他走上创业不归路

20世纪90年代末一次偶然的机会,已经在美国过上安稳生活的奥动新能源创始人张建平,听朋友谈起面对环境污染恶化,新能源产业将大有可为。爱思考的他萌生了一个想法:全世界第一辆车就是电动车,但是电动车一直没发展起来,其瓶颈在于充电和电池续航能力,是不是可以有其他思路解决这个难题呢?

2000年,怀着解决电动车能源痛点的初心,张建平回国后在故乡兰州开始创业,他给公司取名"电巴"。"那个时候,我们就已经提出'电车分家,电池租赁,电网介入'的完整理论模型。"彼时张建平提出的 E-station 即指可实现充电、储能、换电一体化的能源补给站。但从提出理念到产品成型,张建平及其团队花了6年时间、数千万元资金。然而,让他失望的是,没人愿意购买甚至租用他们的产品,不服输的张建平最终作出一个疯狂的决定:自己买车、自己改造,为公交公司免费提供换电技术。

2006年,张建平自掏腰包购买并改装的电动大巴开始在兰州示范运行,他们还为兰州 31 路公交车建造了一座简陋的换电站,同时着手研发快换系统和电动车周边设备,这一切最终换来了每车 5 万千米的路试数据。2006 年底,张建平决定将公司迁至北京,出于更长远的考虑,他想要拿下三大会:北京奥运会、上海世博会、广州亚运会,而奥运会既是商业化的开始,更是重中之重。

2007 年 4 月,北京奥组委最终拍板,由张建平和北京市公交公司共同承担 2008 年北京奥运会电动公交快换任务,电巴拿到创业以来第一张订单。2010 年上海世博会,组委会直接找到电巴,要求他们负责运营园内电动公交车。同年广州亚运会,电巴也毫无悬念地成为换电站运营总包单位。2009 年为了拿到世博会订单,张建平将电巴从北京迁至上海,并在 2011 年机缘巧合地拿到浦东临港新片区的土地。2014 年新工厂和办公区落成后,电巴终于有了自己长足发展的落脚点。

电巴成立的最初 8 年里,对外收入只有甘肃科委给予的 10 万元补贴,其他主要依靠张建平自我输血,以及他利用股权从朋友们那里募来的资金。特别是 2005 年初创资金耗尽时,张建平将其余两位创始人的股权接手过来,成为名副其实的绝对大股东。这样单纯输血的日子直到 2008 年奥运会后才得以扭转。通过奥运会,电巴获得 800 多万元的收入,世博会和亚运会总计获得 1 亿多元营收。

2016 年,面对渐有起色的电巴,张建平的老朋友、奥菲娱乐董事长蔡东青终于被张建平说动,从偶尔的借贷人成为参与者。蔡东青和张建平共同出资成立奥动新能源汽车科技有限公司(以下简称奥动),负责新能源汽车的换电运营,各自股份占比 75% 和 25%。2018 年,为了进一步对外融资,张建平将原本相对独立的电巴通过换股方式纳入奥动体系。目前奥动主要负责换电运营，电巴则负责换电站和其他设备生产。2018年，蔚来资本入股奥动，2020年，软银集团入股奥动。现在张建平持有15%的奥动股份，作为第一大股东的蔡东青则持有45%。未来，奥动计划于2024年在上海科创板挂牌上市。

关于公司的运营模式，公司创立伊始张建平即关注如何开展电池全生命周期管理，从充电、储能、换电三位一体的角度进行思考。例如：在充电阶段，如何给电池充电才最经济？从而实现既节省换电成本又节约电能；在储能阶段，由于电池用于新能源车蓄电放电，仅仅是其生命周期中的一部分，当电池储电功能减弱至不适合用于新能源车充电时，如何使"退役"但仍有储电能力的电池继续发挥作用？在换电阶段，如何对电池进行必要的检测保养，从而既保障换电站安全又延长电池使用寿命？这一系列问题不仅关系着换电模式是否真的有利于环保，也关系着奥动能否在利益和环保之间把握好平衡关系。毕竟单纯依靠补贴或是仅仅为一时宣传所需的环保行为，不仅无法长久更不具备商业价值。对于基本上依靠商业运作的奥动，必须从所开展的环保事业中挖掘到维持自身健康发展的商业利润。

◇ 提升用户的效率，节约能源的模式才可持续

目前奥动的生产服务主要分为两方面：一方面，是生产整车厂需要的载电箱和换电运营商需要的公共换电站；另一方面，是构建和运营国内首个换电智能大数据运营平台。前者业务主要由电巴负责，后者主要由奥动负责。

载电箱：载电箱出厂后交由电池厂配置电池再转交主机厂组

装。虽然载电箱的价格经过主机厂的反复压价,由1万元降至4 000元,但由于制作工艺复杂,不仅需要奥动自身员工,还需要主机厂技术人员和焊接高手共同实施现场技术指导和优化,因此虽然利润微薄,但目前奥动仍采取自营而非外包的方式。

公共换电站:2020年11月广州国际车展上,奥动全球首发第四代换电站。第四代换电站由四个类集装箱的箱子组成,分别是监控室、站台和两个充电仓。每个换电站占地面积200平方米左右,其中包含变电房面积。奥动首席技术官兰志波认为,奥动第四代换电站不是一座建筑物,而是一座撬装式设备,因此在建站环节,只要经过发改委报备,场站具备电力条件,车辆动线设计合理,模块化设计的换电站4小时内即可完成搭建,非常有利于奥动在国内快速布局。中国电动汽车充电基础设施促进联盟(以下简称"联盟")数据显示[①]:截至2022年底,奥动新能源换电站已覆盖全国54座城市,累计换电62亿千米。

在张建平眼中,虽然第四代换电站建造和运营成本为500万元/站,总体高于第三代换电站,但效率却大大提升。"3.0时代,就是单面换电,车在一面,设备在另一面。到了现在4.0阶段,车在中间,左右是充电架,一边接收卸载的旧电池,一边上传满格的新电池,几乎可以无缝对接,没有时间耽搁,所以才快。"他介绍道。

从第三代3分钟换电提升到第四代20秒换电,张建平非常看重其中效率的提升。3.0换电站一天换电的最大能力是换340辆车,4.0换电站最大能力是1 240辆/天。张建平向他的合伙人蔡冬

---

① 经济日报. 充电基础设施建设大有可为[EB/OL]. [2023-04-12]. http://paper.ce.cn/pc/content/202304/12/content_272365.html.

青以及合作伙伴中石化都仔细解释过：为什么奥动需要不断提升换电速度？一个站建成后，有100辆车前来换电就有利润，3~4年就会盈亏平衡，之后就会产生盈利。提高换电效率能吸引更多驾驶员前来换电，从而提高换电站运营经济效益。通常一辆车在加油站加油需要3分钟，但是加油站不止有一把加油枪，可以同时为6~10辆车加油。相反，一个换电站只有一条通道、一个工位，同一时间只能为一辆车换电。要确保同样时间维度内，换电站也能像加油站一样为同样数量的车辆补充能源，换电站必须提高单位车辆的换电时间，从而确保换电站的经济收益。

对面向企业市场的出租车司机而言，虽然开电动车比燃油车一年能节省1万元的能源费，但如果需要花大量时间在充电站或是换电站排队等待补能，这其实是一种变相的成本支出，毕竟对出租车司机而言，时间就是金钱。提高换电效率、减少排队时间，有助于扩大电动出租车规模。"我发现对于司机而言越快越好，进来就走他最开心，不耽误他挣钱，时间就是钱嘛。"张建平形象地描述。

对数量更为庞大的乘用车消费者市场而言，虽然目前换电车规模有限，但张建平认为这是奥动换电站的未来，换电效率的提升也是为配合消费者市场进入。奥动表示很快就会有新的大动作。虽然目前还处于其瓶颈区——站不多、车不多，但是它们与主机厂的合作车型在2022年量产后，预计每季度都会有2~3个车型上市，换电站的数量将会迅速扩大。

目前，奥动开始与传统能源企业紧密合作，加快换电站布局。2021年1月，中国石油、长安新能源和奥动共同打造的"重庆长安奥动新牌坊换电站"建成，标志着全国首座集加油、加气以及充换电于一体的综合能源站正式投入运营。4月，奥动与中国石化正式签署战略合作协议，将围绕换电站建设运营等开展全方位合作。双方规划至2025年，建设全国换电站数量达到5 000座，打造100个城市级换电服务网络。车企方面，除了前期和原有合作伙伴北汽，共同将换电网络扩展至广州、厦门、昆明、郑州、青岛、福州及张家口等地外，从2019年开始，奥动逐步扩大，与更多车企开展合作，从车型研发端就嵌入换电模式。奥动希望一座换电站不仅只为一家车企或一款车服务，而是可以实现面向多品牌、多车型、更多用户，无论是企业还是消费者都可以在同一个站内享受换电服务。

虽然第四代换电站是拿成本换效率，但是第五代换电站的考虑重点是成本。张建平希望通过设备国产化，尽可能降低换电站制造成本。"2023中国电动汽车百人会论坛"上，奥动推出了5.0换电站——"换储充一体站"。张建平表示[1]，全新一代换电站具备"换电—储能—闪充"一体化功能，既是一座"多品牌车型共享20秒极速换电站"，亦是一座"可变容量的城市分布式储能站"，更是一座"为应急补能而生的3分钟闪充站"。

◇ 梯次利用：减少公共资源的浪费

相较于换电设备和换电站生产，奥动更关注换电智能大数据运营平台的建设，而换电站运营、电池运营、数据运营是奥动换电服务网络运营的三个核心。张建平对奥动的定位是能源解决方

---

[1] 新华网. 奥动新能源张建平：力争实现"让每一块电池的共享价值最大化"[EB/OL]. [2023-04-12]. http://www.xinhuanet.com/auto/20230412/d136e4655fc54542b-7f6ebe9e044e87a/c.html.

案平台,他认为,如果没有充电、储能、换电一体化,仅仅只是开展换电业务,不仅公司收支很难达到平衡,未来也不会有更广阔的发展空间(图4-1)。

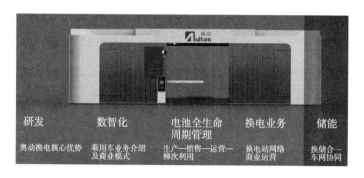

图4-1 奥动新能源全景图

(图片来源:奥动官网)

换电站运营:如果将每个换电站设想为一个加油站,运营换电站就等同于运营加油站。换电站运营的费用主要包括电费、电池折旧费和人工服务费。由于目前电池折旧费和人工服务费相对稳定,像石油价格一样,因此电费对换电站运营成本影响较大。电价不是一成不变的,用电高峰和低谷时,电价能够相差0.4元/度。为了充分利用电费波峰和波谷的价差,降低电费成本,奥动细致测算了峰谷每日3～4个循环变化规律,充分利用谷值时间给电池充电。这一做法不仅为其降低换电运营成本,也减少了电力公共资源的浪费。通常发电厂发电机开动后除非有特殊情况,不然需要持续发电,因此制造出来的电能如果没有使用将被白白浪费,"谷储峰用"有利于更合理、更有规划性地使用电能。

与加油站按每次加油量计算加油费的收费模式不同,奥动目前对企业用户换电的收费模式是按次或包月,根据各地情况不同而有所差异。目前在上海,出租车司机支付1 500元/月后,可以不限次数更换电池。对消费者私家车换电的收费模式还在酝酿中。

电池运营:如何延长电池使用寿命、避免电池在车辆使用时发生爆炸风险,是奥动电池运营目前主要开展的内容。换电站里换下来的每块电池都会进行体检,检测所有温度,实现"不触发,提前判,快速撤,保安全"。利用成熟的检测技术——光线温度检测,目前每一个换电站设有1 000多个温度点检测,只要有热源会发热的地方都有它。此外,当天气变得炎热时,奥动也会启用远程监控平台检查每一个换电站的温度。

不仅如此,奥动积极推进"电池银行"概念,将电池看作资产,开展对电池全生命周期的资产管理。张建平希望能够与产业链上下游企业以及资本方共同建立电池银行。在他看来,换电站的电池由于平时充电都是在恒温、恒湿且统一倍率的情况下进行,因此可以保证电池保持在较好的状态,有利于破解目前电池梯次利用中存在的一些问题,如回收电池状态不同以及回收后电池利用成本高等问题。不仅如此,在梯次利用过程中,奥动也不会进行电池拆包,因此不会产生额外成本。奥动在检测电池状态后直接用于储能,最后当电池无法满足储能场景时,再用于电池材料的回收,充分挖掘电池全生命周期的价值。其临港工厂就是利用10多年前世博会报废的电池群进行谷时储能,不仅满足自身需要,在夏季用电高峰时还可以向周边工厂输出电能。目前奥动正研究利用出租车替换下来的电池做换电站储能。未来由于每个换电站最高可配置60个电池,如果利用出租车报废电池进行储能,一个换电站就是3兆瓦储能站，谷时储存的电可以在峰时提供给用户，进一步降本增效、提高电能的合理使用。

数据运营：这块业务虽然目前还未启动，但张建平认为这将是奥动未来重要的业务增长点。奥动拥有每一辆进入换电站的新能源汽车的信息，当换电车辆规模足够大时，便构建了一个庞大的关于车辆、电池和行驶全维度的数据池。有了大数据就有了关于数据衍生业务的想象空间。

经过20多年换电技术摸索，张建平和他的技术团队坚持认为：由于充电时电池内部发生化学反应，慢充比快充不仅更安全，也更有利于延长电池寿命；此外，充电模式容易导致用电并发，对电网造成攻击和损害，而换电模式谷储峰用能有效避免这一问题。因此，换电是比充电更好的补能模式。不仅如此，张建平认为：换电不应仅仅停留在关注汽车补能层面，更应该上升到社会能源体系层面。只是上升到社会能源体系层面，将分别涉及充电和换电所在的产业生态圈。

◇ 如果标准不统一，奥动还有未来吗？

充电产业生态圈

2021年3月，特斯拉中国运营主体特斯拉（上海）有限公司发生工商变更，经营范围减少"新能源汽车换电设施销售""电池销售""光伏设备及元器件销售"等内容。对此，特斯拉相关负责人回复道：没有做换电业务的计划，会坚持充电模式[1]。

---

[1] 特斯拉车友会. 特斯拉（中国）发生最新工商变更，彻底放弃"换电"[EB/OL]. [2021-03-22]. https://tslcyh.cn/1228.html.

截至2023年5月,联盟数据显示[①]:国内公共类充电桩有208.4万台,其中直流充电桩有87.7万台、交流充电桩有120.7万台。公用充电桩保有规模虽然不小,但使用率普遍偏低。公开数据显示[②]:截至2019年,北京、上海公共充电桩虽建设规模大,保有量均超过5万台,但使用率分别为1.8%和1.5%。只有陕西、四川、广东达到5%以上,其中陕西为全国最高,达到可观的9.8%。而四川、陕西的公用充电桩使用率较高的主要原因还在于当地公共充电桩主要为公交车充电所需。"当前,我国公共充电桩行业功率利用率平均只有4%左右。一般而言,利用率要达到10%~15%才能实现盈利。"中国电力企业联合会标准化管理中心主任刘永东指出[③]。

◇ 换电产业生态圈

目前国内换电企业主要有三类:一是以奥动新能源、伯坦科技(主要针对出租车换电)、玖行能源(主要针对电动重卡货车换电)为代表的第三方运营商;二是车企亲自下场布局换电,如蔚来旗下Nio Power、北汽蓝谷旗下蓝谷智慧能源、吉利旗下易易换电等;三是能源供应商及充电运营商,如国网电动、星星充电、中石化以及新入局的协鑫能科等。联盟数据显示[④]:截至2022年

[①] 中国充电联盟.2023年5月全国电动汽车充换电基础设施运行情况[EB/OL].[2023-06-14]. http://www.199it.com/archives/1614645.html.
[②] 每日经济新闻.数量逼近150万台,使用率却不到15%,谁让充电桩变成了"僵尸"桩?[EB/OL].[2020-12-14]. https://mp.weixin.qq.com/s/gC96_kAg7up6KE5cbmCCbQ.
[③] 人民日报.充电桩建设还需加把劲[EB/OL].[2020-08-07]. http://www.nea.gov.cn/2020-08/07/c_139306872.htm.
[④] 汽车商业评论.大快充、小直流、V2G、光储充、虚拟电厂……充换电缤纷业态[EB/OL].[2023-02-06]. https://finance.sina.com.cn/nextauto/hydt/2023-02-06/doc-imyetqcq9587595.shtml.

底，全国换电站保有量为1 973座，其中，蔚来1 300座，奥动565座，杭州伯坦108座。

相较于充电模式，换电模式因为有电池的存在，因此，"电池银行"概念在换电领域颇为盛行，与之相配套的商业闭环也在逐步形成：售车阶段以"车电分离"降低车价，拉升销量；运营阶段收取电池租赁、换电服务费；后期处理阶段通过动力电池梯次利用，在两轮/三轮电动车、低速电动车、储能站等领域释放余热，降低运营成本。

◇ 换电模式核心挑战：标准

在充电派看来，电池、换电方式标准化难度大，是换电模式最需要跨过的门槛。蔚来汽车换电站设备的独家供应商斯沃普智能装备有限公司董事范方祝坦言[1]："如果想实现真正共享，还存在一些壁垒。首先，不同车型的尺寸和底盘大小千差万别，对续航里程的要求也不尽相同，电池的物理尺寸很难做到完全统一；其次，各家电池的通信接口、电池管理系统、系统算法也各有特点，车企在出厂时会给电池设置权限，不同车企之间一般不会完全开放，这都构成了换电平台共享的屏障。"目前，换电技术标准的不统一，严重限制换电型新能源车辆的规模。"换电在新能源汽车市场的渗透率其实不高。大概估算一下，包含蔚来、北汽在内的换电车辆大概在15万辆，全国新能源汽车的保有量是550万辆，换电车辆占比也就3%左右。"独立汽车分析师张翔用数据直观地呈现目前换电市场的规模。

---

[1] 证券时报电子报. 换电模式驶入新蓝海 标准化成行业最大短板[EB/OL].[2021-06-11]. http://epaper.stcn.com/paper/zqsb/html/epaper/index/content_1644479.html.

电池标准统一在技术层面难度不大,但由于涉及多方利益,难免遇到阻力。车企习惯于在产业链中占主导地位,不愿放弃对电池体系的掌控,对外开放技术数据较为谨慎;与此同时,标准化电池在某种程度上会压缩整车企业设计空间,影响企业研发生产和品牌经营。在北汽新能源技术总监兼蓝谷智慧能源总经理李玉军看来,标准化的难题在短期内无法解决[①],"电池标准化的事情,短时间是很难的。因为电池是电动车的核心,如果统一了电池技术,整车厂的核心技术将会消失"。

不仅如此,不同品牌车辆进行电池互换,安全事故责任界定规则仍处于空白状态。相比电池绑定整车的充电模式,换电涉及车企、电池企业、用户、换电运营商、电池资产管理公司等诸多参与者。面对的责任主体越多,发生事情越有可能出现推诿的局面。

不仅标准统一需要时间,谁来主导换电标准,也充满分歧和利益纠葛。理想状态是车企、电池厂和第三方运营商各司其职:车企集中精力造车,电池厂专注电池技术提升,第三方运营商则关注换电运营。此外,关于电池安全、规格、寿命等核心问题,则由第三方平台和电池厂沟通。这种模式不仅能缓解车企和电池厂间的矛盾,也能极大推动技术进步。但从实际情况看,换电生态圈内的企业并没有"各司其职"。一汽、东风、吉利等企业都自建或计划建设换电公司、运营公司,甚至电池资产管理公司(电池银行)。这几个板块中,构建任何一个板块都所费不赀。车企如此下成本,显然不希望只专注做车,而是为了避免在后期换电中受制于人。

---

① 懂车帝. 换电"方便"的背后,有多少痛点等待解决? [EB/OL]. [2021-06-07]. https://www.163.com/dy/article/GBSOJSUJ0531I6Y1.html.

改变的希望总是存在。2020年9月,由中国汽车动力电池产业创新联盟(以下简称"创新联盟")主办的构建车电分离模式生态圈研讨会(以下简称"换电研讨会")在成都召开。国内车企和换电企业基本都派代表出席,这在换电界还是第一次。不仅如此,与会者都表示愿意就标准统一成立小组、共同商讨,并且提供了团标的大致发布时间,这就是一个好的开端。

对奥动而言,标准之路虽然艰难,但是他们有信心走过去。在"2023中国电动汽车百人会论坛"上,张建平表示已经与国内16家主流车企联合开发超过30款换电车型,实现多品牌车型共享换电,其中部分车型已推出市场。在奥动看来,在技术端层面上,只要电池的物理规格统一、物理接电的方式统一,就能够在其平台实现共享换电。作为参与工信部委托中电联(中国电力企业联合会)起草电动汽车换电设施标准的起草企业之一,奥动表示关于统一的换电电池包,国家有关部门正在制定标准。

☞ **结语**

循环利用/节约能源是一个看似人人都应该去做,但真正面临选择时又成为微妙而又复杂的命题。正如"公地悲剧"理论所揭示的,要避免这一悲剧需要制度的管理、道德的约束,因此在可预见的未来,中国政府必将出台更多关于这一议题的政策制度。与此同时,我们也欣喜地看到,作为下一个十年强有力的消费群体的年轻人,更愿意为循环利用/节约能源承担责任、付出努力。那么作为商业运作的企业组织,是否可以从"适度、合理使用各种能源及社会资源"的角度,重新审视如何响应这一趋势,并挖掘出自己在这个赛道上的商业价值呢？

退一步，即使你所在的企业组织短期内无法做出更多与循环利用/节约能源相关的选择，也请尽量避免将其作为一种营销策略，因为对于火眼金睛的年轻人而言，他们更善于也更有欲望识破"伪环保"陷阱，并且广而告之。

> 本篇思考

1. 除了纸吸管，在你的经验中，还遇到过哪些企业伪循环利用/节约能源的做法？

2. 你所在行业及产业链中，哪些环节可开展循环利用/节约能源？

3. 你所在企业是否已开展节约能源的措施？如果尚未开展，请你仔细回想一下，哪些环节有可能开展？

4. 你还知道哪些类似于奥动这类低碳经济商业创新？

第三节　互助才能可持续引发的关爱奉献子趋势

这是一个美妙的黄昏，安详而从容
神圣的时辰安静得像一位
因崇敬而屏住呼吸的修女，醒目的太阳
正在这样的宁静中西沉
天堂的柔和笼罩着海面
啊！强大的生命醒来了

——威廉·华兹华斯（William Wordsworth）
《这是一个美丽的黄昏》

第四章 投入："我"要可持续发展的社会

◇ 关爱奉献予趋势定义

随着消费社会的发展，消费者意识到他们可以采取行动来促进、组织或者干预某些事项，以期改变社会或商业的发展。行动者采取的形式多种多样，包括在社区建立互助小组，抵制企业的不良产品，成立互爱小组等。行动者可以以多种方式在日常活动中进行，包括通过艺术创作或者简单选择"断舍离"。在这些行动主义的活动中，我们看到一种趋势：越来越多的消费者主动参加公益活动，或者变成公益组织的一部分，为社会或社区贡献自己的力量。

◇ 现象与疑问

其实在没做志愿者之前，我的情绪就有些低落了。因为除了在家待着看新闻，就是看手机，看着看着也就很难过。不看手机，不看新闻，那干啥呢？跟花讲话吗？跟狗聊天吗？那我可能就要进宛平南路600号（上海精神卫生中心的地址）了。

——上海疫情静默时期的年轻人

独自一人生活在上海的小许，是一位典型的"富二代"。父母在浙江宁波慈溪开厂，自己刚刚从英国留学回来。虽然也去家族相关企业上过几天班，但是公司里太过客气的氛围，让小许浑身不自在。疫情前他一直赋闲在家，思考自己的人生方向。然而疫情的迅速扩散和上海的突然静默，让小许经历了与以往截然不同的68天——他成为小区里的一名志愿者团长。

疫情一开始，由于小区附近的电商配送站或是因为出现病例而关闭，或是因为下单需求太大导致供应链瘫痪，普通人根本买不到日常生活所需的食物。为此，小许联系货源、负责水果团购，解决小区内 2 000 名住户吃不上水果的难题。每天一睁眼，他就要被数百条信息轰炸。也许对中青年人而言，水果不是必需的食物，但是对尚在成长期的孩童、上了年纪的老人而言，水果是真的不能缺少。小区里有一位老人因为牙齿不好，只能吃香蕉帮助消化，对他而言水果真是一天也不能少。因此他的儿子常常追问小许：香蕉什么时候能到？但是疫情头一个月，到处封堵的路况、临时失效的通行证，让物流无法正常运营。小许只能不断联络供应商了解情况，然后基本是深夜一两点才接到货物。4 月的上海夜里有时气温还不到 10 ℃，他先要协助保安在小区外做好消杀工作，然后和其他两三位志愿者将货物搬运进小区，放到相应的货架上。甚至为了分配货物，他还想办法找到一台称重的台秤。5 月路上运输稍微通畅后，小许便联络熟悉的慈溪饭馆，想办法为小区居民烧送平价慈溪菜：竹笋老鸭煲、咸腌蟹、什锦烤麸……拿到预制美食的居民都很开心，毕竟在过去的 40 多天里，除了做核酸、扔垃圾，家门都不能出。静默在家的人们，太需要一口熨帖的食物抚慰一下心中的彷徨与失落。

22 岁的小许只是疫情里无数个年轻志愿者中普普通通的一员。在两个多月里，他们的无私奉献，给了这个城市中无数的人们以关爱，让原本相对冷淡的邻里关系变得热络起来。其实不仅是在疫情期间，现在年轻人也正在以更大的热情和积极性投身于国内的各项社会公益事业。

◇ 中国年轻的公益者人数

2020年7月，中国社会科学院社会政策研究中心联合其他机构发布《慈善蓝皮书：中国慈善发展报告（2020）》（以下简称"社科院蓝皮书"）[1]。数据显示：一方面，我国从事慈善公益事业的社会组织数量在增长。截至2019年底，全国共有社会组织86.7万个，较2018年增长6.2%。另一方面，参与公益事业的志愿者人数也在不断增长。截至2020年3月，我国实名注册志愿者总数达到1.69亿人，较2018年增长13.9%，志愿团体116.36万个，累计志愿服务时间22.68亿小时。志愿服务活动已覆盖医疗、教育、扶贫、养老、环保、助残、文化、体育等多个社会可持续发展领域。

不仅如此，年轻一代开始成长为志愿者队伍中的主力。2022年腾讯营销洞察（TMI）联合瞭望智库发布的《2022公益行为数字化洞察报告》显示[2]：18~25岁的公益人群自我意识最为强烈，愿意主动获取公益信息。2021年，北京师范大学创新发展研究院发布的《"人人3小时"公益平台社会价值白皮书》也显示[3]：国内最大的公益平台之一——"人人3小时"公益平台上，参与公益传播、公益捐赠/捐步的人中，18~25岁的年轻人占比超过27%。

---

[1] 中国社会科学院社会政策研究中心，社会科学文献出版社，中国灵山公益慈善促进会. 慈善蓝皮书：中国慈善发展报告（2020）[M]. 北京：社会科学文献出版社，2020.

[2] 人民号."数"说公益新趋势，《2022公益行为数字化洞察报告》发布[EB/OL]. [2022-09-13]. https://rmh.pdnews.cn/Pc/ArtInfoApi/article?id=31201460.

[3] 环球时报公益基金会."人人3小时"年度公益账单上线，Z世代成互联网公益主力军[EB/OL]. [2021-02-05]. https://www.gtfoundation.cn/article/41oCKW8ZTbp.

接下来让我们阅读两个响应年轻人关爱奉献子趋势的创新项目。

✧ 年轻人追捧的公益项目

我愿做你的守望者

2017—2021年，敦煌研究院联合数家机构发起"敦煌文化守望者"全球志愿者派遣计划，每年面向全球招募10名志愿者，这些志愿者于第二年5—6月的6周里，通过学习、考核，最终成为一名合格的敦煌文化传播志愿者。虽然项目费用全程由发起方承担，但入选的志愿者需要付出相当大的精力和时间。首先，每位守望者在最终入选前，都需要提交一份传播计划，详细写明40天的敦煌之行后，自己将如何运用自身力量传播敦煌文化。其次，在营地的前三周，志愿者白天入窟学习，晚上聆听专家授课，需要熟练、细致掌握20多个洞窟的知识。再次，考核合格后，志愿者正式上岗，每天为众多游客团进行文化讲解。最后，当志愿者回到原有生活、工作环境中，需要继续开展关于敦煌文化的公益传播，让更多人理解敦煌、热爱敦煌，帮助这一世界文化瑰宝更好地可持续发展。

在项目负责人、敦煌研究院科研处副处长范泉看来[1]："守，是坚守、坚持；望，是一种传承。花了时间扎下根去待着的人，才可能真的从比较深的层次、他自己的角度去理解和感悟敦煌，再把他理解的东西传播出去，这种宣传就更有说服力和影响力。我们想探索一种新的模式，来培养一些未来的传播者、传承者。"

---

[1] 央广网. 2020年"守望敦煌"项目开启招募：40天实地保护与传承敦煌文化[EB/OL]. [2019-12-17]. https://china.cnr.cn/xwwgf/20191217/t20191217_524902014.shtml.

而在志愿者看来，这是他们为所热爱的敦煌文化无私奉献的最好时机。除了营地安排的常规活动，每位志愿者都在思考并实践还能为敦煌做点什么？第一期志愿者中，有年轻的交大在读研究生利用带团和休息时间，自发开展、收集游客问卷调研超过 700 份，为游客管理积累必要但却从未获取过的一手资料；沙尘对洞窟的侵蚀是敦煌保护的重要研究课题，身为物联网专家的志愿者在与研究院相关部门探讨后，集合资源为莫高窟公益安装了一套颗粒物检测传感器设备，这套设备可进行颗粒物的实时监控并提高动态采样率，能够对可能遭遇的沙尘暴天气作出更及时的响应。当第三期"敦煌文化守望者"出征时，第二期志愿者、"95 后"插画师绘著的《莫高窟乐乐大王回家记》已正式出版。以敦煌研究院网红小狗"乐乐大王"为视角，依照莫高窟实景手绘插图，讲述乐乐在莫高窟的奇特经历。

从最初的 300 人到后来超过 1 200 人报名，希望能成为志愿者的人群来自各行各业。不仅如此，年轻高校学生的报名申请占总人数的近两成。一位二期志愿者回想当时报名的决定因素里，"敦煌""文化""志愿者"三者的占比分别是 30%、20%、50%，换言之，希望成为志愿者是最主要的原因。在她看来，研一支教一年回来后开始上课、实习，越忙碌，越怀念做志愿服务过程中的投入和收获，因此看到守望者招募就立刻"心动不如行动"了。而在完成 40 天派遣计划的志愿者看来：我们每个人的力量都非常渺小，为什么不尽我们每个人微薄的力量，让一件非常伟大的事情继续变得更加伟大呢？

但是在志愿者无私奉献的同时，他们也遇到各种各样的挑战，而这也是众多公益活动在中国遇到的挑战。

◇ 自食其力保护/创新民间非遗

公益最缺什么？资金

第一期守望者计划中，30多岁的文创设计师和两位在校研究生组成的文创小组，准备以年轻一代更能接受的方式——绘本，推广敦煌文化。三位志愿者经过细致讨论后，不仅确定了以普通人所能接受的"阿难"作为主角，确立了主题——阿难说敦煌，并且采用墨线形式绘制了质朴亲切的阿难的形象，还特意运用莫高窟彩塑上的服饰线条来修饰阿难。为了能让敦煌研究院更好地理解她们的构想，姑娘们用心绘制了"阿难说飞天"。介绍会上，时任院长王旭东（现为故宫博物院院长）对此非常支持。在他看来，如何以年轻人的方式让他们爱上敦煌，正是敦煌管理机构的弱势。然而截至目前，《阿难说敦煌》仍未问世，毕竟志愿者关爱奉献的同时，也要面对资源匮乏等各方面因素的影响。

社科院蓝皮书数据显示：志愿服务经费不足依然是志愿者组织遇到的最大挑战，而且与2018年相比，经费不足的比例呈现翻倍现象，一方面，可能是志愿者人数的增长，导致经费不足的问题越来越严峻；另一方面，志愿服务经费的主要来源——社会捐赠总量没有随社会财富总量的增加而增加，反而在下降。2019年，社会捐赠总量约为1 330亿元，较2018年的1 270亿元增长4.72%，但是却较2017年的1 526亿元减少12.84%。

志愿服务经费的不足随之带来志愿者组织遇到的第二大挑战——41.27%的组织招募不到合适的志愿者，比例相比2018年（23.52%）进一步上升。毕竟在一个处处需要物质消费的社会，志愿者也需要获取物质来保障自己的人身、经济安全。因此，当关爱奉献与工作生活冲突时，很难对志愿者提出苛刻的要求；当志愿经费无法满足志愿者正常的生活需要时，也很难招募到合适、优秀、有能力的志愿者。

于是，一方面是年轻一代越来越呈现出无私关爱奉献的意愿和行动；另一方面是社会资源无法更好地满足年轻一代的这种需求。我们常常说良好商业的价值便是能有效地运用社会资源，满足人们的某种需求。因此，能够解决资金来源与志愿者短缺挑战的社会企业开始在中国逐渐出现。

看似陌生的社会企业数量确实不多

社会企业（social enterprise）是兼具社会属性和经济属性的新组织类型。它以社会使命为目标驱动，通过商业化运作获得自身可持续生存根基，并将经营所得再投资于社会事业中，创造出更多的社会价值。中国社会企业起步较晚且发展缓慢，2022年国务院发展研究中心发布的《我国社会企业发展状况调研报告》显示[①]：截至2019年底，我国通过认证的社会企业共计237家，主要分布在四川、上海、广东、北京等地。其中超过80%集中在残疾人无障碍服务、青少年儿童发展与教育、弱势群体支持、社区发展、养老、农村发展、生态环境保护以及文化艺术发展等八大领域。报告指出，虽然54%以上的社会企业实现了收支平衡，但其中只有24%实现利润稳定及持续增长。

起承文化：也曾幻想靠公益可以持续发展

2012年底，几个在上海的年轻人看到拥有数千年历史的中国

[①] 国务院发展研究中心公共管理与人力资源研究所"社会企业研究"课题组. 我国社会企业发展状况调研报告[M]. 北京：社会科学文献出版社，2022.

传统手工艺，无论是精美的视觉图案、精湛的技艺还是背后动人的文化故事，在当代工业文明和机械复制的冲击下，普遍遭遇不同程度的困境和失落。这几个年轻人想为在艰难环境下坚守传统的手艺人做点什么，想让传统手工艺与当代生活发生一些关联，想让属于传统的美好持续发生。于是他们成立了"稀捍行动"这一公益项目，以"人与自然的十个美好故事，稀捍行动寻回遗失中的美好"为主题，希冀推动以中国传统手工艺为代表的珍贵文化可持续发展，并联合各界人士共同寻求传统文化重获新生的出路。

2014年"稀捍行动"将目光投向四川阿坝州的羌绣。羌族刺绣是当地农村妇女在劳动间隙完成的民间工艺品。文献记载，两汉甘青羌族人"女披大华毡为盛饰"；唐宋时期羌族披毡已经很普及，《新唐书·党项传》称"男女裘褐，被毡"。近代羌族基本沿袭了袍服之制。在羌族地区随处可见穿着民族服装的羌族人，衣服上漂亮的图案大多为手工刺绣，这些刺绣在羌族的历史上源远流长。2008年羌绣成为我国第二批国家级非物质文化遗产。

然而中国社会的现代化进程瓦解了传统羌族的生活方式和社会分工。许多羌族年轻劳动力通过外出打工来获取比种地更高的报酬。虽然对文化程度普遍偏低的羌族妇女而言，在外打工只能从事洗碗之类既相对底层又格外艰辛的工作——有时一天要工作近20个小时，但能拿回收入养活一家人吃饭，她们已是很满足，由此也不得不舍弃所擅长和喜爱的羌绣手艺，缺少绣娘的羌绣面临失传的危险。

"稀捍行动"以"绣她所绣"公益项目在腾讯公益平台通过众筹形式募集社会资源，希望让外出务工、放弃羌绣的绣娘，回到家乡继续传承工艺。一方面，他们按照绣娘外出务工所得的平均报酬为标准（2 000元/月），折算出时薪作为绣娘的劳动所得，三天时间共获得31 202位爱心人士的捐赠，众筹到105 600小时的绣娘工作时间；另一方面，团队中专业设计师选取羌绣代表图形，如羊花、牡丹花、山水纹等，并进一步在细节、配色等方面进行全新设计，再让绣娘将这些图案一针一线刺绣在牛仔布制作的口袋上。这种为传统技艺赋予现代审美设计概念的羌绣作品，通过团队创始人的一些商业人脉为一些国外的奢侈品和快消品所采用，可以按需缝制在衬衣、牛仔裤以及包袋上。

每绣一个口袋，一位绣娘可获得6个小时的工时报酬。项目执行期间，一共有150位绣娘获得了回家就业的机会。不仅如此，"稀捍行动"还推动当地成立了一家手工刺绣合作社。"绣她所绣"公益项目让部分羌族绣娘在发挥自己的手艺的同时，也解决了她们最实际的生活问题，并提升了绣娘的社会地位、增强了其社会认同感。与此同时，带有现代气息富于创造性的设计，也让羌绣口袋登上了上海时装周以及联合国教科文组织的手工艺展等舞台，受到人们的关注和喜爱。

羌绣口袋的实现，对"稀捍"团队而言，预示着一种全新的手工艺保护理念逐渐萌芽生发——从生活的需求出发，创造出有用且美好的物品，让它们承载着手工艺融入当下生活，让生活变得更有情趣，让工艺得以传承与发展。他们希望用同样的方式去复兴傣纸、蜀锦、金箔等传统手工艺。与此同时，"稀捍行动"却发现自己的公益道路越走越艰难，无法可持续发展。

不卖穷和惨，怎么做公益

首先，社会资源获取受限。在公益平台向社会大众众筹的方式近似于传统农业靠天吃饭，普通民众尚无捐赠的习惯让每个公益项目筹得款项十分有限——150位绣娘相较于当地10.8万人的羌族妇女是少数中的少数。

其次，团队虽然尽力争取到一些国际品牌每年投注在企业社会责任（corporation social responsibility，CSR）上的预算，但因为公益组织的身份无法寻求更多合作的可能。

再次，缺乏商业活动开展的必要身份。"稀捍"团队在思考将传统非遗工艺通过创新变为具有知识产权的品牌，然后使品牌通过多层次的商业合作获得商业回报，从而能够以更充裕的资源投入更广泛的手工艺保护中，但这个模式的前提是"稀捍"团队需要有一个合法合规的商业身份。

最后，随着保护事业的逐步发展，"稀捍"团队的队伍也在逐渐扩大，他们希望能为成员提供有竞争力的薪酬。在几位创始人看来，公益机构最大的财富是人。如果一个团队自身都不具备体面和可持续发展，如何能为大山中的人带去诗和远方？不仅如此，只有有竞争力的薪酬才能吸引更多合适、能胜任的新人加入团队。

与大众的一般认识不同，"稀捍"团队认为做公益不应该贩卖苦、穷、惨，不应该通过让大众觉得羌族妇女生活艰难出于同情而为她们捐款、购买绣时。购买绣时应该是大众出于认可羌绣的美，认可羌族对美的追求，认可保护羌绣可持续发展而做出的举动。从这个观念出发，"稀捍"团队认为只有摆脱捐赠带来的限制和不确定性，从资源和人才两方面获得自身可持续发展的基础，才能真正实现保护传统手工艺的社会价值。2017年7月，上海起承文化发展有限公司（以下简称起承文化）成立，至此，这个文化守护活动也完成了从民间非遗保护公益组织向社会企业的蜕变。

起承模式：从构建知识产权开始

起，是对传统文化起源的追溯；承，是对文脉的延续；转，则意味着传统文化回归当下生活的转换；合，是落点，又是破圈整合，推动文化传承。起承文化不再局限于中国传统手工艺，希望尽可能参与中国传统文化的保护、传承、传播与创新。为了达成组织成立的根本目标——社会使命，起承文化构建了自己的商业模式。

首先，运用现代商业中的知识产权概念，将传统非遗通过公益和创新转变为知识产权，由于知识产权能够解决利益分配、标准化和复制的问题，因此这是非遗商业化运作的基础。

其次，将知识产权以产品、品牌合作等方式，实现商业回报。

最后，将商业回报作为经济力量持续推动文化保护。

为了支撑这一商业模式，起承文化将自己的业务开展分成四个模块。首先，数据库整理。经过近三年的筹备、多次调整升级，2019年中国非物质文化基因库上线。包括4 886个非遗术语、296个非遗纹样、58个传统非遗工艺，并形成了由10 320个词条构成的非遗知识图谱。这套数据库邀请到包括南京大学、清华大学、美国杜克大学等学校的教授联手，透过建构文献数据的大数据分析，将每一项手工艺分成五大应用层次。以云锦为例：第一层次是外观、色彩、纹样的分析；第二层次是简明的云锦学术定义；第三层次是历史、典故文献以及口述历史数据；第四层次是与其他工艺或文化传统的联结，如云锦和昆曲服装的关联；第五层次，也是最特别的一层，是与中国国家知识产权局合作，通过实时登录达到基本的确权效果，做好设计师和手艺人作品的版权保护。中国非物质文化基因库是起承文化商业模式的基石和核心竞争力：一方面，基因库为后续的非遗市场化、标准化打下基础，成为传统和现代之间沟通的语码。现代设计师虽然并不了解这些手工艺的组成，但当看到具体、清晰的数值，包括色彩、材料、步骤时，就能更为有效地捕捉到这些手工艺的特征，从而大大提高创新设计的准确性。另一方面，从基因库出发，联结设计师、出品方、供应链、加工厂以及市场，起承文化有可能建立起一个可循环、可信赖的传统手工艺生态链。

在传统上进行创新是关键

发起国际驻地项目，邀请全球的优秀设计师或机构参与中国非遗文化探访，引导他们实地了解中国的非遗文化生态、城市生态、地理文化生态，并在此基础上促成合作与创新。起承文化之所以发起国际驻地项目，是因为他们发现：传承创新传统手工艺时，研究学者、手工艺从业者以及设计师三者之间，常常存在难以弥合的矛盾。起承文化曾尝试将一些传统手工艺品带给设计师，设计师由此生发出不少有趣的创新概念，但由于缺乏对工艺的背景了解，许多设计概念最终无法成为满意的成品。从工艺到设计、从研究到制作的低效率，也是阻碍传统手工艺发展的重要原因。

由此，起承文化推行"驻地计划"，将所有相关方带到手工艺现场，亲眼见证一件手工艺品如何诞生，以及它背后的文化和故事；邀请设计师跟随传统工艺人学习一周，在全面了解手工艺审美背后的生活习惯后，设计师做出的设计就变得更为落地。例如：关于云锦工艺，即邀请荷兰最具代表性的设计学院院长前来中国，实地探访云锦的制作工艺。此外，起承文化也会举办一些文化沙龙，邀请三方讨论与互动，通过人与人面对面的交流，推动传统工艺品设计的"破圈"。

非遗工匠有收入，传承才可持续

建立公众教育与市场的联结。通过参与策展、论坛让以传统手工艺为代表的非遗文化更多地为普通民众特别是年轻一代所了解并产生兴趣；通过与商业品牌、文化旅游合作，获得相应的商业回报。

帮助非遗匠人进行自有品牌开发。带教传统匠人理解现代设计与创新理念，协助他们前来大城市学习进修，并引导他们拓展自己的销售模式和渠道，从而更好地依赖传统手工艺体面地生存下去。

通过构建中国非物质文化基因库，现在起承文化平台上梳理近60种非遗手工艺，聚集了花丝镶嵌传承人杜建毅、绒花制作技艺传承人赵树宪、云锦织造技艺传承人刘钧正、金箔锻制技艺传承人葛才金、"成都漆艺"传承人尹丽萍、缂丝织造技艺传承人陈文等一大批中国非遗匠人。

以做公益为目的的社会企业也能创造相当的商业价值

目前，起承文化形成了三个层次的商业化产品：

第一，手工艺品。起承文化在每个手工艺挖掘地区都会开发手工艺品，这类产品可以换算成当地从业者数小时的工作时间。起承文化力图通过公平贸易的方式采购部分产品，并通过自身渠道进行销售。目前起承文化已连接300多位手工艺者。过去由于手工艺品的市场价格既不具备现成、标准化的流程与计算公式，也受到当地物价水平、手工艺者技术熟练程度的影响，难以衡量具体的工时及定价。因此，起承文化通过邀请领域内专家设定一个平均市场价格的方式,力图采用更规范的方法开展采购。

第二,文化图形的品牌授权。通过与众多大型企业的合作,获得品牌授权的商业回报。例如:起承文化与星巴克已合作5年,每一年双方都会选用一种非遗元素,打造一款限量版星享卡(会员卡),包括云锦系列、花丝系列等。每款星享卡的销量均突破20万张,在推广传统文化的同时,也为星巴克带来了理想的销售业绩。经过数年积累,起承文化与玛莎拉蒂、京东、小米等300多个品牌均建立了品牌授权合作。在此基础上,2021年起承文化发起国牌联盟计划,希望通过"非遗品牌内容+市场营销节点"的模式,集结多家民族知名品牌共同参与、共发商业声量。首次联盟活动时间选在5月20日:线上以品牌联动方式打破圈层壁垒,同时在抖音、公众号、微博等平台进行抽奖互动,引发网友点赞、转发与评论;线下以北上广为核心,与包括健身、时尚、音乐、剧本杀、国风、汉服等线下活动空间进行跨界合作。活动范围覆盖全国50个城市,触达超过1 000万个年轻用户[①]。此外,2019年开始,起承文化与上海大世界游乐中心共同举办"闹传统盛会",通过跨界授权、文创产品、直播带货、热点市集、沉浸式空间、数字互动等方式,展示传统非遗与当代生活的融入。

第三,通过科技创新带动行业技艺进步,产生国际影响力。例如:起源于春秋战国金银错工艺、在明代中晚期达到巅峰的花丝镶嵌制作工艺,2008年被列入国家级非物质文化遗产名录。作为"燕京八绝"之一的花丝镶嵌,是一门主要用于皇家金冠、凤冠、实用器物、摆设品制作的传统宫廷手工技艺。虽然已传承2 000

---

① 搜狐. 起承文化领衔非遗国牌联盟,致敬千年传承非遗文化[EB/OL].[2021-06-04]. https://www.sohu.com/a/470401497_100087420.

多年,但因为与现代生活的隔绝而日渐式微。2019年起承文化联手潮宏基,邀请国际顶级设计师佐藤大(Sato Oki)领衔,设计、推出花丝糖果系列珠宝①,旨在将中国传统工艺融入设计,为传统文化寻找时尚化创意和融入当代生活的全新途径(图4-2)。佐藤大以糖果为主题,将金银细丝变成包裹在糖果外层的糖纸,金丝在增强首饰造型立体感的同时,也保证了首饰的轻盈、灵巧与通透,而内层的珍珠或宝石,因金丝的折光效果显得更加绚丽动人。用于包装的礼盒内赠有独家定制的印花纹样丝带,同样以花丝八大工艺科普为主题。从当年9月推出伊始,单品定价在800~2 000元的花丝糖果系列珠宝即大受年轻人欢迎,推出一年即实现1.3亿元的销售额。

图4-2 花丝糖果系列珠宝
(图片来源:起承文化官微)

---

① 潮宏基. 潮宏基联手NENDO佐藤大&起承文化,玩转非遗花丝新时尚[EB/OL]. [2019-08-13]. http://www.chjchina.com/Article/show/221.html.

未来：传承与传播中国文化的魅力

通过这三类商业运作，截至 2021 年底，起承文化已实现超过 20 亿元的文化价值转化[①]。不仅如此，作为一个以实现社会价值为存在价值的社会企业，起承文化也在努力推进三方面社会价值的实现。

首先，解决手工艺者无法自给自足、满足生计的问题，而这也是现阶段挽救传统手工艺面临的最大挑战。通过采购工艺和劳动工时的方式，为手工艺者提供更有尊严地获得收入报酬的途径，使手工艺者感受到手工艺带给自己的价值，从而愿意继续从事手工艺制作，是保护传统手工艺最基础的一环。

其次，推动中国传统手工艺进入更高领域和国际舞台，将古代的美学元素用现代的设计表达，达到美与经济效率的平衡。例如：云锦，作为织锦工艺里技术和审美的巅峰，被称为"寸锦寸金"。然而也正是因为它的昂贵与工艺的复杂性，云锦目前近乎失传。通过邀请荷兰知名设计师对云锦进行再设计，创造新的云锦图案，设计出沙漏造型，借助云锦蚕丝折光的效应，赋予它全新的图形概念，改变了云锦的造型特征，使其能更好地运用于现代服装设计和制造行业。让凝聚了先人智慧的古老手工艺再次焕发生机，通过融入现代工业制造体系获得可持续发展的机会。

最后，传统文化内涵的梳理与传播。许多手工艺在历史长河的传承过程中，只留下技术和工艺的外壳，丢失了记忆、审美与故事的内核。而后者才是前者存在的根基，也是构成中国文化独特性的种种元素。起承文化通过田野调研、梳理与市场传播，希

[①] 搜狐. 如何让"非遗"活下去？做社会企业！[EB/OL]. [2021-11-10]. https://www.sohu.com/a/500214464_415781.

冀让更多中国年轻人理解中国文化的种种独特与魅力，也给予传统文化更多关注和热爱。

☞ **结语**

英国，是全新的商业和社会组织——社会企业的全球发源地。早在 1844 年的罗奇代尔公平先锋社（The Rochdale Pioneers' Society），即按股集资开设商店、建立工厂，为社员提供就业机会并按股分红。2004 年，英国通过立法明确了社会企业的法律地位，并设立监管社会企业的政府部级机构，从政府监管、战略推动、立法规制、财政支持、税收减免等多方面开展扶持，由此英国社会企业发展进入快车道。

截至 2018 年底，英国已有 10 万多家社会企业和 200 多万名雇员，产值高达 600 亿英镑[①]。例如：成立于 1948 年的伦纳德·切希尔公司，一直专注于残障人士服务，已在 54 个国家建立 200 多个分支机构。2019 年财年期间，该公司帮助 9 000 多位残障儿童进入学校学习，使 11 000 多名残障人士接受培训并找到工作。2013 年 6 月，伦敦证券交易所成立了全球第一个社会证券交易所，可再生能源、医疗保健、净化水、可持续交通、教育等领域的 12 家社会企业挂牌上市，市值达到 5 亿英镑。身处于全球金融中心的社会证券交易所也欢迎世界各地符合标准的社会企业前往挂牌。

年轻人的无私奉献/关爱互助需求代表了作为在一个更为稳定、富足的社会环境下，

延伸阅读 4-2

---

① 中国发展观察. 英国社会企业的发展历程、规制体系与启示[EB/OL]. [2020-05-07]. https://cdo.develpress.com/?p=9393.

成长起来的中国新的一代,与他们的前辈相比,表现出诸多不同之处。面对年轻人的这种需求趋势,原有依靠捐赠生存的公益组织既无法满足年轻人的需求,有时连实现自身可持续发展都捉襟见肘。如果能够以一种良好商业的模式——社会企业,满足年轻人逐渐兴起的这类需求,既能带给年轻人、企业双方面收益,也能助力我们赖以生存的这个社会的可持续发展,因此是一件联结三方面并让彼此都有所得的方式。

本篇思考

1. 在阅读本篇前,你是否听说过"社会企业"这一概念?

2. 你所在企业是否可能与社会企业开展某些商业合作,以满足年轻人无私奉献/关爱互助的需求?如果开展合作,难点是什么?

3. 你是否听说过"第一反应"这家社会企业?请查阅相关资料,看看这家企业的存在响应了哪种需求。

4. 你还知道哪些无私奉献/关爱互助子趋势的商业创新?

第四节 我要的循环利用/节约能源、关爱奉献,你可以满足吗?

"你问我为什么买雀巢咖啡?我记得它家有个广告展示了咖啡铝胶囊正被回收再造为成千上万的东西。当时我就很震撼,必须支持呀!"

——张先生,20岁,成都

"iPhone 考虑到残障人士使用手机困难,最先在手机上推出无障碍功能。而且我还在店里碰到过残障人士担任店员,我觉得让他们可以有尊严地自食其力,有稳定的工作和收入,非常有意义!"

——沈女士,22岁,广州

在可持续发展社会趋势中,年轻人表现出:为了获得群体归属感和认同,我愿意积极参与让我赖以生存的这个社会可持续发展的行动;我很乐意物尽其用,也愿意合理利用各种社会资源,关爱互助他人、对社会无私奉献都是我积极考虑去做的事。

对企业而言,很重要的一点是避免利用年轻人的这种趋势去赚取不恰当的商业利益。标榜节约能源但却让消费者承担额外的成本,最终无法赢得他们的青睐;明明没有开展或是浅尝辄止某些公益项目,但却作为营销噱头广而告之,最终会被他们拆穿"西洋镜"。

第五章
收敛:"我"要寻求内在的意义

第一节　年轻人退缩于内心世界是消沉吗?

戏剧家莎士比亚曾说:"一千个读者心中就有一千个哈姆雷特。"面对需求不满足引发的潜意识中的不安,不同人群有不同的行动策略。部分年轻人通过从个体角度管理自身压力以及从社会角度参与可持续发展的社会中,寻找令自己感到压力消减的平衡点。这种策略介于封闭与开放之间。我们将众多年轻人采取的这一类趋势定义为:寻求意义。

"美国大学其实有一个 Gap year,因为西藏我去过好几次了,很想深入地体验下藏族文化,当时想去藏传佛教寺院冥想一年,我和一个同学计划好一起去的,但是我爸妈不同意,怕我走偏了。"

——崔先生,18 岁,上海

"成为人口普查志愿者后,需要挨家挨户上门了解居民信息。感受下来,孤寡老人普遍表现得很排斥。所以我计划下一步抽时间到养老院关心下老人。"

——吴先生,24 岁,广州

"我平时买衣服,一般就是买年轻人的品牌就行,我并不是很在意平时出门逛街时穿的衣服是否是名牌,我觉得穿得让人感觉比较干净整洁就行了。"

——刘女士,20 岁,成都

"寻求意义"这类趋势包含"灵性寻求""社会价值追求"以及"真实性"等三个子趋势。在这一篇中我们着重描述社会价值追求子趋势。

第二节 渴望灵魂的归属带来社会价值追求子趋势

今夜无星
除了那些记忆中的
然而供回忆的空间多么广大
在柔雨松软的环抱中
　　　　——哈特·克兰(Hart Crane)《祖母的情书》

◆ **社会价值追求子趋势定义**

在追求富裕和物质的过程中,高价值对很多消费者而言并不是主要考虑因素。然而,当物质需求被极大满足时,在人们所消费的东西和他们所相信的东西之间有了明显、逐步增强的相关性。在这个时代,被互联网和新科技赋能的消费者能很快找到与他们价值观相匹配的产品和企业。消费者将会越来越不依赖生产商所告知的内容,而是从众多的来源中构建自己的价值体系,并使用这些价值来决定购买什么品牌。

在这个趋势中,逐步富裕起来的消费者更愿意为那些不那么幸运的人和事伸出自己的双手。他们期待愿望能被他们购买的品牌及其背后的商业传递出去。

✧ 现象与疑问

致喜欢咖啡的你:

你好,我是蔡晴开,我小时候有个梦想,想找片果林安稳地过日子,现在我就想守着我的咖啡树把咖啡种好。

今年是我种的咖啡豆第二次被星巴克选中,成为臻选咖啡我很高兴,但我更想把这种高兴分享给种咖啡的朋友,让他们看到希望,能坚持种下去,一起种出更好的云南咖啡!

谢谢你喜欢我们云南的咖啡!

——蔡晴开

居住在云南省普洱市思茅区思茅港镇那澜村的蔡晴开,是一位仅有小学文化程度、曾以开卡车为生的普通农民。在全球咖啡种植版图上,云南咖啡豆一直是低端的代表,是以出口为主、用于制作速溶咖啡的配方豆。在全球期货市场上,云南生豆期货每磅售价甚至低于精品咖啡豆主要品种纽约阿拉比卡 10~20 美分,即每吨差价高达 220~440 美元。然而近两三年,云南咖啡豆的品质一跃而起:2019 年,蔡晴开种植的咖啡豆成为国内第一个以云南咖农命名的单一产区臻选咖啡豆——晴开农场臻选咖啡;由世界咖啡协会(WCE)承办、被称为"咖啡奥林匹克"的 2021 年 WBC 世界咖啡师大赛中国区总决赛中,咖啡师潘玮凭借一款云南咖啡豆一举夺魁。如果人们去深究云南咖啡豆崛起背后的力量,会发现这一切的改变离不开咖啡零售商星巴克超过十年的努力和付出。那么人们不禁要问：作为一家商业机构，星巴克为什么要长年承担免费为云南当地咖农提供优良种苗、农艺培训等社会性工作？对社会价值的追求带给星巴克何种商业上的回报？

✧ 人们为什么追求社会价值

马斯洛需求层次理论的完善

也许对在商学院学习过的人而言，马斯洛的需求层次模型是最熟悉不过的学术模型，认为人的需求层次由低到高分为：生理、安全、归属与爱、尊重及自我实现。不仅如此，许多普通中国人对马斯洛的需求层次理论也略知一二：人的动机由人的需求决定，在每一个时期都会有一种需求占主导地位。然而事实上，马斯洛晚年在上述五种需求的基础上提出了第六种需求——超越性需求。

1954年，在《动机与人格》一书中[1]，马斯洛提出了著名的需求层次理论（hierarchical theory of needs），将人的需求从低到高分为五个层次。随着对第五种需求——"自我实现"的深入研究，马斯洛开始完善其需求理论。1967年，马斯洛发表《自我实现及其超越》和《超越性动机论：价值生活的生物学根基》两篇文章[2]，他将需求区分为缺失性（前四种）和成长性（自我实现），并指出缺失性需求起源于实际的或感知到的环境或自我的缺乏，

---

[1] 亚伯拉罕·马斯洛. 动机与人格[M]. 许金生, 译. 北京：中国人民大学出版社, 2012.

[2] 亚伯拉罕·马斯洛. 人性能达到的境界[M]. 武金慧, 等译. 南京：江苏人民出版社, 2021.

由此个体会努力从环境中寻求能使其需求得以满足的东西，无论是物质、人际关系还是社会地位。这些需求的满足完全依赖于外界。例如：人需要吃饭就要有食物；爱的需要依赖于得到别人的爱。相反，自我实现是由于个体自身成长动机所需要。不仅如此，马斯洛进一步指出：在"自我实现"需求得到满足之后，个体还有"超越自我实现"的需求。这里的超越指的是人类意识最高的水平，"超越者"在生理、安全、人际关系和自尊的需求得到满足并且个人独特潜力得到实现后，进而希望追求其他的价值。这些价值包括创造、美、率真（simplicity）、意义、服务、学识的长进、社会的进步等，而这些价值本身即是人类终极目的。由此，马斯洛需求层次模型的完整表达应该是生理、安全、归属与爱、尊重、自我实现和超越性需求。

不仅如此，马斯洛提出快乐可能存在等级，如果将快乐更为形象化地描述出来，依次可以是"从痛苦中解脱，泡热水澡的满足感，和好友在一起的快乐，欣赏美妙音乐的喜悦，生儿育女的幸福，至高之爱体验的狂喜"。个体能够获得的快乐不仅包括补足自身残缺所获得的快乐，还包括向自身之外加以探求所带来的更深层次的快乐。

我们在第一章曾介绍，20世纪70年代，罗纳德·英格尔哈特即是以马斯洛的需求层次理论为基础，提出：一个国家多数人的需求层次结构，与该国经济发展水平、工业化程度以及人均受教育水平直接相关，并创造了属于自己的专有术语——"后物质主义"价值观。因此，在某种程度上，英格尔哈特的后物质主义价值观可以看作马斯洛需求理论的应用和进一步发展。

对拥有后物质主义价值观的中国年轻人而言，童年和成长阶段物质更为丰富、社会更加多元而平稳，因此他们由于缺失性所引发的需求不如前辈那么迫切，由此他们因为缺失性需求得到满足所获得的快乐也不如前辈那么显著。相反，通过满足自我实现和超越自我实现所带来的快乐，即向自身之外的价值加以探求能让年轻一代体验到更深层次、更大满足的快乐，从而引发他们将个人表现放在相比人身、经济安全更优先的位置。而这种向自身之外的价值加以探求就包括对社会价值的追求，即个人对社会作用和影响的追求。由此，年轻人也会更加关注那些更愿意承担社会责任、发挥社会价值的企业/组织。换言之，他们更容易建立起对这类组织的好感和价值认可，并通过实际的产品/服务购买体现他们的支持。

接下来让我们继续沿着星巴克与云南咖啡豆的故事阅读响应年轻人社会价值追求子趋势的商业创新。

◇ 云南咖啡豆崛起背后的推手

咖啡豆：一颗穿越各大洲的神奇豆子

咖啡树原产于非洲埃塞俄比亚西南部的高原地区。公元前525年，阿拉伯人开始种植咖啡，并将磨碎的咖啡豆与动物脂肪混合，作为长途旅行时的体力补充剂。公元890年，销往也门的咖啡豆第一次被制成饮料。15世纪，咖啡传入欧洲、亚洲，很快又进入美洲。到了18世纪，咖啡于全球热带和亚热带地区广泛种植，并成为世界三大饮料之一。

咖啡树是多年生经济作物，从播种、移植幼苗到长为成木需

3～5年时间，之后15年为投产期。气候是影响咖啡种植的决定性因素，由于地球南北纬25°之间的地带最适合栽植咖啡，因此被称为"咖啡带"（coffee belt）。目前全球性的咖啡种植区有三个——东非和阿拉伯半岛，东南亚和环太平洋地区以及拉丁美洲。由于全球具有商业价值的咖啡豆仅有阿拉比卡种、罗布斯塔种和利比里亚种，因此这三种被称为"咖啡三大原生种"。国际咖啡组织（ICO）统计显示[①]：在世界市场流通的咖啡中，约65%为阿拉比卡种，32%为罗布斯塔种，利比里亚种仅占2%～3%。以巴西为主要产地的罗布斯塔种具有较弱的香气、醇厚度/甜感/酸质较弱、苦感明显、咖啡因含量较高（2%～3%）等特点，因此更多用来做拼配咖啡和速溶咖啡；而原产埃塞俄比亚的阿拉比卡种具有花果香气突出、酸质活泼、风味表现多样、醇厚/甜度高、余韵悠长，并且咖啡因含量只占咖啡全部重量1%等特点，因此主要用于单品或精品咖啡。换言之，阿拉比卡种具有更高的经济价值。

然而不耐高温、适应新环境和抗病虫害能力都偏低的阿拉比卡种，不宜种植、需要人工精心照料，不仅如此，还必须种植在海拔900～2 200米的高海拔地区；相反，耐高温、适应新环境和抗病虫害能力都很强的罗布斯塔种，适宜种植，也不需要人工精心照料，只需要种植在海拔200～900米的平原即可。为了确保所销售的咖啡具备更好的口感，从而获得更好的客户体验和更高的溢价，精品咖啡店都在努力争取获得更多的阿拉比卡咖啡豆货源，这一点对于全球第一大精品咖啡零售商星巴克而言，毫不例外（图5-1）。

---

① 搜狐. 咖啡产业必读：一文说透咖啡种植、品种、分级与加工[EB/OL]. [2019-02-24]. https://www.sohu.com/a/297235705_117959.

第五章 收敛:"我"要寻求内在的意义

图 5-1 阿拉比卡种咖啡种植区

(图片来源:星巴克官网)

要打造稳定的咖啡豆供应链,星巴克必须承担起社会责任

现代供应链之父、斯坦福大学的李效良教授将理想的供应链称为"3A 供应链"[①]——反应敏捷(agile),适应不同环境(adaptable),供应链上各方实现协同合作(aligned)。对于处在咖啡产业链的下游,也是核心企业的星巴克而言,如果希冀通过打造 3A 供应链从而获得更多利润,就必须对产业链源头——咖啡树种植投注更多关注和精力。设想星巴克计划某年在全球增开 500 家新店,但这一年由于气候变暖,或是以叶锈病为代表的咖啡树疾病大范围传播,不耐热又不耐病虫害的阿拉比卡种大面积减产。不仅如此,由于阿拉比卡种和罗布斯塔种口味差异较大,无法用后者替代前者制作精品咖啡。由此,不仅新店开设计划难以实现,星巴克现有门店的销售情况也可能受到影响。农业靠天吃饭的特性大大增加了咖啡产业供应链的不确定性,而不确定性是供应链管理最大的难题。为了避免供给端的大幅波动导致整条供应链的剧烈波动,

---

[①] Terry P. Harrison, Hau L. Lee, John J. Neal. The Practice of Supply Chain Management[M]. Kluwer AcademicPublishers, 1988.

星巴克需要更有效地掌握供应链上游信息,从而实现供应链各方协同合作、反应敏捷、适应不同环境。由此,它开始介入咖啡产业链的上游——咖啡种植。

2001年,全球有6 000万个农户以种植咖啡为生。然而无论消费者为一杯咖啡出价多少,最终只有很小一部分会流入咖农手中,他们中的绝大多数人日均收入极低——不到1.9美元[①]。为了改善咖农的收入水平,确保更多人有信心、有意愿种植咖啡从而保障咖啡豆供给的稳定,2001年,星巴克与非营利性环保组织——国际环境保育组织(Conversation International,CI),共同拟定咖啡采购的指导原则;2004年,星巴克、CI以及SCS科学认证系统(一家第三方评估和认证公司),开发出现在被称为"咖啡和种植者公平规范"(C.A.F.E. Practices)的指导原则,覆盖咖啡农场、合作社、加工以及烘焙厂等咖啡供应链上游和中游。这一原则的设计目的为:在共同利益的基础上,为咖啡种植者创造出一个更美好的未来,从而确保高品质咖啡豆的持续生产,且该高品质咖啡豆采用对环境和社会负责任的方式生产而成。

星巴克优先从实施"咖啡豆和种植者公平规范"的种植者和加工厂主购买符合四项标准的咖啡:首先,产品品质,所有咖啡豆都必须符合星巴克高品质阿拉比卡咖啡标准。其次,经济责任,供应商需要提交整个供应链咖啡生豆的付款凭证,确保咖农获得应得收入。再次,社会责任(由第三方评估),为种植者和加工厂主改善安全、公平和人道工作条件的衡量标准提供参考,其中包括保护劳工权利和提供适当的生活条件;必须符合最低工资要求

---

① 上海交通大学中国金融研究院. 邱慈观:咖啡背后的平衡[EB/OL]. [2020-05-28]. https://zhuanlan.zhihu.com/p/144171690.

以及解决童工/强制劳工和歧视问题。最后,环境保护(由第三方评估),在种植和加工咖啡豆过程中,必须制定环境保护措施用于管理浪费、保护水质、节省水和能源、保护生物多样性以及减少农业化肥的使用。

由于全球咖啡豆主要生产国,如墨西哥、秘鲁、危地马拉、肯尼亚、莫桑比克、埃塞俄比亚,经济相对落后、社会保障相对缺失、环境保护投入也相对匮乏。星巴克通过C.A.F.E.发挥自身社会价值、承担起本应由当地政府承担的社会责任,力图有效减少整条咖啡豆供应链产量的波动。

然而仅仅保证豆子供给数量稳定还不够,咖啡链下游企业也需要上游咖农和农场、中游加工和烘焙厂出品的豆子质量稳定。2013年5月,星巴克买下位于哥斯达黎加的阿尔萨西亚庄园。这既是全球迄今为止唯一一座星巴克自有咖啡庄园,也是星巴克全球咖啡农学的研究中心。阿尔萨西亚庄园占地2.4平方千米,位于哥斯达黎加知名的咖啡种植产区——波阿斯火山脚下(图5-2)庄园内一面墙上写着:"我们的使命是确保每个人杯中咖啡的未来。"[1]星巴克全球农学总监以及庄园总经理,带领种植者支持中心(farmer support center,FSC)团队的农艺师,在将近0.25平方千米用于培育咖啡新品种的土地上——农学家的苗圃和"实验室",致力于研发抗病性特别是抗叶锈病强、产量高、品质优良的咖啡树种。经过数年测试、调整,最终培育出17个品质优良、能抵抗叶锈病特性的品种。有了新的树苗,2015年,星巴克面向全球咖农开展"每售完一袋咖啡,就捐赠一棵树"的活动,这些树

---

[1] 上海热线.你的咖啡可持续吗?星巴克力推咖啡产业可持续发展[EB/OL].[2021-04-09]. https://life.online.sh.cn/content/2021-04/09/content_9741846.htm.

图 5-2　阿尔萨西亚庄园
（图片来源：星巴克官网）

苗将替换由于树龄和疾病而导致产量下降的咖啡树。2015年，星巴克向哥斯达黎加咖啡研究所（ICAFE）捐赠数千株幼苗，2017年，向危地马拉咖农捐赠咖啡幼苗200万株，该活动预计将于2025年前实现为咖农提供1亿株健康树苗的目标。

除了免费提供新品种树苗，2004年起星巴克先后在全球建立9个种植者支持中心，为咖农免费提供种植、加工相关的知识培训和技术支持。此外，由于咖农常因欠缺抵押品及收入证明而无法获得当地银行贷款，星巴克全球农民基金会设立5 000万美元普惠金融，为各地咖农发放小额贷款，用于支持农艺、恢复和建设基础设施。截至2020年底，全球农民基金会的直接和间接受益人已达到250 000人[①]。

---

① 星巴克. 我们在可持续咖啡方面的未来[EB/OL]. https://www.starbucks.com.cn/about/responsibility/our-future-in-sustainable-coffee/.

如何让又苦又涩的云南咖啡豆脱胎换骨

2012年12月12日,全球第六个、亚洲第一个咖啡种植者支持中心在云南普洱正式投入运营。早在1999年,《精品咖啡学》的作者韩怀宗就曾品尝过云南原产的阿拉比卡咖啡豆,但是草腥、涩口又苦嘴的口感让他心有余悸。而在WBC大赛首位华人女性主审王旻旻看来,云南产区的地理环境与气候环境十分适合种植咖啡,完全具备产出优质精品咖啡的硬件基础。但是各种基础设施与种植技术的落后,导致产品品质与传统阿拉比卡种植产区相距甚远。

面对普洱地区的实际情况,早在云南FSC成立前的2008年,星巴克已开始为当地咖农量身制定包括选种、种植和日常管理三个部分的咖啡种植方案,力图降低咖农种植成本、减少对当地环境的不良影响。选种方面,星巴克从考虑咖啡品质、兼顾云南本地气候以及解决病虫害威胁的角度出发,确定了四个阿拉比卡种;在种植过程中,从种植间距、品种间套种、梯田式种植以及在不采伐树木的情况下合理空间布局等多方面因素出发,力图实现咖啡健康成长与当地生态环境保护共存的结果;而在日常管理中,通过对当地降水、风力、土壤等一系列数据进行深度分析挖掘,制定出一套完善的施肥方案,以保证咖啡树苗壮成长。

普洱FSC成立后,星巴克开展了三期"共享价值"咖啡产业扶持计划。在一、二期项目试点的保山、普洱等村庄,星巴克通过专业化的农艺团队为咖农提供种植支持,还配备专业的质量团队对咖啡的品质和供应链进行有效监督和管理,如提高本地咖啡初加工技术,改变当地在进行咖啡豆去皮时采用的发酵手段,通过兴建符合国际标准的水物理脱皮装置，防止发酵过程对咖啡品质的损害。在后期的初加工中，星巴克在整个流程和技术上都为咖农提供相应的技术服务，如在位于普洱市江城县的高雅庄园，星巴克引导当地咖农采用类似苏门答腊、苏拉威西的半水洗方式处理咖啡豆，并在干燥咖啡豆时采用非洲肯尼亚网床技术确保咖啡豆远离地面，进行更好的干燥。

长势喜人的咖啡树、越来越好的初加工条件，让世代居住于当地，种植咖啡却备受困扰的咖农看到了改变的可能。64岁的晏祖云表示[①]："我种咖啡已经18年了，前几年因为我们的咖啡品质达不到精品咖啡的要求，一直卖不出去，孩子也只好外出打工谋生。我们一直希望能有技术专家指导我们种出高品质的咖啡，帮助我们卖出更好的价钱。到时候，我的孙女就能上好的学校，孩子也能回到我们身边，一家团聚。"不仅如此，面对各个村庄不同的咖啡种植环境，星巴克采用"一村一策"的设计原则，因地制宜地解决咖农在生产和初加工环节中面临的实际难题。例如：对连年受病虫害影响、咖啡树老化问题凸显的普洱市思茅区大开河村，开展咖啡锈病无人机监测及综合防治实验；而同属一个地区的老鲁寨村，因为霜冻影响严重、一直缺少有效防控手段，星巴克主动为其提供霜冻预警与防护措施等。

截至2020年底，保山、普洱的10个村庄已建成咖啡示范基地逾万亩，80%以上的农户经过技术培训严格按照精品咖啡的要

---

① 星巴克. 星巴克携手中国扶贫基金会助力云南咖啡种植区发展，造福30个村庄5万名咖农及6000名学龄儿童[EB/OL]. [2018-10-24]. https://www.starbucks.cn/about/news/starbucks-creates-pathways-out-of-poverty-in-yunnan-coffee-farming-communities/.

求对生豆进行加工管理，精品咖啡比例提升约 10%①。不仅如此，星巴克亦将"咖啡和种植者公平规范"引入云南，如援建废水处理系统，每天可处理 30 吨废水，调节废水酸度避免造成环境危害。截至 2021 年底，普洱 FSC 累计培训超过 22 000 人次，超过 1 800 个咖啡农场通过了"咖啡和种植者公平规范"认证，总种植面积逾 172 平方千米（图 5-3）。

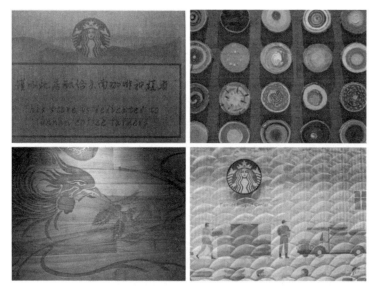

图 5-3　星巴克店内关于普洱 FSC 的介绍

（图片来源：星巴克官网）

在 2021 年 3 月开始的三期项目中，星巴克以智慧农业为主线，引入水肥一体化、测土配方施肥、无人机应用等多项数字化手段，

---

① 星巴克. 从产业精准扶贫到乡村振兴，智慧农业赋能咖啡种植社区，星巴克携手北京乐平公益基金会启动云南咖啡产业扶持三期项目[EB/OL]. [2021-03-31]. https://www.starbucks.com.cn/about/news/yunnan-poverty-alleviation-smart-coffee-agriculture-project/.

帮助咖农从过去的"看天吃饭",转变为更高效、更精准的科学种植。例如:在咖啡田间铺设传感器,自动抓取土壤状况、地表温度、空气温湿度等数据,并自动配比水肥灌溉量,一改以往咖农更多凭个人经验灌溉、施肥的传统做法;同时通过数据分析更精准地预测气象信息,结合无人机喷洒温水,有效帮助咖农提前预防霜冻。

为了帮助云南咖农的下一代获得更多学习机会,2018年开始,星巴克为贫困咖农的学龄孩子提供免费健康检查和课外学习指导,计划到2023年,实现覆盖云南全省30个村庄5万名咖农和6 000名学龄儿童的目标。

云南精品咖啡豆:野百合也有春天

伴随着咖啡豆品质的不断提升,越来越多的国际咖啡零售巨头前来云南开展采购。提供云南60%咖啡豆供给的普洱咖农,收入也有了可观改变。云南农业厅数据显示[①]:2021年,普洱咖农来自咖啡的人均收入达4 175元。而种植获得"咖啡和种植者公平规范"认证的咖啡豆获利更丰,如2019年,普洱普通咖啡豆国际均价为每千克13元左右,而来自普洱第一个通过"咖啡和种植者公平规范"认证的咖啡种植基地——曼中田村的精品咖啡豆可以卖到50元左右。蔡晴开——这个原本只有小学文化程度的普通咖农,所出品的晴开咖啡在2019年、2020年两度入选星巴克年度臻选咖啡。现在,蔡晴开正忙于筹划建立咖啡专业合作社。

通过开展捐赠树苗、设立咖啡种植者支持中心、为咖农提供

---

① 新华网. 春来远山"魔豆"香:一杯咖啡里的山乡巨变[EB/OL]. [2022-03-24]. http://www.news.cn/politics/2022/03/24/c_1128499259.htm.

普惠金融等社会服务,星巴克为自己建立起供给数量和品质都更为稳定、强大的咖啡供应链,如星巴克在云南收购咖啡豆的合格率,已从 2012 年的 20%~30% 提升至 2021 年的 80% 以上;2021 年,虽然巴西产区受干旱影响,咖啡大面积减产,但云南产区却迎来丰收。这一切使得咖啡行业从上游到下游的供应链开始具备 3A 特性。

追求社会价值,让年轻人重新认可星巴克

承担社会责任、对社会价值的追求,不仅为星巴克带来供应链的稳定,还为品牌注入了新的活力,特别是吸引了年轻一代的目光。发源于美国西雅图、1999 年进入中国的星巴克,已在国内耕耘超过 20 年。星巴克最初以"第三空间"概念——把咖啡店视为家与办公场所以外的社交去处,吸引了国内一众受过高等教育、拥有一定购买力、对社交及生活品质有所要求的年轻人。然而随着岁月的流逝,如何吸引更加见多识广、有更高购买力、更愿意表达自我意见的年轻一代的目光是星巴克必须面对的问题。不仅如此,国内精品咖啡店市场也是风起云涌。一方面,近两三年瑞幸、Manner、隅田川咖啡、三顿半等精品连锁咖啡店不断涌现;另一方面,独立咖啡馆如雨后春笋般,在以上海为代表的超一线城市涌现。《上海咖啡消费指数》显示[①]:截至 2021 年 11 月底,上海一共有 4 239 家独立咖啡店,几乎每周都有一家新的独立咖啡馆开张,特别是在潮人出没的"巨富长"梧桐区,独立咖啡馆几乎毗邻而设。虽然独立咖啡馆定价不低,通常在 30~60 元/杯,

---

① 澎湃新闻·澎湃号·湃客. 上海咖啡馆数量全球第一,每家店都卷疯了 [EB/OL]. [2021-11-22]. https://www.thepaper.cn/newsDetail_forward_15477659.

但年轻人被独立咖啡馆时髦的手冲/特调菜单、个性化的装修以及各种自媒体探店博主的推荐所吸引，20～30元/杯的星巴克对他们来说反而不再有那么动人的诱惑力。

面对年轻人需求的变化，从2017年开始，星巴克在全国部分门店除了售卖常规的滴滤咖啡，还设置手冲柜台、提供更多咖啡豆选择。此外，星巴克还在中国超一线、一线城市和经济发达地区开设旗舰店以及臻选店（图5-4）。目前，在星巴克国内6 000多家门店中，有20家旗舰店以及270多家臻选店。在这类店里围着黑围裙的咖啡大师（coffee master）为消费者提供手冲、虹吸、chemex、黑鹰等其他高端手作咖啡，消费者甚至可以亲眼见证咖啡从生豆到制成咖啡液的全过程——青色生豆被烘焙成咖啡色的熟豆，依靠气流作用通过遍布店内天花板的铜管运送至吧台储豆罐中，最后被制作成一杯杯咖啡。

图5-4　星巴克上海前滩太古里店

（图片来源：星巴克官网）

不仅如此，消费者还可以在店里看到各种关于咖啡豆选种、种植、加工的介绍，许多原本因为手作咖啡、店铺设计前来"打卡"的年轻人,获知星巴克为全球咖啡业发展所承担的社会责任时都很诧异。"没想到咖啡是这么脆弱的植物,居然需要在其周围种植10种以上的遮阳植物才能保障其生长,真不容易。""我原先以为独立咖啡馆的豆子更棒,现在才知道如果没有星巴克,全球咖啡的品质和产量不可能达到现在的水准。而且因为星巴克采用开源农学的理念,咖农可以选择将咖啡豆卖给星巴克以外的人,所以独立咖啡馆的豆子很有可能来自星巴克研究的咖啡苗,星巴克做的事实在太潮了!"开源农学(open-source agronomy)是指星巴克与全球咖啡种植者分享顶尖农艺师的最新发现,包括抗病树的新品种,或者先进的土壤管理技术,而无论咖农最后是否选择将咖啡出售给星巴克。"我很喜欢今年的云南臻选豆品——宏丰日晒。作为一款日晒豆,在拥有更好醇厚度的同时也不失干净度,中等的发酵感并不会太强烈,有明显的蜂蜜类甜感、柑橘风味。作为一个重度咖啡中毒者,我会买各种豆子自己回家煮,云南豆是完全能够分享给法国同学的中国豆。"

为全球咖啡供应链超过20年的付出以及为云南咖啡豆崛起超过10年的努力,让许多年轻人以一种新的眼光看待原本被认为不够潮、不够锐气的星巴克,由此为星巴克品牌带来了新的活力,从而确保其商业价值的延续。

☞ *结语*

致喜欢咖啡的您:

您好,我是番啓佐。我们家从爷爷辈开始种咖啡,到我这辈,我想种精品咖啡。当我收到印着我名字的星巴克臻选咖啡袋时,我和我的家人都相当高兴。我觉得这是对我们家的一份荣誉。现在我把这两包咖啡放在我们家最显眼的地方，自己舍不得喝。看着它们我就特别高兴。

感谢您喜欢我的咖啡，谢谢您喜欢云南咖啡！

——番启佐

从2017年开始，每一年星巴克会在臻选和旗舰店上市一到两款产自中国单一产区的臻选咖啡豆。番启佐出品的佐园农场咖啡豆于2020年入选。咖啡见证了这个三世种植咖啡树的普通中国农民家庭的变迁，"家里三代都种咖啡，爷爷是跟着集体在种；我父母那个时候，1斤（1斤=0.5千克）咖啡能换3斤大米比较合算，所以他们就跟着种。到了我，从小受到家人的影响，喜欢咖啡就种咖啡。"番启佐也伴随着纪录片《云南咖啡的故事》和星巴克课堂，向年轻人讲述云南咖啡从被人轻视到收获青睐这十年间的起伏（图5-5）[1]。

而番启佐20岁的儿子番文豪认为：父亲是他最大的骄傲。刚开始学习的时候，因为父亲的文化知识比较欠缺，别人教给他，他总失败，但他会一直研究，反复做。处理咖啡豆的各种方法——日晒、水洗、半水洗，甚至云南不常见的蜜处理和厌氧法，他都会去尝试。即将大学毕业的番文豪表示：未来除了和父亲继续学习、种植好咖啡，他还想开一家网店，卖更多精品咖啡豆，让更多同龄人看到云南咖啡的优质。

2021年9月底，星巴克全球首家环保实验店"向绿工坊"在前滩太古里开业。这是内地首家100%回收自身产生的咖啡渣的

---

[1] 界面新闻. 以匠心致初心：星巴克助力"国货"咖啡持续飘香[EB/OL]. [2020-09-29]. https://www.jiemian.com/article/5056909.html.

第五章 收敛:"我"要寻求内在的意义

图 5-5　番啓佐和佐园农场咖啡豆
(图片来源:星巴克官网)

星巴克门店。回收后的咖啡渣可作为植物肥料用于门店外场花园和市郊农场,或者被重新包装成为礼品。不仅如此,门店里店员围裙的原料是由回收而来的 PET 饮料瓶再加工而成;桌面、门把手、脚墩子等设施则来自北京三里屯旗舰店、上海月星环球港等其他

延伸阅读 5-1

店铺物料的改造再利用。相较于同等大小的普通星巴克门店 2019 年的碳排放数据,"向绿工坊"预计每年将额外减少约 15% 碳排放量。此外,店内设置"循环绿·创意坊"环保主题展览空间,邀请设计师和艺术家以咖啡渣等零售废弃物为主要材料,举办关于"绿色环保"的主题展。"向绿工坊"的开设是星巴克体现其社会价值的另一种表达方式。面对不断探求社会价值的年轻一代,星巴克需要不断从形式到内容讲述自己对于社会价值的理解和对于

社会责任的承担。而即使是下雨天也聚满年轻人的星巴克门店店堂,则证明了这种投入和表达为年轻人所接受和喜爱。

> **本篇思考**

1. 社会价值追求子趋势是否会对你所在的行业产生影响?
2. 目前你所在的企业已提供哪些产品/服务响应年轻人的这种需求?如果没有,是否考虑开展?
3. 你自己在现实生活中,是否有追求社会价值的商业体验?
4. 你还知道哪些社会价值追求子趋势商业创新?

第三节 我要的社会价值追求,你可以满足吗?

"说到理念,我觉得强生公司一直强调'为人类消除痛苦和疾病'的理念让我印象深刻。他们有一款应用与苹果手表的不规律心律通知功能和心电图监测应用结合,能够提早识别心房颤动并改善其治疗效果。"

——张先生,27岁,北京

"我那天经过麦当劳时,看到他们在开展'一份早餐一份爱心'活动。就是你点一份开心乐园早餐,麦当劳就为异地就医儿童捐助5角钱,然后麦当劳叔叔之家会为异地就医病童和家人提供医院附近的住宿服务,让病童得到家人陪伴与照顾。我觉得很有意义,就立马下单了。"

——孙女士,22岁,上海

第五章 收敛："我"要寻求内在的意义

商业的价值在于满足人们各种各样的需求。人们既有物质上的需求，也有精神上的需求。"仓廪实而知礼节"，在物资匮乏的年代，物质满足更为重要；在物质丰富的年代，人们不仅追求满足精神需求的产品、服务与体验，甚至在满足物质需求时，也要求产品服务承载满足其精神需求的特性。

在寻求意义趋势中，年轻人表现出：希望在向内自身探索与向外寻求社会群体归属之间找到精神的满足，我不要一时的欢乐，我要长久的愉悦；我不要表面的热闹，我要灵魂的契合与满足；除了实用性，你能告诉我你的产品或服务给这个社会带来哪些社会价值吗？是在让这个社会变得更美好、更可持续发展吗？

然而对企业而言，也许可以承担一时的社会责任，但长期承担如何平衡付出与成本？比起年轻人其他看得见、说得出的需求，把握灵性需求似乎分外困难。

每一章的结尾我们都在说趋势的变化能让人发现看得见的未来，企业作为商业组织，必须追求商业利润，只是对社会责任的承担能否与商业运营的需要相结合？也不要担忧无法了解年轻人对灵性的寻求，当你从商业与人文的对话出发，探索人与自然、人与人的关系，而不仅仅是单薄的物与物的关系时，你会发现企业在变得越来越厚，在变得有内涵可以输出。

第六章
掌控："我"要摆脱压力的控制

第一节 年轻人如何面对压力带来的紧张？

与接受并释放潜意识里的不安截然相反，从个体角度而言，还有一种策略是抑制潜意识的不安，导致个体去寻求稳定和控制感，这种策略由疑惑或者怀疑驱动。相比压力向外释放，压力管理更多是通过种种途径，在内心稀释、抑制不安带来的压力，或者说更为被动地面对压力。我们将众多年轻人采取的这一类趋势定义为：压力管理。

"我之前在一个运营的工作岗位上实习了三个月，非常忙，甚至周末都一直在加班，睡觉都不自觉地想着工作的事情，很累，压力很大，当时是和我朋友一起去实习的，有个人一起倾诉，可以相互鼓励，陪伴，可以释放压力。"

——韦女士，22岁，武汉

"喝酒可以解压，去酒吧蹦或者跟朋友去聚餐，一边聊一边喝，喝洋酒，喝威士忌那些东西，我喜欢英国的酒文化，一边喝一边完全可以放开所有的工作什么的。"

——梁先生，24岁，广州

"种草了养虾,以前养过一段时间,搬家就没要了,现在就重新养回去,虾有很多种颜色,看着它们游动,觉得很放松。"

——陈先生,26岁,上海

"压力管理"这类趋势包含"陪伴与倾诉""逃避现实"以及"放慢生活节奏"等三个子趋势。在这一篇中我们着重描述陪伴与倾诉子趋势。

第二节 爱与理解的缺失引发陪伴与倾诉子趋势

采采芣苢,薄言采之。采采芣苢,薄言有之。

——《诗经·国风·芣苢》

◇ 陪伴与倾诉子趋势定义

在以个体为单元的现代社会中,家庭或宗族无法再给予个体强有力的支撑。年轻人在工作或生活中遇到不顺心时,有时不愿意让家人担忧,有时会认为家人无法理解自己的想法,因此更多需要朋友或宠物的陪伴,甚至有时通过在社交平台发布一些动态来缓解压力。企业意识到陪伴与倾诉这类情感需求对消费者的重要性,因此正通过焕新旧的服务、创造新的体验,从而让消费者在更多维度上享受超出传统定义的陪伴与倾诉空间。

◇ 现象与疑问

卢令令,其人美且仁。卢重环,其人美且鬈。卢重鋂,其人美且偲。

——《诗经·齐风·卢令》

早在大约公元前 690 年的春秋时期，犬已经成为中国人的宠物。在《诗经》这首诗里，"卢"指黑毛猎犬，它颈下的套环铃铃作响，可以想见它的勃勃英姿和主人对它的喜爱。

风卷江湖雨暗村，四山声作海涛翻。溪柴火软蛮毡暖，我与狸奴不出门。

——陆游《十一月四日风雨大作》

一直以血性豪放形象示人的爱国诗人陆游，其实私底下是个"猫奴"。虽然《红楼梦》中林黛玉教香菱作诗、讲述写诗技巧时，颇为嫌弃陆放翁的"浅近"——喜欢玩文字游戏、格局不够大气，但陆游大概是最喜欢在诗中表达对狸奴（中国古代对"猫"的称呼）喜爱之情的古代诗人。

改革开放以后，经济的向上、社会的平稳与观念的改变，让以犬猫为主的宠物走入寻常百姓家中。《2022 年中国宠物行业白皮书》（以下简称"白皮书"）数据显示①：2022 年，全国城镇犬猫数量超过 1.1 亿只。伴随着宠物数量的迅猛增长，宠物（犬猫）消费市场也蓬勃发展，2022 年规模达到 2 706 亿元。在庞大的消费群体中，年轻一代已成为宠物消费的主力军：在二线及以上城市的宠物主中，19～30 岁的年轻人占比 68%，其中 36.8% 为"95 后"。

忙于工作、也许照顾自己都费劲的年轻人为什么热衷于养宠物？他们对宠物陪伴与倾诉的需要，给宠物市场带来哪些改变？从陪伴与倾诉子趋势出发，有哪些创新的模式、产品和服务响应了年轻人这一需求？

---

① 36 氪. 解读《中国宠物行业白皮书：2022 年中国宠物消费报告》[EB/OL]. [2023-03-03]. https://36kr.com/p/2155618644196871.

✧ 因为你的陪伴治愈了我的寂寞

相比狗，猫更具有治愈力

年轻人不仅贡献着宠物市场最大的消费份额，也因为自身的特点不断在改造这个市场。首先，陪伴倾诉对象构成的改变。养猫的人数在上涨，相反，养犬的人数在下降。白皮书数据显示：2022年，全国城镇犬的数量为5 119万只，相比2021年下降5.7%；猫的数量为6 536万只，增长12.6%，占总数的比例为60.7%。这个数字也得到从北京起家的宠爱国际动物医院数据的印证。截至2021年6月，宠爱国际动物医院在全国范围内一共有45家门店，主要集中在北京、上海、杭州、重庆等一线和新一线城市。2018年，医院刚进入南方市场时，养猫犬的顾客比例约为6∶4，到了2021年这一比例变为7∶3[1]。

究其根本，年轻人的生活方式是改变宠物市场服务对象构成比例的重要原因。一人住、一人吃、一人游，一人在城市打拼，是超一线和一线城市年轻人生活的真实写照。居高不下的房价让众多刚走出校门、进入社会年轻人的住房状态以租赁甚至群租为主，面积也都较为狭小。相对于犬类的活泼好动、需要较大的空间奔跑以发泄精力，猫咪相对比较安静，所需活动空间也比较小，更符合年轻一代的客观居住条件。不仅如此，犬类需要每天外出散步、解决卫生问题，而猫咪只需要家中放置一个猫砂盆就可以安排妥当，完全没有外出需求。由此，也更符合年轻一代"社畜"超高节奏的工作现状。换言之，向主人索取更少的猫类，相对于

---

[1] 中欧国际工商学院. 铲屎官挖出2000亿的大生意 [EB/OL]. [2021-06-16]. https://m.thepaper.cn/baijiahao_13160583.

要求主人付出更多的犬类，更符合大城市年轻人的生活方式。"每天晚上拖着疲惫的身体回到出租屋时，看着乖乖趴在床上、眼睛溜圆的小小，摸着它软乎乎的肚皮和粉红色的小爪子，听它发出呜噜呜噜的声音，我觉得在偌大的上海，只有小小会给我带来一种家的感觉。" 23 岁沪漂不到一年的小小主人——李晓这样解释与小小同栖带给自己的慰藉。设想如果李晓饲养的是一只拉布拉多，活泼的狗狗不仅可能给隔壁房间的合租人带来困扰，每个夜晚筋疲力尽回到家的李晓，望着狗狗要出去玩耍的渴望眼神，甚至主动将遛狗绳叼到自己身旁，内心会不会涌现出一丝无奈？

你是我的家人、伙伴或是舍友

宠物价值的改变。在年轻一代身上，宠物与人的关系更为平等，甚至有时已经超出了平等的范畴。《现代汉语词典》中，宠物的释义为："家庭豢养的受人喜爱的小动物。"然而这个释义也许已经跟不上现实的发展，在年轻一代眼中：宠物不再是家庭定义之外的某物，而必须是家庭中的一员；过去宠物可能只是人的附属，但是现在却成为非常重要的家人、陪伴、情感寄托；不是"我们"豢养了宠物，是宠物治愈了"我们"。因此如果让年轻人给宠物下定义，可能是"人为了可以更好地生活而供养的家庭成员"；也可能是"人为了从残酷职场逃生并迅速满血复活而供养的伙伴"；还有可能是"人为了获得活下去的勇气而供养的孩子"。现代生活在带给普通人方便与舒适的同时，也带来情感的疏离和灵魂的孤独感。宠物，完美地替代了某些关系中的人，以一种更纯粹和柔软的方式，以及它们无声无息却单纯的爱，让"我们"确认自己的存在、在某种程度上弥补了现代性给"我们"感受上带来的缺失。哲学家陈嘉映认为，海德格尔提出的存在主义的存在感，问的不是你建功立业，或者你对别人做了哪些好事，问的是你逃脱不了你心里的感受，这是存在感。你做了什么，乃至世上的一切，其实都与你隔了一层，唯一和你没有相隔一层的是你自身的感受。

由此，宠物市场提供的价值在发生变化。通常产品或服务有两方面的价值：一是产品本身的功能性、实用性；二是情感附加值，包括审美设计、圈层认同和归属感等的心理满足。以往宠物市场更多提供的是满足前者的产品和服务，如原本猫/狗粮满足的是宠物的生存需求——实用性，但现在各式冻干、零食、营养剂满足的更多是情感需求——"我"与宠物是平等尊重的关系，"我"感受到它们对"我"的爱，因此，"我"也希望能带给它们更美好、更健康的生活。换言之，持有后物质主义价值观的年轻人在养宠这件事上，不仅希望满足宠物的生存需要，还希望通过为宠物提供更高品质的生活，表达自身对养宠议题的全新见解。与以往猫犬类主食更多以各种鱼、肉的粉末与面粉合成、可长期存放的固状颗粒不同，国货品牌帕特诺尔、麦富迪、喔喔（WoWo）等，都在强调运用科技、打造"冻干"概念的宠物粮——突出"鲜"。例如：帕特诺尔强调其生骨肉采用更适合国内宠物的 8∶1∶1 生骨肉冻干配方比例；麦富迪强调通过-36℃冻干锁鲜工艺，主打让猫咪吃到真肉；而喔喔通过在猫粮中搭配海苔、肉松的方式，强调同步提升营养供给与适口性。

一些年轻宠物主不仅尽量为宠物提供比以前更好的饮食和居住环境，如让捡来的流浪狗睡在自己床上，自己打地铺，甚至会带自己的宠物去健身、接受教育。如果宠物生病了，更是片刻不愿耽搁，即使深更半夜也不能阻挡带它们看病的念想。"我自己病了都不会这么紧张的，顶多是喝口热水吃个药就扛过去了，明天还没好转再去看医生，但是它（宠物）病了，那真是一刻都耽误不得。"

由此，一方面，宠物市场不仅提供食物、日用品、玩具、服饰、智能设备、宠物医院、洗澡、寄养、训练、美容等传统服务，同时这些传统服务的内容更趋于体现情感价值，还出现了宠物标本、宠物殡葬、宠物克隆等新兴、完全以情感价值为支撑的细分服务。天眼查 App 数据显示：截至 2022 年 1 月，国内经营业务包含"宠物殡葬"的企业共有 1 462 家，涵盖遗容整理、告别仪式、定制纪念品等多元化情感服务。另一方面，年轻一代更愿意为宠物支付高额的费用，白皮书数据显示：2022 年，单只犬年均消费 2 882 元，较 2021 年增长 9.4%；单只猫年均消费则为 1 883 元，较 2021 年增长 3.1%。不仅如此，为了保障宠物更好的生活品质，21.5% 的宠物主在单只宠物上的年均消费超过 1 万元。

我希望你获得专业的对待

专业度的改变。接受过更多教育的年轻一代对产品和服务有更好的辨别能力。宠爱国际"90 后"的创始人李雪说起自己 2013 年创业的缘故，便是对当时宠物医院服务专业度的不满。2012 年，还在读大学期间，她的宠物狗进入老年阶段，患了关节类，李雪带着它四处就医，但体验很不愉快——诊所环境让她感到难过，爱犬的病也没治好。在整个寻医问药期间，关于疾病诊断、治疗方案等关键信息，几家宠物诊所各执一词，让李雪不知所措。既然市场无法满足自己的需求——小诊所偏多，提供的服务远未达到消费者预期，李雪便萌生了开一家符合自己标准的宠物医院的想法。2013年大学刚毕业，22岁的李雪在北京百子湾开了第一家宠爱国际，并将其定位为高品质、专业化的宠物医院。因为注重服务的专业度，只用了3个月首家宠爱国际单月收入破万元；9个月实现了盈亏平衡；一年半后，宠爱国际年流水突破千万元。

开医院八年多来，李雪看到年轻的养宠人群有很强的信息收集能力，可以通过各种渠道获取宠物医院的服务质量和医疗能力等全方位的信息，从业者在工作过程中的优势和瑕疵在他们面前都显露无遗，并且还会被分享至社交媒体。当服务获得年轻消费者满意时，他们会自愿成为企业的关键意见消费者（key opinion consumer，KOC），并自愿在社交媒体上写文章、发视频进行分享。然而如果他们觉得服务令人不满意，负面评价所引起的风暴也会以更猛烈的态势在社交媒体上席卷而来。

不管这一天过得如何，年轻人总期待推开门的那一刻：门背后，因为那个小家伙，生活敞开了温馨美好、缓缓流动的一面。年轻一代以独有的自我表达引发了宠物市场对象构成、服务价值、服务专业度的改变。随着持有后物质主义价值观的年轻人群体规模逐渐扩大，宠物市场的改变将不是暂时的而是长久的，不是表面的而是深刻的，不是片面的而是全面的。

接下来，让我们阅读两个商业创新案例，看一看宠物市场如何创造新体验、焕新旧服务，从而响应年轻人陪伴与倾诉子趋势对这个市场产生的新要求。

◇ 让宠物体面地离开这个世界

因为曾经无助过，所以想让更多人得到陪伴与倾诉

和李雪一样，"宠慕"的创始人李超也是因为自己的宠物过世

后,在宠物殡葬店的体验让他既痛苦又愤怒,因而放弃原有安稳的工作开设"宠慕"——一个能够让宠物体面离开世界的场所,一个能够让主人与作为家人、好朋友或者室友的宠物告别的场所,一个能够提供更多人性化、个性化服务,帮助那些失去宠物后深感无助的人们的场所,而不是一个仅仅处理宠物尸体的地方。

"80后"的李超是无数个前往北京打拼的普通大学毕业生中的一员。在这个陌生的城市里,能够陪伴他的只有两条宠物狗:Lucky和JoJo(图6-1)。从月薪一千多元到数万元,从升职到买车、买房,它们一路见证了李超在北京这个城市的成长。但是Lucky和JoJo因为生病相继离开,让李超倍感悲伤甚至在某种程度上产生对人生意义的困惑①,"我曾经想过,我买车买房为了什么,不就是照顾它们吗?但结果都没有照顾好"。

图6-1 李超和JoJo
(图片来源:宠慕官网)

不仅如此,JoJo离世后的遭遇更是激起了李超的愤怒。在家中茫然无助地守着JoJo的遗体五六个小时后,李超根据对宠物殡

---

① 青瞳视野. 宠物殡葬师:每个主人与宠物间都有感人故事[EB/OL]. [2020-12-12]. https://baijiahao.baidu.com/s?id=1685869668219356378.

葬的模糊印象，上网搜索对比后选中其中一家。但是实际到店的体验却让他不堪回首。先是感觉如同进了购物店——服务员推荐了许多宠物丧葬用品，当他表示不想购买时，能够明显感受到对方的冷漠；火化时，想起 JoJo 与自己共同度过的快乐时光，他痛苦得泪水盈眶，一旁的店员却在打牌嬉笑，这让李超感到自己和 JoJo 并没有得到应有的尊重，感受非常糟糕；最后取骨灰时，店家表示费用要从 1 200 元提高至 1 800 元，理由居然是"你家的狗太胖了"，并且不给钱就不能将骨灰带走。备受打击的李超，在回家路上捧着 JoJo 的小小骨灰盒哭成了泪人，他觉得在宠物殡葬店的经历始终让他如鲠在喉。

理想中年轻人如何与曾经的伙伴告别

送走 JoJo 一个月后，2015 年底李超创办了"宠慕"。从自己的切身经历出发，他开始规划整个服务设施和流程——如何通过物理条件满足人们对于宠物离去情感表达的需求。首先，需要有一间整理室，让宠物能够以干净、安详、体面的状态离开，这是人们最后一次对其宠物表达尊重。其次，需要有一个告别室，这是人与宠物最后一次面对面的情感交流，他回忆起当时自己的心情：想要一个无人打扰的空间，跟亲密的家人、好伙伴 JoJo 静静地做一次临终话别，由此宠慕是北京地区最早一家为宠物定制主题告别室的场馆（图 6-2）。再次，需要提供骨灰或者毛发的纪念品制作，也许有些宠物主希望保留宠物身上的某些东西留作纪念，睹物思宠从而减轻失去它们后内心的悲伤。此外，由于火化有一定的环保规范，需要送到店外更远的地方，因此需要在店内放置一台电视机，可以让宠物主看到宠物进入火化炉的画面，确保火化的真实和有效。最后，需要设置一间骨灰寄存室，因为有些宠物主家中不便放置，寄存室的布置风格应该是肃穆而温馨的，每个寄存在此的宠物骨灰旁都有其生前照片，如果宠物主愿意，还可以放置宠物生前喜欢的玩具、罐头或主人的纪念品。

图 6-2　宠慕线下店

（图片来源：宠慕官网）

由此，从宠物仪容整理、主题告别、火化到骨灰寄存，宠慕构建起基本服务内容和流程。但是这些只是第一步，对于以情感价值为支撑的宠物殡葬业，如何提供陪伴与倾诉的体验是更关键的部分。

首先，由什么样的员工提供服务合适？由于员工需要对失去爱宠之后的宠物主提供心理安抚，而不是简单地按流程办事，因此员工需要具备"共情与陪伴"的能力。不仅如此，清理意外身亡的宠物比较难看的遗体、面对痛失爱宠主人的糟糕情绪，都容易引发员工自身情绪的波动，因此需要自身心理素质较强的员工，在整个过程中控制好自己的情绪，避免场面失控。在李超看来，做这一行如果不是真心喜爱小动物，即使是殡葬专业科班出身，也很难坚持下来。

其次，提供的服务水准必须专业和人性化。宠慕的每一项服务都有清晰的标价和介绍，透明全面的展示让宠物主从一开始就和宠慕建立了相对信任的联结。在遗体整理环节，李超和他的员工有时会碰到宠物遗体较为难看，特别是意外死亡或是遗体在送来前耽搁时间过长的宠物，有时甚至会出现遗体损坏和腐败现象。为了能安抚宠物主悲痛的情绪，给宠物应有的体面和尊重，他们总是细致处理，尽量还原宠物生前的模样，让宠物主因为自己的专业服务得到一些安慰。

李超在创业初期曾经做过北京地区宠物殡葬行业的调查，提供宠物殡葬服务的场所大部分环境一般，更谈不上有什么人性化服务。因此他特别强调宠慕服务的人性化。例如：在等候火化时，他和同事会关注客人的反应。如果有的客人希望聊聊自己宠物的故事，倾诉自己曾拥有一个多可爱、多棒的家人或朋友，他们就会静静地倾听客人的回忆；如果有的人沉浸在哀痛中，不愿多说一句话，他们就只在其身旁放置必要的纸巾。曾经有位姑娘，在告别室陪伴她的宠物长达10多个小时，李超和同事除了送水送饭和纸巾外，什么也没有做。在宠慕，主人与去世的宠物在告别室内临终话别时，任何人不可以去打扰，即便后面还有顾客等待，也要等前面的顾客主动出来。如果实在等不及，宠慕会安排之后的顾客在大厅进行临时告别，或者介绍他们前往同行那里，即使偶尔这样做会带来业务损失，但李超觉得提供尊重的人性化服务是他创办宠慕的初衷。

年轻人认可的宠物殡葬行业的未来在哪里

开设宠慕6年多来，李超明显感觉到宠物主人的年龄有下降的趋势。年轻人越来越多，他们大多是在北京的独居客，宠物成了他们在这个城市忠实的室友、伙伴、情感寄托。一方面，年轻一代不愿意再按照传统处理宠物遗体的方式：无成本随机抛弃、自行掩埋，或是送去市政部门专门设立的动物尸体无害化处理机构，而是选择付费送到能让自己情感需求得到满足的宠物殡葬机构。宠慕的客单也从最开始每月两三单，增加至100单左右，人均消费为995元，虽然这个消费数字相对于台北的头部宠物殡葬机构还是较少，对方一个月的单量有500~600单[1]。

另一方面，相比年长一代，年轻一代在观念上更为包容和洒脱，为宠物殡葬注入了一些温暖。他们不再对"死亡"讳莫如深，会在大众点评或其他三方平台分享自己的感受，"我们把骨灰寄存在灵堂，周围有很多其他小朋友（宠物），特特不会那么孤单。小院环境很好，天气好的时候，它在里面可以晒到太阳。"一位宠物主这样评价李超的同行——北京彩虹星球宠物殡葬馆（图6-3）。有些年轻人则会以幽默的口吻，为自己的宠物留下这样的墓志铭："这么些年你也没给我找个媳妇儿，我现在回汪星上过好日子去啦"；"行了，别像个小孩子一样没完没了的，坐下，握手，说再见吧"。

---

[1] 界面新闻. 隐秘的宠物殡葬，猫猫狗狗们的死亡价码[EB/OL]. [2021-06-27]. https://www.jiemian.com/article/6287480.html.

图 6-3　彩虹星球推广语

（图片来源：彩虹星球官网）

为了满足年轻人对离世宠物的感恩和美好的祝福，近几年新出现的宠物殡葬机构，店铺设计越来越温馨精美。进入彩虹星球的院落后，最引人注目的是一整面木板墙，上面悬挂着祈福吊牌，写满了客人留给爱宠的寄语，如有的牌子上写着"送给我的好室友"。风吹过时，祈福牌相互碰撞，发出风铃般清脆动听的响声，抚慰着每一位到此向自己的家人、朋友、室友告别的人们。

在大部分发达国家，宠物殡葬行业已经属于成熟的细分行业。美国有超过 600 块正式的宠物墓地，各类宠物善终机构也层出不穷。例如：始建于 1896 年的纽约哈兹帝尔（Hartsdale）宠物墓园，现在是超过 80 000 只宠物的安息之所。在英国，有 300 多家宠物殡葬企业，提供一系列宠物善后服务，包括火化、葬礼、宠物墓地等；在日本，宠物殡葬业高度发达，甚至有专门的寺庙提供告别仪式、骨灰存放、诵经等服务[①]。在中国，面对越来越多的年

---

① 虎嗅. 宠物殡葬师：宠物带给生活的光，他们负责延续[EB/OL]. [2020-04-01]. https://www.huxiu.com/article/347985.html.

轻一代成为宠物主人，体现宠物与主人平等尊重关系的最后表达——宠物殡葬，才刚刚起步，未来将有更广阔的发展前景。白皮书数据显示：一线和新一线城市里，超过20%的宠物主对宠物殡葬服务有需求。同时像李超这样的从业者也希望相关政府机构能尽早出台关于宠物殡葬业的管理规定，让这个细分行业更健康有序地发展，毕竟目前关于宠物殡葬仅有《动物防疫条例》的规定：对于动物尸体必须通过消毒处理才能掩埋。

◇ 打造年轻人需要的宠物医院

疫情来了，谁可以照顾我的宠物伙伴

2022年3月16日，面对严峻的新冠疫情形势，深圳市福田区政府找到新瑞鹏宠物医疗集团有限公司（以下简称"新瑞鹏"），表示其管辖的上沙片区有几个社区的居民需要转移隔离，宠物主希望能带宠物一起前往，但是隔离酒店不具备接收条件。因此如何安置好宠物，让宠物主安心隔离就成了区政府需要面对的一个棘手难题（图6-4）。考虑到区政府自身没有能力做好这件事，他们希望由专业第三方——新瑞鹏负责设置一个"宠物临时托管站"，解决这个难题，费用则由区政府承担（考虑到疫情期间区政府也承担了相当大的压力，同时最终寄养的宠物数量并没有太多，本次托管费用最后由新瑞鹏以公益名义承担）。

甫一接到这个需求时，新瑞鹏也有些担心，毕竟宠物身上也可能带有病毒，因此托管站并不是常规的简单托管，还需要执行严格的防疫规范和措施。但是新瑞鹏觉得作为宠物医疗行业专业从业者，集团一直在强调自身的专业性，面对疫情必须拿出专业

第六章 掌控:"我"要摆脱压力的控制

图 6-4　一名网友就宠物的安置问题发布求助信
（图片来源：澎湃新闻·直击现场）

的担当，因此立即响应了区政府的要求。当天下午迅速成立领导小组，召集医疗、法务、后勤、建筑结构设计等相关人员，形成由 10 多位员工组成的第一批志愿者小组。但是新瑞鹏发现困难远比他们设想的要多，由于福田区政府确实对宠物托管既没有概念也没有经验，因此不论是硬件还是软件都需要新瑞鹏自己从零搭建。于是，他们先是向政府提出需要场地、集装箱，并且集装箱内需要安装空调确保室温适宜、防止动物中暑。对此相关政府部门积极响应。3月18日凌晨1:00开始吊装。这天凌晨5:00，国内首个"疫情宠物驿站"完成建设并投入使用，包括9个集装箱，其中5个用于猫住，2个用于犬住，还有2个单独用来照顾携带寄生虫的宠物和户外放风的大草坪。但是一切才刚刚开始。

"抗疫小英雄"的平安来自专业和理解

如何在疫情期间运营一个宠物驿站？由于区政府只给了一个诉求、没有任何细则，国内也没有先前的案例可以借鉴，整个运营服务的内容、流程和标准都需要新瑞鹏依靠自身的专业能力构建。

首先，厘清权责风险问题，万一志愿者被病毒感染、动物之间相互传播病毒，由谁来承担责任？为此，新瑞鹏的法务拟制并向区政府提交了函件，力图解释清楚其中的权责问题，并详细阐述为避免病毒传播风险发生，新瑞鹏将采取严格的消毒流程操作，以及医院留置护理动物的标准作业流程（standard operating procedure，SOP）。

其次，合法、安全、有序地接收托管宠物。新瑞鹏要求所有托管宠物主通过二维码，提前填写宠物的信息，包括物种、品种、年龄、名字，是否有基础性疾病以及主人名字，以便在开始前全面、明确地掌握所有托管宠物信息，并做好相应准备。不仅如此，驿站建议宠物主为需要转运的宠物，准备一些平常食用的宠物粮食或者宠物主的衣物，熟悉的味道有助于宠物在陌生环境中更具有安全感。对于宠物主还未前往隔离酒店的宠物，由区政府负责将宠物送往指定地点,由新瑞鹏负责执行专业消毒和接收;对于宠物主已经到达隔离酒店,还遗留在家中的宠物,由区政府负责与宠物主沟通、授权、开门,新瑞鹏负责进入屋内、带走宠物。这样的专业处置一方面厘清法律权责、避免日后发生法律纠纷;另一方面能够避免家中散养宠物由非专业人员带走,可能引发的动物应激行为甚至导致宠物死亡的风险。最终宠物驿站一共接收包括7只仓鼠、1只兔子和1只鸭子以及其他猫犬在内的共计264只小动物。

最后,确保驿站在疫情期间专业运营。根据前期收集的宠物信息,新瑞鹏将送抵驿站的宠物,根据不同物种、健康和患病、免疫不全与免疫完全等因素分区管理。例如:猫和犬需要分离安置,因为犬类相对比较吵闹,由此导致猫的应激反应较大,容易产生疾病。

因此,新瑞鹏医院根据留置护理动物的 SOP 流程开展专业管理,定期巡查、提供必要的食物和饮水,如果发现小动物生病,如外伤、皮肤、口腔、眼睛等问题,及时在现场的临时疾病诊疗室处置救治。不仅如此,新瑞鹏还根据不同宠物的特性,提供相应的特殊管理。例如:相对其他宠物,猫咪对新环境更为敏感,因此,驿站为所有猫咪都准备了一条大毛巾,盖在笼子四周确保它们有安全感。同时,他们还将调节猫咪情绪的喷剂喷洒在环境中,让猫咪安静下来、避免焦躁。

此外,新瑞鹏医院采取严格的消毒操作流程。新瑞鹏医院本身有严格的消杀操作,驿站的特殊性质让工作人员更为谨慎。宠物来到驿站前,需要做全面消毒;送抵后,笼子、周边环境也要消毒；动物托管在驿站期间，每隔一个小时消毒一次。不仅如此，驿站要求志愿者必须穿着二级防护服、戴三层手套。因为喂养宠物时小家伙会舔志愿者的手套，多戴手套可以避免手套被舔破后带来病毒传播的风险。为了确保运营的专业性，新瑞鹏的志愿者以专业医务人员为主，两班志愿者轮流交替，15人左右的班组一次需要连续工作13～14小时。虽然工作条件非常艰苦，如志愿者需要步行1千米才能找到最近的卫生间，而穿着防护服步行实属不易，此外吃饭也只能待在驿站外边的空地或是搭临时帐篷。虽然如此，由于志愿者都是专业的医务人员，本身在医院里也都接受过严格的消杀操作训练，因此深圳市质量安全检验检测研究院对所有宠物和环境开展的采样检测全部为阴性，新瑞鹏的专业性确保了驿站运营的平稳和安全（图6-5）。

图6-5　宠物驿站
（图片来源：澎湃新闻·直击现场）

在近1个月的驿站运行期间，除了专业性，新瑞鹏还希望他们提供的服务即使在特殊时期也具备人性化，能够给隔离中的宠物主人带去一些情感上的安慰。他们每天下午四点都会给宠物主人发送一段宠物视频，让其掌握托管最新情况、安心隔离。集团表示：当时也有员工反馈能不能不发，毕竟工作量已经相当大了，但他们考虑后认为这还是很有意义的事，因此积极发动员工、宁可自己辛苦一些，也要让宠物主人安心。不仅如此，托管要结束时，新瑞鹏为每位宠物都准备了"抗疫小英雄"荣誉证书、一份礼物包，以及由专属志愿者手写的一份独一无二的托管观察。这一做法是新瑞鹏一位年轻兽医小伙伴的建议：首先，宠物主人来接宠物时心中肯定带有期待，希望自己的宠物开心、健康，因此一封全面介绍宠物托管情况的观察很有必要。其次，新瑞鹏认为这些小动物非常了不起，它们在离开主人的情况下仍然很坚强，为了表达对小动物的尊重，称它们为"抗疫小英雄"。最后，这样的经历对宠物和其主人都很特殊，荣誉证书可以作为纪念，记录他们共同经历过的难忘岁月。

伴随宠物市场变革发展起来的新瑞鹏

在缺乏国际国内借鉴经验的情况下，成功运营国内首家"疫情宠物驿站"的新瑞鹏，是中国拥有分院最多、规模最大的宠物医疗企业。截至2021年底，其连锁业务覆盖全国31个省级行政区的90多个核心城市，共开设转诊中心、中心医院、专科医院和社区医院1 500多家，有员工16 000余人，聚集了行业内近80%的宠物医疗专家、教授，以及50%以上的核磁/CT等高端医疗设备，每年服务数百万养宠家庭客户，被称为中国宠物医疗行业的"航空母舰"（图6-6）。

图 6-6 新瑞鹏简介
（图片来源：新瑞鹏官网）

1998年在深圳罗湖区成立第一家医院的新瑞鹏，经历了挂牌新三板、引入高瓴资本后与其投资的700多家宠物医院整合的历程。2019年制定了"建设5 000家智慧宠物医院，打造世界级智慧宠物医疗连锁机构"的战略规划。2020年9月底，新瑞鹏完成包括腾讯、碧桂园创投与德国医药企业勃林格殷格翰、雪湖资本等多家海内外机构发起的数亿美元的新一轮融资，目前估值约300亿元。集团组织架构和核心业务分为：医疗集团、铎悦教育集团、润合供应链集团等三大集团。医疗集团采用"1 + P + C"三级医疗体系；铎悦教育集团负责对在职医务人员开展定期培训和考试，并与各大高校进行合作，不断挖掘、培养人才；润合供应链集团则主要负责宠物贸易及物流业务。

为年轻人陪伴与倾诉的伙伴提供更专业的服务

为了实现新瑞鹏的战略规划，专业性是其发展的重要支撑。专业性首先体现在医疗技术服务。新瑞鹏倡导"深度医疗"，而

"1+P+C"三级诊疗模式则是其基石。"1"代表中心医院,包括转诊中心和深度医疗中心,"P"代表专科医院,"C"代表社区医院。即社区医院针对常规病例诊断和治疗,确保全面和便捷,专科医院和中心医院则面向疑难复杂和危重病例,通过专科医生和专业设备为宠物打造"目的地医疗"就诊体验。"这与我们人类的就医模式非常相近,解决小病小灾等基本保健、常见病症去社区医院;治专科类病症去专科医院;看疑难杂症需要跨科目医生团队会诊,就去三甲大型医院。"新瑞鹏宠物医疗集团董事长兼总裁彭永鹤这样解释道[①]。

对新瑞鹏而言,配备高端医疗设备、汇聚全科国内外顶尖人才的中心医院,实际上投入巨大且很难盈利,毕竟为宠物疑难杂症服务并不是一个高频率发生的事件。但坚持这样的投入,一方面,体现了新瑞鹏宠物医疗的专业性在国内的顶尖地位;另一方面,完整的行业服务体系以及顶层技术的发展有助于推动整个行业的前进。毕竟年轻一代宠物主的见多识广和更强的支付能力及意愿,也在倒逼宠物医疗的升级。彭永鹤感慨道:"我们经常在临床接待到拿着海外医学文献和我们讨论病例的宠物主,虽然他们年纪很轻,但说起专业术语一点儿都不陌生。"

目前新瑞鹏在中心医院布局上,有美联众合转诊中心医院、芭比堂中心医院、顽皮家族中心医院、维特中心医院等;在专科医院布局上,考虑到服务对象——猫犬豢养比例结构的改变,设有芭比堂眼科、恒爱骨外科、纳吉亚猫专科、凯特喵猫专科等;在社区医院布局上,医疗集团八成以上都为社区门店。在这样的

---

① 36氪.彭永鹤:面对生命的行业需要更多温度[EB/OL]. [2020-12-31]. https://www.36kr.com/p/1032691935253509.

配置下,相互之间通过转诊和会诊衔接,实现优质医生资源的高效优化配置。例如:临床兽医学博士董轶是宠物眼科专科专家,在新瑞鹏"1+P+C"的规模体系下,管理国内众多宠物眼科专家的评定标准,"如果你想成为一名眼科医生,必须理论与实践兼备——研读眼科'圣经',了解掌握200多个新的眼科病例;熟悉以往5年国内外所有兽医学相关眼科文献,并且熟练操作内眼、外眼的手术"。

培养宠物行业急缺的专业人才

专业性体现在对人才培养的重视。与目前中国宠物医疗行业的爆炸式发展相对应的是——行业人才十分紧缺。中信建投证券研究报告显示[①]:目前国内执业兽医师仅7.8万人,助理执业兽医师3.1万人,但其中只有约30%从事宠物医疗工作;在美国,2020年,兽医总数约8.7万人,其中约60.9%从事宠物医疗工作。依照全国《动物诊疗机构管理办法》规定"动物医院应当……具有3名以上执业兽医师"计算,中国对于宠物医生的需求缺口超过7万名,而这一数字会随着宠物医疗行业的发展持续增长,每年产生大量人才缺口。人才缺乏与高校端对宠物医疗认可度不高紧密相关。全国2 000多所高校中仅有200多所大专院校开设兽医学专业。中国农业大学教授、中国畜牧兽医学会小动物医学分会理事长林德贵表示:现在每年大约有1.5万名毕业生会走向宠物医疗临床,但不需要接受继续教育、直接就能独立接诊的,可能300人都不到。不仅如此,整个行业鱼龙混杂、兽医地位不高的现状也造

---

① 中国新闻周刊. 培养宠物医生有多难[EB/OL]. [2020-11-28]. https://www.chinanews.com.cn/sh/2022/11-28/9903970.shtml.

成人员的流失。新瑞鹏希望通过打造更好的员工待遇、工作环境、工作设备,以及对从业标准的梳理和提高,培养更多专业宠物医疗人才。除了与高校开展产学研合作,新瑞鹏培养专科医生的很关键的阶段,就是安排二、三线城市的优秀医生到一线的中心医院和专科医院跟诊学习,这与人医的培养方式非常相似。但仅靠跟诊带教还不能解决行业人才不足的困境,如何能将优秀专家医生的诊疗思维及经验体系化、线上化、智慧化,让新入行的科班人才快速成长为经验丰富的优秀医生,成为新瑞鹏探求的新方向。

用数字化焕新宠物行业陈旧的运营机制

此外,专业性体现在医疗体系管理的规范化。2016年,新瑞鹏即自主开发了企业资源计划系统(ERP)用于医院管理,之后持续投入大量资金用于开发医疗体系管理系统。目前新瑞鹏已运行智慧医院管理系统、智慧医疗决策系统和智慧处方平台等多个规范化管理系统,从多个维度提升医生综合诊疗水平;并配合电子病历检查系统,可对主诉和电子病历继续检查核对并监督后续的回访,从而对医生诊疗行为进行闭环式管控。

供应链管理效率低下也是宠物医疗行业长久面临的问题。传统零售行业2000年初即推行的"盘点管理"在宠物医疗行业基本是空白,甚至很多商品、药品都没有唯一识别标志(国际编码)或追溯码,导致产销链条中基于单品的库存管理无法有效开展。为此,2015年开始,新瑞鹏花费3年时间开发商品和药品基础数据库,专门用于数据整合和信息打通(对接美团外卖等第三方平台),确保从供应商端口到供应链仓库,再到门店/医院对商品/药品的唯一识别,实现完整追溯,最终形成智慧供应链——直接连接厂家和用户，从而提升整条链的管理效率和规范化水平。

响应年轻人的需求才是宠物行业发展的方向

《2022 中国宠物医疗行业白皮书》数据显示[①]：全国宠物医疗市场规模约 675 亿元，约占整个宠物产业 22.5%，占比逐年提升，是仅次于宠物食品的第二大细分市场。然而这个市场中，定价不清晰、医疗水平参差不齐、资质及安全问题频发，并且市场较为分散，连锁医院（5 家以上）数量占比仅为 21.2%。截至 2022 年 10 月，全国宠物诊疗机构数量达 19 930 家，超过 75% 为小规模单店或 5 家及以下连锁经营。面对宠物医疗市场的分散和多年不变的陈旧面貌，以及年轻一代宠物主对这个行业全新的要求，坚持从多个维度提升专业能力的新瑞鹏仍有许多议题值得去深入开展。

☞ 结语

亲爱的钱钱：

14 天转眼就结束了，身为大白的我说真的还有些不舍呢！这 14 天我们走过风、走过雨，给你检查身体，甚至还悄咪咪地多撸了你几把（虽然每次都会迎来你的回手掏）。

调皮捣蛋的钱钱能告诉我，为什么你每次都打翻猫砂盆呢？还有，猫粮炒猫砂真的香吗？每次都要盯着你乖乖吃完我才能放心离去，不然一转身就会有你制造的"惊喜"，该不会是为了引起我的注意才这样做吧，哈哈哈。

疫情逐渐被控制，你也即将可以和铲屎官一起回家啦。闭上

---

① 光明卫生. 看一次动辄上千元 宠物医疗怎成"糊涂账"？[EB/OL]. [2023-06-15]. https://health.gmw.cn/2023-06/15/content_36629711.htm.

眼睛大概可以想象到你们相聚的场景，同样我应该快要和我家宝贝见面了，你们都要乖乖听话、快快长大哦。

——致抗疫小英雄钱钱的一封信

图 6-7 为即将回家的钱钱。

图 6-7　即将回家的钱钱

（图片来源：澎湃新闻·澎湃号·湃客）

代表未来和潜力的年轻一代，是每个城市、每个企业组织都想吸引、追逐的对象，但是仅仅有姿态和口号远远不够，不去观察他们是谁，不去思考他们想要什么，不去提供他们认可的服务，更加独立有主见的年轻一代会像潮水一般，从这个城市退去、转入另一个城市，从这个企业组织离开、涌入另一个企业组织。随着持有后物质主义价值观的年轻人数量逐渐增多，渐渐地，我们将发现更多行业的服务

延伸阅读 6-1

发生新的变化，产生新的气象，甚至引发整个行业的彻底改变。

> **本篇思考**

1. 请描述一下，在你的亲身经历中，你遇到过的陪伴与倾诉服务。
2. 你觉得还有哪些能提供陪伴需求的产品？
3. 你还知道哪些陪伴与倾诉子趋势商业创新？

第三节　我要的陪伴与倾诉，你可以满足吗？

"你用过索尼 ZV-1 相机吗？它让我可以很方便地进行不同题材的创作。感觉这整个创作过程就是相机陪伴我，一点儿都不觉得孤单，时间过得很快，有时我能用它在外面拍一天。"

——张先生，27岁，北京

"2021年夏天，我经过愚园路，发现美的冰箱做了一个线下体验活动，放了一台巨大的冰箱为大家提供治愈（凉方）。逃避可耻，但有用。我在里面待了一会，让被工作、生活、社交压得喘不过气、快速运转的大脑，还有疲于奔命的身体，换个环境休息一下。"

——湛女士，21岁，上海

对大部分人特别是年轻人而言，享受一个人生活的乐趣需要勇气。当人们身处瞬息万变的大城市中，直面工作、生活面前个体的渺小与无力，同时在空间上处于独自生活的状态时，孤独与焦虑感会变得尤为明显。

在压力管理大趋势中，年轻人表现出：个体对压力的妥协与无奈，我愿意通过放缓我的脚步，让压力变得不那么大；我需要爱与理解，让孤独变得不那么明显；逃避可耻吗？一点也不，起码让我轻松一点。

商业存在的意义在于能够满足人们各种各样的需求。需求没有好与坏，不需要进行对与错的价值判断。因此，面对看似消极的需求，仍然需要帮助年轻人与潜意识中的不安引发的压力和解。

第七章
凸显:"我"要与众不同的身份

第一节 差异化对年轻人重要吗?

与通过个体角度向外释放压力,摆脱烦恼,以及从社会群体角度参与可持续发展的社会,获得群体归属感的策略不同,有些年轻人采取从个体角度向内管理压力,以及从社会群体角度强化自身独特性的策略,寻求自我肯定与自我满足。他们希望在精神上优于他人,而非权利、财富或地位的张扬。他们所追求的与众不同虽然忠于自我,但希望得到大众的承认与接受。我们将这一类趋势定义为身份认同。

"我还挺喜欢多元化的,每天重复同一种生活,没什么吸引力。喜欢哆啦A梦,每天会有不一样的新鲜东西。多面性可以带给别人不同的感觉,对我自己来说,遇到多元的人想去了解,看看他们还有什么其他的感觉能带给我。"

——章女士,20岁,上海

"我从小唱京剧,并且之前做了关于京剧文化的研究。我太喜欢中国的传统文化了,我就是中国魂。传统文化中的糟粕除外,我不喜欢父权这种东西。"

——朱女士,21岁,北京

"身份认同"这类趋势包含"多面性""潮流个性""性别模糊"以及"中国骄傲"等四个子趋势。在这一篇中我们着重描述"中国骄傲"这个子趋势。

第二节 追求文化认同带来中国骄傲子趋势

江涵秋影雁初飞,与客携壶上翠微。
尘世难逢开口笑,菊花须插满头归。

——杜牧《九日齐山登高》

◇ 中国骄傲子趋势定义

中国骄傲是一种可共享、群体的身份识别。一方面,随着综合国力的增强,中国在很多领域居于世界前列,让年轻人对国家、民族以及传统文化有一种共同的自豪感;另一方面,传统的社区或集体概念发生分解或改变,但共享身份的概念和意识依然存在。同时,对西方文化的全盘接受也在逐渐引起反思,年轻人更希望能够找寻到一种既可以群体分享又代表其独特性的身份标识。在这样的背景下,我们看到宏观层面上年轻人对传统文化兴趣盎然,微观层面上年轻人愿意在带有传统文化元素的产品上花费更多金钱。

◇ 现象与疑问

1937年"七七事变"爆发后,清华大学中文系教授闻一多,是最早一批离开北平、南下长沙临时校区的学者。7月19日,在天津火车站中转时,他遇到了曾经的学生臧克家。臧克家问闻一多:"先生,那些书籍呢?""只带了一点重要稿件,国家的土地一大片一大片地丢掉,几本破书算得了什么?"①

在清华大学研究《诗经》《楚辞》的闻一多,虽曾自嘲"专门在故纸堆里打滚",教起书来却活泼明快。"《诗经》虽老,一经闻先生解过,就会肥白粉嫩地起舞了。"回清华大学教书前,1922年闻一多曾前往美国芝加哥留学,并先后换了三个学校。他总是带着愤懑:"彼之贱视吾国人者一言难尽。我有五千年之历史与文化,我有何不若彼美人者?"②

闻先生的愤懑和质问,从"文化认同"角度而言,其实是一个我们普通人经常会问的问题——我是谁?

◇ 文化认同视角下的中国骄傲

文化认同

20世纪50年代,美国精神分析学家爱利克·埃里克森(Erik Erikson)提出文化认同理论(culture identity)③:个体对于所属文化以及文化群体内化并产生归属感,从而获得、保持与创新自身文化的社会心理过程。直白一点说,在超过80亿人口、熙熙攘攘的地球上,你属于哪一个文化群体(cultural group)?你以一种什么样的方式和其他人联系在一起?在这个文化群体里既定的规则和秩序会不断告诉你:你是谁,你不是谁。例如:1949年以后,中国台湾和中国大陆经历了信仰不同主义政党的领导,在政

---

① 华西都市报. 闻一多臧克家的师生情[EB/OL]. [2021-06-03]. https://www.ccdi.gov.cn/lswh/shijian/202106/t20210602_243112.html.
② 闻一多. 闻一多全集[M]. 上海:上海书店出版社, 2020.
③ 爱利克·埃里克森. 身份认同与人格发展[M]. 王东东, 译. 北京:世界图书出版公司, 2021.

党制度、社会治理、经济发展等方面有着诸多不同。成长于不同制度、环境下的群体，自然会有着不同认知。然而如果你问一个台湾人："你觉得李白是一位外国诗人吗？"他一定会斩钉截铁地告诉你："这怎么可能！"是的，这怎么可能，即使两岸有着这样那样的差异和不同，但是在文化上却有高度认同的过去，并对现在仍产生深刻影响——这就是文化认同的力量。

文化认同是人们对于文化倾向性的共识与认可，人们使用相同的文化符号、秉承共同的文化理念、遵循共同的思维方式和行为规范、追求共同的文化理想是文化认同的依据。美国当代国际政治理论家塞缪尔·亨廷顿（Samuel Huntington）认为[1]：不同民族的人们常以对他们来说最有意义的事物来回答"我们是谁"，即用"祖先、宗教、语言、历史、价值、习俗和体制"来界定自己，并以某种象征物作为标志来表示自己的文化认同，如旗帜、十字架、新月形甚至头盖等。亨廷顿认为文化认同对于大多数人来说是最有意义的东西。

文化认同是一个可以随着时间和周边社会环境变化而被重构的要素。写下《离骚》的屈原悲投汨罗江，某种程度上标志着发源于长江流域的齐楚文化与发源于黄河流域的秦晋文化，终将融为一体，并形成中华文化的基本框架。1937年北平沦陷前后，包括闻一多先生在内的清华师生跟随众多难民卷入南渡的滚滚红尘之前，中国历史上有三次大规模的"南渡"。第一次是西晋末年永嘉之乱，晋元帝于建康（今南京）建立东晋，当时大批缙绅、士大夫以及普通百姓随之南下，史称"衣冠南渡"，这是中原文化第

---

[1] 塞缪尔·亨廷顿. 文明的冲突与世界秩序的重建[M]. 北京：新华出版社，2018.

一次大规模南迁。第二次是靖康之变，北宋为金所灭，宋高宗南下，在临安（今杭州）建立南宋。第三次则是明末清军入关后，明朝宗室及文武大臣逃亡南方，直至福建沿海。撇开朝代更迭，这三次南渡裹挟中原文化，与南方本地文化碰撞、包容，最终形成了为现代中华民族所认同的中华文化。

在社会心理学领域，文化认同也是社会心理学家关注的重要问题，其中社会认同理论（Social Identity Theory）是研究文化认同的重要基础。波兰心理学家亨利·塔菲尔（Henri Tajfel）将社会认同定义为[1]：个体认识到他（或她）属于特定的社会群体，同时也认识到作为群体成员带给他的情感和价值意义。具体而言，通过社会分类（social categorization）、社会比较（social comparison）和积极区分原则（positive distinctiveness）的过程建立社会认同。塔菲尔认为：人们的群体身份意识会强烈地影响着我们的知觉、态度和行为，对社会认同的追求是群体间冲突和歧视的根源所在。

社会认同理论重视群体认同和个人自尊的关系。当社会认同受到威胁时，个体会采用各种策略来提高自尊。如果个体过分热衷于自己的群体，认为自己的群体比其他群体更好，并在寻求积极的社会认同和自尊中体会到群体间差异，就容易引起群体间偏见和群体间冲突。闻一多先生在美求学期间的愤懑，便是源于他意识到：彼时他所接触的不少美国人不尊重，甚至轻视他引以为傲的五千年中华历史和文化。换言之，闻一多先生在追求积极的社会认同时，遭受挫折并产生强烈的不满。

---

[1] Tajfel, Henri. Social Identity and Intergroup Relations[M]. Cambridge University Press, 1988.

◇ 年轻一代的中国骄傲

心理学研究表明,一个人对自己所属社会群体文化的认同并非天生,个体的文化认同始于儿童期,通常会在青春期前期对自己的文化进行探索,并在青春期晚期17岁左右形成较为稳定的文化认同。2022年的北京冬奥会上,25人组成的中国男子冰球队中有15名归化球员。这些归化球员虽然对于帮助中国取得破纪录成绩起到决定作用——打进有史以来中国在冬奥会上的第一个冰球进球,但是如果从文化认同的角度来界定归化球员,他们和外国人其实相差无几。在年满18岁成为职业运动员以前,他们接触和探索的主要还是原来所在国、所在族群的文化。因此,如果我们询问归化球员:"你们对中国文化有多少认同?"基本只能得到一个尴尬的沉默。

与归化球员不同,生于斯、长于斯的中国年轻一代,对中国文化有着超乎父辈的认同感。华东师范大学学者许纪霖老师曾说[①]:"三十年河东、三十年河西,我觉得今天的年轻一代很爱国,他们生长在中国崛起的年代,对国家有很强的认同,对自己的民族文化也有很强的认同。用我的话说,这叫'文化自觉',就是认同自身民族的文化。"为什么年轻一代对中国文化有这样强烈的认同?也许从日本相似的发展中,我们可以找到答案。

◇ 年轻一代中国骄傲的驱动因素

购买力指数的提升

日本消费社会研究专家三浦展(Atsushi Miura)基于翔实的

---

① 硬核读书会. 今天的年轻人只想着实现"小目标",不追问意义[EB/OL]. [2021-04-30]. https://mp.weixin.qq.com/s/3ySmOx9ZSjvyyHPK1_9h2g.

数据和资料，对近100多年来日本消费社会的变迁历程做出系统刻画，并按照时间顺序，将日本居民的消费文化发展之路划分为四个阶段，即四个消费时代[①]：1912—1941年，西洋化特征明显，消费只属于发达城市中的一小部分精英人群；1942—1974年，家庭消费兴起，冰箱、洗衣机、电视、小汽车和电子产品等家用生活必需品开始普及；1975—2004年，个人消费意识觉醒，个性化、品牌化、高端化、体验式消费快速增长，各种名牌商品备受欢迎；2005年至今，人们开始重新审视生活和财富的意义，在日常消费过程中渐渐不再追求个人主义，不再注重物质与品牌上的攀比和享受，而是更加理性地选择简约、去品牌化以及更高性价比的商品。

通常消费品有两方面的价值：一是产品本身的功能性、实用性；二是情感附加值，包括审美设计、圈层认同和归属感等心理满足。20世纪70年代中晚期，日本人均GDP达到8 000美元，消费者开始更多追求消费品的情感附加值。不仅如此，对于这一时期日本的消费主力而言，在其童年时期，电视、冰箱等家用生活必需品就已经较为普及，他们与生俱来地比父辈拥有更加富足的物质基础，因此，虽然这代消费者有强烈的消费欲望，但对纯粹功能属性的产品失去兴趣，更倾向于购买精神属性强的产品。伴随着"二战"后日本经济发展、国力强盛，民众逐渐能够以更为平等的视角，看待欧美文化以及作为文化产物的各种西洋品牌，自身民族自豪感和文化认同感不断升温，并对本国消费品牌和商品日益推崇和追求。川端康成的长篇小说《东京人》，

[①] 三浦展.第四消费时代[M].马奈，译.北京：东方出版社，2022.

描述了从战后到20世纪70年代日本社会的众生相,直白展示了随着经济的不断腾飞,日本普通民众心态的变化。出身珠宝商家庭的女主人公敬子,在丈夫战死后,最初卑微地在车站摆摊售卖美军多余的日用品,20世纪70年代中期于东京外国人聚居区开设珠宝店。敬子对于前来店里定制戒指、认为日本戒指几乎没有历史的英国老妇人,非常不服气,"真想对她谈谈古代日本和东洋的服饰、装饰品的历史。再让她看看大翡翠、月牙玉佩,叫她吃惊"[1]。

正如许纪霖老师所说,"年轻一代生长在中国崛起的年代"。国家统计局数据显示:2019年,我国人均GDP首次跨上1万美元的新台阶。麦肯锡全球价值研究院的研究指出[2],到2030年,中国的中高以上收入家庭数量可能会增至约4亿——接近欧洲和美国的总和。经济的高速发展让20世纪80年代出生的中国人和现在的年轻一代有着截然不同的国货认同观。

对进口迷思、对国货存疑,某种态度可以说是"80后"前辈的特点。"80后"的成长伴随着父母手上拿着松下空调和三星电视的遥控器;耐克、阿迪达斯占领哥哥的衣柜鞋柜,迪奥、香奈儿则攻占姐姐的化妆台。进口品牌价格不菲,一度成为"80后"生活品质乃至"身份地位"的象征。而在出生后对进口品牌司空见惯的年轻一代而言,中国经济高速发展带来的强盛国力,足以支撑起自身对本国本民族文化的认同。

---

[1] 川端康成. 东京人[M]. 郑民钦,译. 海口:南海出版公司,2015.
[2] 麦肯锡. 未来十年塑造中国消费增长的五大趋势[R/OL]. [2021-04-30]. https://www.mckinsey.com.cn/wp-content/uploads/2021/11/2021Nov_China-article-on-redrawing-consumer-map-article-CN.pdf.

流动的增加

如果没有广泛的流动,人们不会认识到"我者"与"他者"的区别,也不会对自身所属的文化产生更强烈的感知。闻一多先生出生于湖北书香门第。5 岁即被送入私塾学习中国传统文化,并酷爱绘画。13 岁考入清华留美预备学校,课余主编校学生刊物《课余一览》,并担任《清华学报》美术副总编辑。闻先生 23 岁赴美留学前,他所学习、了解、熟悉的中国传统文化给予他自豪与骄傲。在美期间,他通过与当地人的接触,意识到自己与当地人分属于不同的社会文化群体,从比较中国文化与美国文化中,闻先生并不认为中国文化弱于美国文化,但由于彼时中国经济的落后、国力的积弱,闻先生在寻求积极的当地社会认同中只能感受到冷漠。

教育部数据显示[①]:2019 年中国留学人数达到 70.35 万人;1978—2019 年度,各类出国留学人员累计达 656.06 万人。无论留学时间长短,每一位留学生在留学期间都会和闻先生一样,经历社会分类、社会比较和积极区分原则的过程。这意味着如果留学生没有去海外,他不会在经历社会认同过程中,更直观地感受到中国文化与他者的不同,也不会对本民族文化产生更深层次的偏爱或是疏离。

不同于父辈身无分文闯荡海外——1982 年画家陈丹青前往美国时,身上仅有 38 美元,年轻一代前往海外时常常有充裕的经济安全保障,因此能够以更平等的方式看待文化的差异,并产生更

---

① 教育部. 2019 年度出国留学人员情况统计[EB/OL]. [2020-12-14]. http://www.moe.gov.cn/jyb_xwfb/gzdt_gzdt/s5987/202012/t20201214_505447.html.

积极的文化认同。换言之，因为比较所以知晓不同，因为知晓不同所以追寻认可，因为认可所以更偏爱自身文化。

接下来让我们阅读两个一正一反响应年轻人中国骄傲子趋势的商业创新。特别是第二个创新，虽然发生在20世纪80年代，但是以超前的意识和对中国传统文化的深刻理解，实现了传统与现代的完美结合，直到今天仍是响应这一子趋势的典范。

✧ 一哄而上的所谓"中式"点心

国潮就是复刻汉字与图腾吗

不少商业或组织察觉到年轻一代抛弃了前辈对国外品牌的迷思，对本国本民族文化抱有高度认同，因此希冀提供能满足消费者此类情感诉求的品牌和产品，从而达成自己的商业目标。但是企业、组织要想与年轻一代产生文化共鸣，需要对中国传统文化有理性了解。

2018年，国产运动品牌李宁在纽约时装周上，以一场原创设计"悟道"秀大受国际时尚界好评。其走秀款在天猫上一度卖到断货，真正体现了什么是叫好又叫座（图7-1）。有人说李宁的这场纽约时尚之旅，是一封写给年轻人的情书：以西方时尚话语习惯书写，以中国文化符号为精神内核。从李宁纽约时装秀开始，穿着国潮日益兴起。但是回看国潮这几年的发展历程，抄袭丑闻贯穿其中。国产球鞋品牌回力更被质疑："回力和匡威的区别是什么？""匡威只是匡威，而回力不仅是回力，它还可能是匡威、阿迪达斯、万斯、耐克、飞跃……"[①]

---

① 虎嗅网. 回力，回天乏力[EB/OL]. [2019-09-08]. https://www.huxiu.com/article/317090.html.

图 7-1　李宁对中国色彩的思考

（图片来源：李宁官网）

仔细观察众多国潮服饰品牌，其中不少仅仅依靠简单复刻传统文化元素，从中国历史中随意挑选一段，抽象为具体"符号"印在服饰上，再加上年画风的配色；或者一件黑 T 恤印上白色繁体字，即称为代表中国文化的国潮，并且以高于普通衣物的价格售卖。至于这些符号背后的文化含义，以及与现代生活的关联，设计师往往阐释不清甚至自己也不了解。对此建筑师莫仁杰评论道[①]："许多服装品牌抄袭国际大牌的外形，只是简单贴上一个中国文化的图腾，便自诩为'原创国潮'品牌。我们不缺图腾，中国有五千年的丰厚历史文化，只要翻翻书就可找到大量图腾。但图腾是视觉设计中最低阶、最简单的，国潮不能只是滞留在图腾层面……只有了解今天中国人的生活习性和价值在哪里，才能做出真正的国潮。"

---

① 中国经济网. 印上东方图腾就能算"国潮"文创了？[EB/OL]. [2019-07-25]. http://www.ce.cn/culture/gd/201907/25/t20190725_32717645.shtml.

《西游记之大圣归来》《哪吒之魔童降世》的大热，标志着年轻观众对具有中国文化色彩的国产动画的追捧。但国产动画电影的复兴，似乎既依托于传统文化中的经典人物形象，又受制于此。2021年上半年已备案的50部国产动画电影中，至少有8部围绕中国经典神话人物如后羿、二郎神、孙悟空展开。而2015—2020年备案的国产动画片中，这类作品至少有119部，包括24个孙悟空和11个哪吒[1]。

1984年，已经功成名就的日本动画大师宫崎骏，满怀憧憬前来心中的圣地——上海美术电影制片厂（以下简称上美）参观学习。他非常尊重上美，认为上美创造了"中国学派的动画片"。确实，开创了中国动画巅峰的上美，曾制作出一系列让国际动画界为之倾倒的影片，如《小蝌蚪找妈妈》《哪吒闹海》《大闹天宫》《九色鹿》《天书奇谭》《骄傲的将军》……但是在上美的这些动画里，除了哪吒和孙悟空，我们找不到更多所谓的经典人物形象。我们能寻找到的是无数中国文化元素，如水墨画、云头纹……更重要的是中国传统文化与彼时人们生活的关联和共鸣。也许对当下国产动画电影而言，所缺乏的是在中国传统文化的叙事空间里，一个好的故事、一群有弧光的人物和一段完整的叙事逻辑。

泡芙、麻薯是中国的传统点心吗

2020年伊始，烘焙界出现这样一种现象：如果将名字从××面包铺改为××点心局，似乎就可以收获年内接连融资、单店估值破亿、排队6小时、出炉即抢空的局面。墨茉点心局、詹记、

---

[1] 三文娱. 24个孙悟空11个哪吒，国产动画电影"神仙打架"宋朝的再认识[EB/OL]. [2021-03-04]. https://zhuanlan.zhihu.com/p/354443885.

泸溪河、虎头局等带来一波又一波国潮点心热浪。这些所谓的中式点心商铺，在包装设计以及门店装修上，多采用宝蓝、墨绿、大红等所谓传统配色，以及门神、福字、对联、脸谱、书法、年画等国风元素。同时，放弃传统糕点常用的酥饼、糕、团等形式，以泡芙、肉松小贝、虎皮卷、麻薯等西式或日式点心形式呈现，并且使用榴莲、麻薯等非传统中式馅料。

那么我们不禁要问：什么是中式美学？什么又是宋朝风雅茶点？

为何不向古人学习高雅配色

与中式点心局采用宝蓝、墨绿、大红这些高饱和度的配色相对照，《红楼梦》第三十五回"黄金莺巧结梅花络"里，出身钟鸣鼎食之家的曹雪芹，借薛宝钗的贴身大丫鬟莺儿之口，阐释了中式美学中关于色彩搭配的见解："大红的须是黑络子才好看的，或是石青的才压得住颜色……松花配桃红……葱绿柳黄是我最爱的。"这种配色讲究的是平衡与雅致之美：大红是极艳丽的颜色，只有颜色最重的黑色或是接近黑色的石青色，才镇得住它的明艳；松花色是像松花一样黄色中带一点点浅绿色的颜色，需要诗经里"桃之夭夭，灼灼其华"的鲜润的桃红色，才能在雅淡中带点娇艳；葱绿色是像小葱叶一样的绿色，配着春日里绿色柳树芽在阳光照耀下闪现的柳黄色，才有"蛾儿雪柳黄金缕，笑语盈盈暗香去"（辛弃疾《青玉案》）的意境。

2020年出版的《中国传统色——故宫里的色彩美学》一书中[①]，

[①] 郭浩，李健明. 中国传统色：故宫里的色彩美学[M]. 北京：中信出版社，2020.

阐释了384种中国传统颜色。翻阅此书，仅仅是关于蓝色，人们即可直观感受菘蓝、青冥、云门、井天等数十种蓝色或深或浅的差异，以及林黛玉所着"月白绣花小毛皮袄""杨妃色绣花锦裙"，欧阳修笔下"夜雨染成天水碧，朝阳借出胭脂色"，究竟是怎样一番美不胜收的景致（图7-2）。

图 7-2 中国古代不同的红色

（图片来源：《中国传统色——故宫里的色彩美学》）

在中国传统文化中不仅可以寻找到关于颜色和配色的理解，这几年由日本美学传递而来的大朴若拙的"侘寂之美""匠人精神",其实都能在宋代器物中找到源头。宋朝这种简约与收敛的中式美学,与当下中式点心局装饰时,门神、福字、对联、脸谱、书法、年画的肆意堆砌,大相径庭。

风雅的宋朝茶点究竟长什么样

"靖康之乱"后南渡杭州的孟元老,在其所著《东京梦华录》里回忆北宋后期京都汴京的各式点心:东角楼街巷早市时,有各色饮食"如酥蜜食、刺䴵、砂团子、香糖果子、蜜煎雕花之类";重阳节前"以粉面蒸糕遗送,上插剪彩小旗,掺果实,如石榴子、栗子黄、银杏、松子之肉类。又以粉做狮子蛮王之状,置于糕上,谓之狮蛮"。不仅如此,北宋时汴京餐饮业兴盛,一年四季可以吃到当季时鲜,夏季还有"素签沙糖、冰雪冷元子、水晶角儿、生淹水木瓜、药木瓜、鸡头穣沙糖、绿豆、甘草冰雪凉水、荔枝膏"等冷饮可享用。饮食店也分为可以为市民提供早餐的分茶店,提供中晚日常菜肴的川饭店,提供南方风味特色菜肴的南食店,提供酒宴包席的豪华酒楼——瓠羹店,甚至提供寺院斋食的素分茶等。

宋史专家、北京大学邓小南教授指出[1]:尽管从军事威力和势力范围来衡量,宋朝是个虚弱的朝代,但就经济和社会繁荣程度而言,宋朝却是中国历史上最具有人文精神、最有教养、最有思想的朝代之一。因此,无论是中国传统文化和审美的高峰,还是艺术与生活通融的生活美学源头,都当推宋朝。

---

[1] 澎湃新闻·澎湃号·湃客. 宋朝的再认识[EB/OL]. [2021-04-19]. https://www.thepaper.cn/newsDetail_forward_12243717.

年轻人拒绝肤浅地将传统文化扁平为快速消费

在号称"传承宋朝风雅茶点"的山海茶点里,不仅店铺装饰风格、产品类型让宋人汗颜,即使是作为点心铺开门营业最基本的要素——食物品质也一言难尽。在饮食指南类自媒体"艾格吃饱了"实地探店中,经历 40 分钟排队 + 购买 + 等待茶饮后,探员终于吃到店家热推的多肉白桃味、杨枝甘露味原创爆浆冰麻薯。但是这两款麻薯的水果和奶油味道都不太自然,口感更类似于普通水果罐头。不仅如此,麻薯超高的甜度让探员吃完后舌头发麻。而蛋糕系列中的提拉米苏,虽然是最寻常不过的西点,也名不副实——发白粗糙的糕体不仅没有经过咖啡液的浸泡,爆裂的甜度也让探员的舌头再次发出抗议。此时看着山海茶点包装盒上的大字标语"食材不够好、掌柜不开工",探员不禁感慨:"我信你有鬼了。"在品尝完包括虎头局等六家国潮中式点心铺的点心后,探员禁不住为推文起名为:"'国潮点心店'一夜之间火遍全国,吃完之后只想说,请饶了我。"①

如果对年轻一代而言,在产品功能性层面,食物不好吃、故事不好看、衣服性价比低;在情感附加层面,只是将历史尊严、传统文化扁平成快速消费、缺乏深度,那么追捧这类商品的理由是什么?如果仅仅是因为情怀,那么这个理由只能是苍白而短暂的。正如一位年轻消费者所言:"我们喜欢中国文化,更希望获得体现中国文化的商品。但是在冰箱上画一朵牡丹,既不体现中国文化,也一点都不美。"

延伸阅读 7-1

---

① 没事干研究院.国潮点心店」一夜之间火遍全国,吃完之后只想说,请饶了我[EB/OL]. [2021-11-25]. https://mp.weixin.qq.com/s/JT5INAzChE9nVx9zJEGGrw.

◇ 是盖摩天大楼还是园林建筑

不对过去横加批评，撷其精华、成就自我

20世纪70年代，中美建交后，应中国政府的邀请，贝聿铭接手设计北京香山饭店。此时他已经因为设计美国肯尼迪图书馆而成为知名建筑师。"在我身上东方和西方两个世界并存。我在进行建筑设计时会不时回忆我的出身背景，不这样做是很困难的。"[①]——对于出身于曾拥有苏州园林典范"狮子林"的贝氏家族，贝聿铭在为周边欧美环境同化的同时，保持了正统的中国特色。

设计之初，甲方建议在长安街建造一座国际化酒店，但贝聿铭不同意，他从候选方案里选中离市区40千米的香山，希望设计一座很传统的建筑——"我想要寻找一种新的中国本土建筑语言"[②]（图7-3）。

图7-3 香山饭店全景图

（图片来源：朱亦民《后激进时代的建筑笔记》）

---

① 文汇客户端. 子女谈贝聿铭：一生从未放弃与中国联系，"从父亲那里学习到的一件事是，我们应该帮助中国"[EB/OL]. [2019-05-17]. https://wenhui.whb.cn/third/baidu/201905/17/263335.html.

② 菲利普·朱迪狄欧. 贝聿铭全集[M]. 北京：北京联合出版公司，2021.

贝聿铭：如何让中式建筑在现代社会更富有实用性

如果按照贝聿铭通常的做法，他会将设计想法告诉助手，然后就开始构思别的建筑，接下来只需要定期回来评估助手的工作进展，并将情况与客户沟通即可。但香山饭店是贝聿铭对中国传统文化的理解和新式建筑语言的表述，因此他亲自操刀设计。助手很惊讶地看到，贝聿铭在露天的工作室中手握铅笔在设计桌上沉思默想。团队成员、设计师卡伦·范·兰根说[1]："在建筑香山饭店的两三年时间中，他每隔两小时就会带着图纸和立面图到我桌边来。我们的工作时间非常长，他非常执着。"

在贝聿铭看来："我体会到中国建筑已处于死胡同，无方向可循……庙宇殿堂式的建筑不仅经济上难以办到，思想意识上也接受不了。他们走过苏联的道路，他们不喜欢这样的建筑。现在他们在试走西方的道路，我恐怕他们也会接受不了……中国建筑师正在进退两难，他们不知道走哪条路。我希望尽自己的浅薄之力报答生育我的那种文化，并能尽量帮助建筑师找到新方式。"问题是如何让香山饭店既传承中国式美感，又具有现代建筑的实用和功能性，特别是让中国传统建筑语言，如多彩多姿的窗户、淙淙流动的曲水流觞、古老淳朴的青砖黛瓦，在现代生活中展现价值，而不仅仅是无谓的装饰附加（图7-4）。

考察过以故乡苏州为代表的江南大宅和园林后，贝聿铭将创新重点放在庭院和墙上："什么是更重要的，更应引起我们注意并加以研究探讨、继续发展的呢？是虚的部分，是大屋顶之间的空间——庭院……还有墙。墙是中国传统建筑中的一个重要构图要

---

[1] 廖小东. 贝聿铭传[M]. 武汉：湖北人民出版社，2008.

素。墙里面是房子,而房子之间则是庭院。历史上流传下来的就是这个样子。所以我们应该想一想、看一看,这里面难道没有值得保留下来、发展下去的东西吗?"

图 7-4 香山饭店的窗

(图片来源:朱亦民《后激进时代的建筑笔记》)

香山饭店:建筑在文化上如何延续

1982 年落成的香山饭店凭借山势高低错落,是一个由四层主楼构成、分散布局的庭院式建筑。广场式的前厅、内院式的中堂和后花园式的后院,逐渐展开、引人入胜。这样的布局不仅增强了空间序列的连续性,也体现出中国旧式宅院(江南园林和北京四合院)层层递进的设计,营造出"庭院深深深几许"的韵味。走入中堂便是近 800 平方米的"四季庭院",高大的穹顶由玻璃材质建造,引入的自然光遍及每个角落,这样西式的设计吻合北方晴暖干燥冬季的节能需求。然而影壁的放置顿时为四季庭院赋予了中国传统文化的色彩。影壁在西周时便已出现,《礼记·郊特牲》中既记载:"天子外屏,诸侯内屏,大夫以帘,士以帷"。影壁既有风水上阻挡邪气的情感作用,也有分隔内外、遮蔽隐私的功能作用。贝聿铭去除了传统影壁繁复的装饰细节,只用简洁的白墙灰瓦顶呈现，同时采用传统庭院造景手法"框景"——如同摄影师用镜头截取风景一般，利用空窗、洞门、廊柱、树木围拢等封合的围框，框住某一处风景，四周出现明确界线，从而让观者仿佛置身画卷中，产生一种深远不可穷尽的感觉。透过影壁既可以看见壁后假山露出的一角，又可以望见后院影影绰绰的美景，中式美学的"遮"与"露"尽在其中。

以四季庭院为出发点，各条连廊蜿蜒伸展，通向四面低层的客房。除了后院，香山饭店还有十座静谧小景，环绕着连廊和客房。连廊外墙单向景窗的运用，引景入廊；客房区域重复出现的方、圆和菱形相结合所表现出的漏窗、栏杆扶手等中式建筑元素，让人们无论身处香山饭店285间西式客房的哪一间，都可欣赏到周围的山林景色。"在西方，窗户就是窗户，它要放进阳光和新鲜空气。但对中国人来说，窗户是镜框。那里总有园林。在中国园林中，窗户是最重要的一个元素，给人一种神秘的吸引感，让人总是情不自禁想看看窗外到底是什么。"这是贝聿铭对窗户在中式建筑中意义的阐释。

后花园是香山饭店的主要庭院，三面被建筑包围，朝南一面敞开，远山近水，叠石小径，高树铺草，布置得十分得体，既有江南园林的精巧，又有北方园林的开阔。贝聿铭邀请年龄相仿的挚友陈从周，作为香山饭店的园林顾问一起商讨庭院设计。作为中国古建筑园林艺术学家，陈从周在《说园》系列文章中曾这样描述[①]：风景区之建筑，宜隐不宜显，宜散不宜聚，宜低不宜高，宜麓不宜顶，须变化多，朴素中有情趣，要随意安排，巧于因借，存民居之风格，则小院曲户，粉墙花影，自多情趣。

---

① 陈从周. 说园[M]. 武汉：同济大学出版社，2017.

在香山饭店的外墙设计中，贝聿铭让古典建筑那些在现代生活中缺乏价值的范式、道具逐渐退场，如飞檐、坡顶。用极简线条的几何造型，勾勒出传统建筑的飞檐翘角；用白色的抹灰墙面、特制的灰砖窗饰，局部升高的几何体所产生的马头墙效果，营造出亲切、朴实的气氛，表达出传统江南大宅的温婉。香山饭店的外墙窗饰用青砖砌出几何线脚，用木条做出斜方栅格，虽不复杂雕琢却端庄得体，以致这种现实民居中并不存在的创新样式，却被大家接受为江南传统风格的表现。"在我们面前有两条路：一条是吸取中国建筑的本来格式，并继续发展；另一条则是大屋顶的道路。我几乎可以肯定地说，这后一条是绝对走不通的，无论在经济上还是在实践的过程中，都将不可避免地遇到许多难以克服的困难……大屋顶固然是中国传统建筑的显著特征之一，但它并不是唯一的最重要的因素。"他在实践中，抛弃了中国传统建筑工匠重视的"帽子"——大屋顶，用"身体"——墙面，构建了中式建筑新的语言。

香山饭店建成后，宁谧、灰白色的建筑偎依在四周连绵起伏的群山中，被如火如荼的红叶簇拥着，形成建筑与自然的高度统一。与肯尼迪夫人杰奎琳一起参加开幕仪式的、贝聿铭的好友伊凡杰琳·布鲁斯说："那是我们见过的最漂渺、最洁白的物体。我被它的美惊呆了。我站在房间的窗前不断地向外望去，直到仪式的时间快到，我才转身下楼。"1983年，贝聿铭因香山饭店获得建筑界的"诺贝尔奖"——普里兹克建筑奖（The Pritzker Architecture Prize）；香山饭店表现了建筑在文化上如何延续——不对过去横加批评，而是撷其精华，成就自我。

第七章　凸显："我"要与众不同的身份

时间是检验典范的最好方式

但是在当时的国内，香山饭店却因为看上去"很中国"，而遭遇了大众不冷不热的态度。毕竟邀请贝聿铭的初衷，是要在故宫附近设计一幢二三十层的现代化高层酒店，为中国建筑树立一个现代化的样板，同时作为中国改革开放和追求现代化的标志。经历了30年与西方世界的隔离状态后，中国突然发现自己与西方发达国家之间存在着巨大差距。这种落在人后的意识，一方面让中国社会整体对西方存在着一种乌托邦式的寄托和想象，将西方当作追赶的目标；另一方面，中国希望利用西方的现代化成果和手段来解决经济、技术和文化各层面的实际问题，彼时的中国没有也完全不可能在重启现代化进程的初始阶段，就认识到西方现代化模式的复杂性以及可能存在的问题。

今天在遍布西式建筑的北京，贝聿铭的香山饭店却因为"很中国"，而显得与周围已存在数百年的山水景致格外协调。作为一种空间的语言，建筑是在触动人们内心深处的文化认同；作为一种长期存在的客观事物，建筑也将收获不同时代公众截然不同的评价。

也许你不禁要问："相比贝聿铭，为何将中国传统文化在现代社会以一种新的商品化的面貌（产品）呈现会如此困难？"想一想为国人和西方游客一致称赞的苏州园林，是谁设计了它们？是那些具备极高艺术修养、诗书画才艺三绝的中国古代士大夫阶层。他们将自己的人生哲理、美学修为物化为园林中的一草一木、一山一石；他们指导花匠、石匠将形而上的精神文化以形而下的生活方式呈现。18世纪曾到过中国的英国建筑学家威廉姆·钱伯斯（William Chambers）在《中国园林的艺术布局》一书中写道："建造中国花园要求天才、鉴赏力和经验，要求很高的想象力和对人类心灵的全面知识……因此，中国的造园家不是花匠，而是画家和哲学家。"

因此，在现代生活中，我们若想将传统元素用得恰当而出色，就必须理解："古典"的意味在骨不在皮，在韵不在形。不是不加理解与思考地照搬全套细节，而是要对古典元素有所提炼，再通过现代手法重新诠释，甚至于最终呈现的产品中可能古典的细节已无迹可寻，然而古典的精神却借由现代的形式重新展现。问题是，有多少企业管理者、产品经理既能理解传统文化的意蕴，又能用恰当的现代产品表达呢？

☞ *结语*

2022年普里兹克建筑奖被授予非洲设计师迪埃贝多弗·朗西斯·凯雷（Diébédo Francis Kéré）。出生于西非内陆布基纳法索的凯雷，20多年来用当地已使用数千年的黏土、泥胚建筑，在不同项目的语境里持续丰富着一套属于本地、满足本地的建筑语汇：自然通风、双层屋顶、热交换能力、通风塔和遮阳。布基纳法索被联合国列为世界上最不发达的国家之一，全年白天平均气温34℃，且大部分地区缺乏电力，水泥、通风和空调设备昂贵而遥不可及。试想，在一个甚至连幼儿园都没有的社区里，人们整天都在为寻找食物和饮用水而奔波，对"建筑"还有什么更奢侈的想法？凯雷说："在布基纳法索，好的建筑就是一间教室，你可以坐在那里，让滤过的光线按照你想要的方式进入，照在黑板上或洒在课桌上……"[1]评委对凯雷的评价则是："他向我们展示了当

---

[1] 第一财经. 首位非洲建筑师获行业最高奖，他让穷人拥有品质生活[EB/OL].[2022-03-16]. https://www.yicai.com/news/101350302.html.

今的建筑是如何反映和服务于世界各地人民的需求,其中也包括审美的需求。"

2020年,国丝汉服节——宋之雅韵"文物鉴赏"活动中,中国丝绸博物馆展示了出土于江西德安周氏墓的"如意珊瑚纹褶裥裙",这件三裥裙是由方布打褶拼接而成,而非此前汉服圈内普遍认可的由四块直角梯形拼接而成的四破三裥裙。由此引发了汉服圈"形制党"的大讨论:四破三裥裙究竟是完全不曾存在过的形制,应该被归入"时代的眼泪"?还是可能存在于唐代,但尚无文物证明的存疑形制?虽然这类讨论的专业程度,圈外人难以想象,但是500多万名汉服爱好者中,居于核心地位的"形制党"同袍日常话题的重要组成部分。"汉服是跟所有传统礼仪、信仰、文化最直接产生关联的点,它逐渐唤醒我拥有的文化自信和华夏身份认同,从而更有激情去探究汉服的文化内涵,并越来越认同古人的生活智慧。"——已收集100多件汉服的一位年轻人这样解释自己对汉服的热爱。

1925年尚在美留学的闻一多于愤懑中作《七子之歌》,并作序解释道:"……吾国自《尼布楚条约》迄旅大之租让,先后丧失之土地,失养于祖国,受虐于异类,臆其悲哀之情,盖有甚于《凯风》之七子,因择其中与中华关系最亲切者七地,为作歌各一章,以抒其孤苦亡告,眷怀祖国之哀忱,亦以励国人之奋斗云尔……"

现下的中国早已不是割让土地于列强的软弱大国,而已成为GDP总量排名世界第二的强国。面对年轻一代对本国、本民族文化的认同和骄傲,如何能够更好满足他们需求?而不是依赖于名不副实的宋朝茶点、24个大同小异的孙悟空、千篇一律年画风的国潮服饰……我们期待能够既传承历史尊严、传统文化，又融于现代生活，能理直气壮地回答"我是谁？"的国货，然而这一切也许先要从企业、组织对中国传统文化有更理性的了解开始。

本篇思考

1. 你了解哪些中国元素？你认为这些中国元素哪里吸引你？
2. 中国骄傲子趋势是否会对你所在行业产生影响？
3. 你所在企业曾研发和上市国潮风的产品/服务吗？效果如何？如果没有达到预期目的，问题出在哪里？
4. 你认为哪些产品和行业能够基于中国文化开展创新？

第三节 我要的中国骄傲，你可以满足吗？

"穿汉服是一种文化的体验，出去玩穿一下汉服还是挺好的，能展现中国的特色。你去很好看的景点穿汉服拍照也是很好看的，也能传递中国的文化。"

——张女士，22岁，武汉

如果说过去三四十年里，商业相对容易开展并获得可观的利润，那是因为改革开放后的三四十年里，商业更多是满足人们吃、穿、住、行的需求，这些需求更容易被看见，也更容易被满足。

然而2020年以后，当18～30岁的年轻人逐渐成为未来商业的主力消费群体后，企业纷纷发现满足年轻人的需求越来越不易，因为物质需求的满足比较容易衡量，但是精神需求的满足却是既难以衡量界定，也难以标准化的。

在身份大趋势中，年轻人表现出：希望在向内自身探索与向外寻求自身地位和与众不同之间找到精神的满足,我就是我,是颜色不一样的烟火;谁说我的身份是固定、单一的,过去的已经过去,现在是我们来定义;我对于影响我的历史、文化充满好奇与自豪,并且我愿意大声说出我的骄傲!

然而对企业而言,它们习惯于提供满足物质需求的产品、服务或体验,当面对精神世界的需求,常常感觉力不从心、无从下手,于是更愿意采取一种惯性的思维——简单浅层次地了解、提供彼此模仿的产品或服务。那么,也许理解与认同,需要从深入研究开始。

第八章
超越:"我"要可持续发展的自我

第一节 年轻人如何获得肯定与认同?

"彼之蜜糖,吾之砒霜。"与力图通过积极融入社会、获得群体认同、归属感的年轻人相反,从社会群体角度出发,有一群年轻人采取强化自身的地位和与众不同的策略,力图消减因为需求不满足引发的潜意识中的不安。前者强调趋同与群体价值,后者则张扬差异与个体价值。我们将众多年轻人采取的这一类大趋势定义为:可持续发展的自我。

"经常看新闻说'00后'设计师如何厉害,感觉很有压迫感,新生代怎么这样强势啊,只恨自己,为什么不早一点开始学设计,为什么要偷懒那一个小时。我很焦虑,感觉1999年生的人已经被压得喘不过气了。……现在都在恶补这方面的技能。"

——陈女士,22岁,成都

"我喜欢电脑装机,从初中开始自己装电脑,买的笔记本也自己拆装。装完有成就感,开机了就索然无味了。"

——徐先生,26岁,杭州

"工作之后我更加关注自己的身体,想要延缓衰老,女孩子都爱美,关注护肤。以前不吃的泡腾片、维生素 B/C 之类的,现在也经常吃,自己会主动去补充营养。"

——杨女士,24 岁,武汉

"我爱钱,我很抠,然后爱攒钱,又喜欢买一些奢侈品。我需要负担起我自己的消费,太膨胀的虚荣心是不行的,会压垮自己的。所以要负起自己的消费,自己有一个正确的认知,要努力赚钱,才能买到自己喜欢的东西。"

——高先生,28 岁,北京

"可持续发展的自我"这类趋势包含"持续学习""DIY""延缓衰老"以及"财富管理"等四个子趋势。在这一篇中我们着重描述 DIY 以及延缓衰老这两个子趋势。

第二节　发展自我引发 DIY 子趋势

过了千百年之后,
人们看到的是你的美丽和我的悲伤,
——我没有辜负对你的热爱。

——米开朗基罗·博那罗蒂
(Michelangelo Buonarroti)《艺术家的工作》

◇ DIY 子趋势定义

伴随城市人口密度提升、工作时间不断延长,以及其他各种增加个人生活紧张感的因素，消费者愿意花费更多金钱、时间和精力于自我，采用各种科技、传统手段应对现代生活的压力、提高身心健康，并努力成为更好的自己。在消费者采取的众多路径中，手作，源于内在驱动力驱使个体主动实践或生产，是一种有意识地满足自我、发展自我的活动，正日益成为一种趋势。

◇ **现象与疑问**

让我们开门见山！DIY（Do It Yourself）或是手作（手工劳作），是年轻一代的又一种需求趋势。在超一线或一线城市的商场、街边，有不少手作店让顾客体验自己花时间动手制作某样物品的乐趣。手作项目令人眼花缭乱：不仅有较为传统的香薰蜡烛、珠串首饰、烘焙美食，还有听上去云里雾里的奶油胶、簇绒、热缩片等。22岁的小王正在杭州读研究生，"我是上大学后才去的手作店"。他连续做过皮具、木刻小件，去手作店主要是为朋友和家人制作礼物。"DIY更有纪念意义，送朋友时也会自豪地说'我自己做的'。"不仅如此，小王很喜欢手作店温暖安静的氛围。他回忆起第一次做皮具时，工作室里彼此陌生的几个年轻人相互交谈后，便各自回到制作台前，耐心地从贴胶、敲紧、打洞、缝线、抛光、印字等步骤一一完成。"做皮具让人一下子安静下来，即使过去三四个小时，好像一点儿也没察觉。"

进入线下手作店或是在线上购买原料、回家动手DIY的年轻人中，既有像小王这样乐在其中孜孜不倦者，也有出于好奇浅尝辄止的人。在购物网站上搜索"DIY手工制作"，甚至有订阅量超过80万的店铺。通常情况下，特别是对非专业手工匠人而言，手工制作的物品并不精美，甚至比较粗糙。那么，为什么在物质生活较为富裕，大规模生产制造已经可以提供各式各样、令人目不暇接并且有品质保证的商品时，这些年轻人反而生发出 DIY 的需求？不仅如此，相当一部分人投入其中、沉醉不已，这又是为什么？从自身的需求出发，年轻人不仅成为 DIY 的消费者，也成为手作店的创业者。然而，除了手作店这类小微业态以外，还能以怎样更具规模的商业模式满足年轻人的 DIY 需求？

✧ 年轻人为什么追求 DIY

社会经济层面

除了剩余价值，卡尔·马克思对社会经济学的另一大贡献是"人的异化"，只是由于"异化"没有出现在高中思想政治课本中，因此对于大多数中国人而言，这是一个较为陌生的词汇，但这并不妨碍我们绝大多数中国人和整个社会都处在"异化"中。马克思在《1844 年经济学哲学手稿》中描述了资本主义工业化大规模生产下的劳动异化[1]。他认为劳动本应是自我实现与自我发展的活动，比如：一个热爱植物的人努力学习、发展这项天赋与爱好，最终成为植物学家。但现实中因为异化的存在，否定了人的自由与自主，造成人同劳动产品、劳动过程、人类本质以及他人相异化，热爱植物的人最终成为工厂里流水线上的工人。换言之，虽然一个人有能力做许多事，有许多富于创造性的兴趣和爱好，但是当劳动分工成为一种被资本主义具体化和客观化的结构，人类的经济系统则开始将人类简化为各自在资本生产中具有最大使用价值的专门活动的工具。举个例子，为什么考公务员的人数一年

---

[1] 卡尔·马克思.1844 年经济学哲学手稿[M]. 北京：人民出版社，2018.

超过一年？是因为人人都爱好做这项工作吗？肯定不是，而是因为通过从事这项工作，人的使用价值能得以最大货币化。换言之，相比其他工种，大多数人认为从这个工种中获得的显性或隐性收益最大。

然而，"手作"蕴含了与异化抗争的力量。作为一种兴趣爱好，手作源于内在驱动力驱使个体主动实践或生产，是一种有意识地满足自我、发展自我的活动，并非因为外在他人或组织、社会的要求。不仅如此，相对于千篇一律的工业化产品，手作作品打上了个体的烙印——代表了"我"的审美品位、认知水平、手工技能、喜怒哀乐等方面。它也许并不美丽，甚至有些丑陋，但是和冷冰冰、彼此间毫无区别、从流水线上统一产出的工业品相比，却是"我"的生命的延续、意志的体现，是"我"通过实践表达个性化的自我想象。从某种意义上说，DIY 是人在后工业化社会中的一种觉醒表现方式。如果我们将创业也看作一种 DIY，创办一家企业是"我"实践自己商业化创造的构想，是"我"试图与异化抗争、主宰自己的劳动与劳动产品的表现。当然因为抗争的力度更大，所要承担的风险也更高。

当代社会学家阿尔文·托夫勒（Alvin Toffler）在《第三次浪潮》一书中指出[①]：自泰勒的科学管理方法应用于工业生产，标准化大行其道，社会逐渐被工业化逻辑所支配。在教育系统和工作场所标准化的塑造下，人由万千丰满、立体、独特、复杂的差异化个体，蜕变为"扁平"的标准化工业品，成为工业品式的劳动力。相反，手作既不被自身标准化且生产标准化的机器所制约，也不受固定或初始设计与构思所强制，而是依赖于个体在实践中的即时感受与创意灵动。因此，手作为个体提供了在某些时刻摆

[①] 阿尔文·托夫勒. 第三次浪潮[M]. 黄朗坚, 译. 北京：中信出版社, 2018.

脱标准化、表达差异化的简单实践。

钟摆总是在两端之间摆动。工业社会企业大规模生产解决了农业社会个体劳动带来的社会整体生产力低下、劳动产品单一匮乏的问题，但是也带来了人的异化。随着社会经济的发展、物质的丰富、教育水平的不断提升，异化给人们满足自我、发展自我带来的压抑逐渐开始显现。特别是对于各方面拥有更好基础的年轻一代，一些敏感的个体在精神层面逐渐开始反思标准化的生活、标准化的个人发展路径带给个体的困扰；在物质层面开始寻找标准化产品之外的可能性，如 DIY。

听着差不多的音乐，喝醉差不多的糗，有着差不多的绝望。做着差不多的梦，穿着差不多的衣服，脑袋差不多的空。

——RAP《差不多先生》MC Hotdog

心理学层面

DIY 是具有后物质主义价值观的年轻人有效表达自我的一种途径，因此，手作在年轻人中能渐渐成为一种需求趋势。然而仅仅这样还不够，因为趋势解释了群体现象，却无法解答个体差异，比如为什么有的年轻人乐在其中，有的却浅尝辄止。因此我们需要从心理学角度看看那些沉醉其中的年轻人从中获得了什么、如何才能让更多人产生获得感和满足感。而这是我们商业模式、产品研发、客户服务构建和优化的依据。

20 世纪末，积极心理学在全球学术界掀起了一场革命。它强调心理学不应该像传统弗洛伊德时代只关注病态的心理问题，研究人类的积极心理品质（幸福）同样非常重要。2000 年初，心理学家米哈里·契克森米哈赖（Mihaly Csikszentmihalyi）和马丁·塞利格曼（Martin E.P. Seligman）发表论文《积极心理学导论》[①]，为心理学学科发展奠定了理论基础。而1990年，米哈里即开创性提出积极心理学核心概念"心流"：当你全身心地投入某件事，达到浑然忘我的境界，甚至感觉不到时间的流逝，并由此获得内心的秩序与安宁时，一种极大的满足感悄悄油然而生，使你感到异常快乐，这便是心流体验。

"二战"时，米哈里在意大利监狱中发现专注下棋可以让自己的注意力从周围糟糕的事物中脱离出来，达到浑然忘我的境界。因此战后当他在美国撰写博士论文时，对数百名攀岩爱好者、国际象棋选手、运动员和艺术家展开访谈。这些不同领域的受访者在描述自己从事活动时，不约而同地都认为获得了一种非常相似、令他们十分兴奋的情绪体验，也因此，他们很乐意坚持从事这项活动，从而能够多次体验这种状态。一些受访者借用隐喻"水流"来描述彼时的情绪感受，意思是这种情绪状态能毫不费力并且源源不断地涌现。由此，米哈里将这种情绪体验命名为"心流"（flow）。

其实在过往的2 500多年里，心流一直是东方宗教和哲学所关注的方向和修行的方法。例如：《庄子·养生主》中写道："动刀甚微，謋然已解，如土委地。提刀而立，为之四顾，为之踌躇满志，善刀而藏之。"这便是一种心流的体验：刀子在牛身中游走，牛豁然如泥土般散落，庖丁由此悠然自得、心满意足。只是从米哈里开始，积极心理学以一种现代科学的方式解释心流，并构建

[①] 米哈里·契克森米哈赖. 心流：最优体验心理学[M]. 张定绮，译. 北京：中信出版社，2017.

出一套可应用于现代生活众多领域的实践方法。

米哈里研究发现,处于心流状态的人常常具备以下九个特征的大部分或全部:①体验活动本身成为参与活动的内在动机,而不是来自外界奖励动机的控制。②有一个明确、个体愿意为之付出的目标,目标是什么不重要,只要目标能将个体的注意力集中于此。③注意力高度集中于当前所从事的活动,任何其他外在干扰被忘却和屏蔽。④暂时丧失自我意识,如忘记身份与地位、忘记饥饿与疲劳等。⑤行动与意识高度融合,心流是普遍发生的,它发生在所有阶层、性别、年龄、文化背景中,一旦处于心流则知行合一。⑥出现暂时性体验失真,如觉得时间比平常过得快。⑦对当前的活动具有较好的控制感,即个体可以大致认识到自身能够应对即将出现的后续行为,并做出适当反应。⑧获得直接、即时的反馈,活动中每一个环节都是对上一环节的反馈。⑨个体所感知到的活动挑战性和自身技能水平相平衡、相匹配。

从心流的特征出发,米哈里构建了产生心流的应用框架,即三个基本条件:首先,需要为参与活动制定明确目标。相比无所事事看电视、喝酒闲聊打发时间的人,参与艺术创作、体育比赛、手工制作、写作等活动的参与者,更容易感受到心流体验。这是因为这些活动都有明确目标,具备行动准则与严格的评价标准,参与者对于该做什么、该如何做有清晰的认知或者获得明确的指导。其次,参与者能及时得到结果反馈。及时反馈让个体清楚知晓自身究竟做得好不好,可以在完成每一步骤后,即刻判断是否需要改进,这与及时强化的概念有异曲同工之妙,强化得及时、得当,有助于鼓励此类行为发生,增加其相同行为的概率;反之,则有可能造成行为的延误与中断。最后,个人技能与挑战的平衡,这是心流产生最重要的前提条件。二者不平衡时，心流不会出现；当达到平衡时，心流开始涌现。当技能与挑战的平衡性达到最佳条件时，心流值也达到巅峰。例如：当攀岩者历经千险达到顶峰、一览众山小时，山巅疾风吹去他一路的风尘，他的内心为无比的快乐和满足所充盈。

综上所述，目标明确、即时反馈、技能与挑战相平衡三种条件都具备的情况下，个体的注意力开始凝聚，视觉、听觉和嗅觉都会变得格外敏锐，思维也会清晰有序，逐渐进入心无旁骛的状态，由此才有可能产生心流。现在让我们重新审视那些像小王这样对于DIY活动乐在其中的年轻人，他们在手作过程中、在追随目标的努力中，得到及时反馈并且实现了技能与挑战的平衡，最终获得内心的秩序和自身成长的乐趣。相反，对浅尝辄止的年轻人而言，一方面，也许他们的兴趣和爱好在其他领域，仅仅是好奇心让他们尝试一下，最终证明自己对此并不感兴趣；另一方面，也许是在整个手作过程的体验中，目标不明确、缺乏即时反馈、技能与挑战不匹配，最终让他们体验不到心流，丧失了继续参与的意愿。如何能够让更多年轻人从手作中体验到心流？从"心流"特征和应用框架出发，让我们看看优秀的DIY需求商业应用做对了哪些事。

手工作业可以说是心之作业，没有什么是比手更加神秘的机器。
——日本美学家柳宗悦

接下来让我们阅读两个响应年轻人DIY趋势的商业创新。

✧ 曲高不和寡的植物手作

偏安一隅却创作丰硕果实

2014年底，中央美术学院美术学专业大四学生陈茹萍，因为喜欢植物和手作，成立了"一朵植物"美学工作室（品牌"种籽造物"的前身）。2015 年毕业、结识先生黑土后，她又将工作室搬去先生的家乡福建诏安龟山村——一个只有 30 多位村民、一年四季被郁郁葱葱的植物所覆盖的闽南小河岛。自 2016 年在厦门大学举办个展《植觉》，提出植物手作画的概念至今，"种籽造物 SEEDS CREATION"逐渐成为一个蕴含自身美学和精神价值的手作品牌。陈茹萍的植物手作也逐渐为人所知：跨界与知名品牌无印良品、野兽派、旧物仓合作；受邀参加"美育北京"，并成为其唯一的植物手作合作品牌；出版数本个人书籍，入选《三联生活周刊》年度人物；受邀参加北京设计周、伦敦设计周，获得 2021 年摩点年度最佳设计师奖；手作产品作为文创产品进驻当下最受年轻人追捧的"茑屋书店"……

> 忘记了是因为绿色才喜欢上植物
> 还是因为植物才迷恋上绿色
> 只记得一见到绿
> 眼里就会不由自主填满笑意
> 这就像是一种天生的能力
> 自然而然地存在着
> 爱上植物
> 只是跟从内心的一次选择
>
> ——《不如做植物》陈茹萍

努力来自热爱与专注

陈茹萍对植物的热爱是"自然而然，并没有特别渴望却深知不可或缺"[1]。她喜欢植物、喜欢森林，回到诏安后经常潜伏深山寻找植物的美。然而，森林里不仅有植物，还有各类蚊虫。陈茹萍常常为拍摄植物照片被蚊子咬得满身红包，但是，彼时她根本感受不到蚊虫的困扰，只是纯粹地倾心于某株植物的美好。

因为自身的喜好，读书时陈茹萍参加过心理学课程并学习了积极心理学和米哈里的"心流"概念。她发现在创作植物手作时，自己能够进入心流状态：开启与自己对话的空间，专注而忘却时间的流逝与周遭的一切，同时，所学的知识和技能可以帮助自己完成一件品位独特的植物手作并且受到周围人的赞赏，最终因为自我的满足和成长而感受到乐趣。因此，陈茹萍决定要从事与植物手作相关的工作，致力于通过手作、绘画、摄影等方式将植物更好地保存下来，发现植物美的更多可能。

但"不安分"的陈茹萍并非一开始就发现自己对于植物手作的热爱。大一时，出于对语言的兴趣她开始学习法语；大二时，和好友创办了独立艺术杂志《艺述》；在中央美院接触到"艺术疗愈"（运用右脑的感性艺术创造，通过艺术来抚慰情绪）后，为了去芝加哥艺术学院开始学习心理学。此外，大学四年里她还学习过沙画、摄影……虽然陈茹萍将许多时间用于非专业领域，并且绝大部分都是一时兴起、然后半途而废，但这样的尝试，让她明白究竟对这些事物是好奇还是热爱。"在十几岁的年纪，我们都并不知道未来的道路应该指向何方，但或许囿于自己应该做的事，不如去探索自己内心的渴望。"[2]

---

[1] 茹茹萍. 不如做植物[M]. 重庆：重庆出版社，2018.
[2] 新浪. 落叶成画：央美毕业后她把工作室搬进森林[EB/OL]. [2022-06-05]. Https://www.sohu.com/a/554225147_121124335.

在陈茹萍看来：最难的是不知道想要过什么样的生活，而如果幸运地知道了，那就一定要努力走下去。既然有了明确的目标，陈茹萍便将全部注意力都集中于此。乡居六年里，她没有逛过街，只是去商场做展览或讲座路过时，顺便观望上一眼，此外也没有追过一部电视剧。她利用这些时间建造并采用大量植物布置了两座房子用于居住和工作；去山间采撷喜欢的花草，完成拍照、绘画并 DIY 包括干花植物标本试管/组画、香薰摆件、手作造景、标本玻璃杯、手作素材包等产品；设计产品文案/包装、打理线上店铺、录制手作视频指导用户自己 DIY；跨界与其他机构联合举办展览或讲座；将自己对植物手作的理解转化成文字、前后出版四本图书。在别人眼里惬意、散漫的乡间，在陈茹萍眼里却是屏蔽城市过多喧嚣、让自己专注于做事的工作空间。

如何在艺术与商业间寻得平衡

就像品牌名从"一朵植物"变成"种籽造物"，是一次逆生长（图 8-1）；从城市到乡野，也是一次逆流而上。因为与"异化"相抗争，希冀主宰自己的劳动和劳动产品，是一件充满挑战的事情。"一个人创业并不是那么容易，哪怕你做的是最喜欢的事情。无尽的琐事、新环境的适应、收入的不稳定以及创作的瓶颈……这些问题相继而来，打磨着我这颗从未上过班并扬言'放荡不羁爱自由'的心。"

最开始，陈茹萍的手作产品并没有得到消费者的认可，因为产品更贴近于艺术品，与生活和消费群体相距较远，因此销量明显不如预期。此外，工作室也面临着作品量产和手作效率不匹配的问题。面对并非正向的反馈，陈茹萍感到要先抛弃自己央美毕业生的身份,去接受创业的商业标准,即如何设计出好的产品,平衡艺术和商业价值的关系,让产品作为艺术的媒介贴近大众和生活。换言之,陈茹萍需要创作符合消费者需求但一定程度上能够表达自己对植物 DIY 认识、理解的手作产品。这些手作要能够表达自我审美趣味,但又不能过于曲高和寡。不仅如此,这些作品要可以批量生产,而不是只为一两个人而存在,它们最终的呈现属性是商品而非艺术品。

图 8-1　种籽造物工作室
(图片来源:种籽造物淘宝官网)

比如,青松香薰小盆栽手作是用永生青苔与天然松果搭配胡桃木底座制成的,既是一个桌面盆栽摆件,也是一个空间扩香器。圆圆萌萌的造型符合年轻人的喜好,精细的手工制作符合年轻人对品质的要求,尺寸小巧合宜则与年轻人面积有限的工作空间和居住环境相匹配。使用者可以将其摆放在茶桌上,也可以陈列于工作台,还可以放置在洗手台面。特别是材质采用外购的日本永生青苔,一方面,大大缩短了制作周期、实现量产;另一方面,永生青苔日常无须养护即可长期保持鲜活,配合山间采摘、亦无须打理的松果,大大减轻了消费者日常使用养护的负担。不仅如此,为了便于精油瓶收纳,陈茹萍在"花盆"底座里做了特别设计,使用者可以将精油瓶放置其中,避免随手搁置导致丢失。所有设计都落在消费者需求点上的青松香薰甫一推出,即深受年轻人喜爱,定价198元/盆的小盆栽在购物网站上单月销量超过100盆。在此基础上,"籽种造物"推出了"青松生活香薰系列"——更为完整的手作产品线。除了小盆栽,还有既可以做摆设也可以贴在冰箱上的青松小花盒,造型更为立体丰富、带有玻璃罩的青松小森林,以及适用于青松系列的香薰精油补充装(图8-2)。

图 8-2 青松生活香薰小盆栽

(图片来源:种籽造物淘宝官网)

用商业手段保护艺术的独特性

小盆栽的顺利推出给了陈茹萍更多正向反馈，让她感受到手作创业的乐趣。但是也为在线店铺的运营带来了另一个挑战——设计抄袭与内容剽窃。为了解决这个问题，她选择常规的商业应对方式——全品类注册与专利申请。她的许多原创手作产品都需要经过多个工序和技术处理，申请专利是对创作商业价值的保护，如小盆栽花盆底座香精瓶放置的设计。不仅如此，陈茹萍尽量在产品工艺方面做好品控，让自己的产品与仿冒者有品质细节的差异。在她看来：量化且质优其实是全世界的手作创业者都需要面对、解决的问题。

一个系列接一个系列的推出让"一朵植物"慢慢站稳了脚跟，2019年品牌更名为"种籽造物"，开始新的征程：种籽是一切可能的原点，标志着万物的新生，并且擅长传播。以种籽为出发点，陈茹萍希望可以延伸到一切和植物相关的事物，包括但不限于干燥植物、绿植、鲜花、植物纹样的家纺产品等，而这些都是让生活空间变得更加美好的选择。

植物手作：让工作成为自我满足发展的途径

陈茹萍觉得，在六年时光里能够获得一席之地，也是她过往学习各种技能的结果。要做一个符合她内心期许的植物工作室，其实不仅依靠自己，更需要一个包括摄影师、美工、文案、产品经理以及植物学家作为顾问的团队。面对创业初期的捉襟见肘，大学时学过的摄影、心理分析，创办杂志时掌握的排版、文案，让陈茹萍拥有能够应对工作室各种挑战必备的技能。过往创作植物手作时共同研习植物学的几位朋友，则成了工作室的编外顾问团。"或许，没有真正虚度的时光，那些你试过的错，终将以另一种方式成就你的现在。"2019 年开始的疫情也让"种籽造物"受到影响。由于主要客户都来自北上广深，在线店铺的订单减少了四分之一。对此，陈茹萍选择顺其自然，她想利用这段时间让自己和工作室重新储存技能和力量，为下一步发展做些准备。2022 年，陈茹萍重新将自己建于山林的庭院整修成一个花园，在这个过程里她可以有时间做更多的学习和思考。

在消费者看来，"种籽造物"的植物手作既实用又不失自然的味道，因此，吸引着越来越多热爱生活、喜欢植物的年轻一代。例如：蝴蝶干花挂画植物标本以蝴蝶翅膀缤纷的颜色为参考色系，通过向自然界学习配色原理，收集色彩与蝴蝶相近的植物标本，经过仔细筛选、搭配成为手作产品（图 8-3）。"手写标签是这件手作的独特之处，标本中每个植物的名字都以手写的方式呈现，看得出她们是真的热爱植物，因此每个名字都写得特别用心。"一位年轻用户这样评价她购买的标本。

图 8-3　蝴蝶干花挂画植物标本
（图片来源：种籽造物淘宝官网）

对陈茹萍而言,创办植物手作品牌不仅让自己收获了劳动的果实,也让自己更加清楚未来的方向。在向目标靠近的过程中,她开始学习如何聆听自己内心的声音,如何让劳动、工作成为自我满足、自我发展的途径。

延伸阅读 8-1

她能感受到自己慢慢地在成长:从执着到更加宽容;从开始一定要用真实存活的植物去创作到现在发现植物的更多可能。

◇ 爱下厨房的年轻人的老师

会做好吃的,让我显得有点不一样

华经产业研究院数据显示[①]:自 2016 年以来我国方便面产量逐年下降,从 2016 年的 1 103.9 万吨滑落至 2021 年 512.96 万吨——近乎腰斩。那么不吃方便面的人去哪儿了呢?少数人开始自己下厨房,大部分人被外卖所吸引。2014 年开始,外卖行业得到迅速发展。《2020—2021 年中国外卖行业发展研究报告》数据显示[②]:2020 年,中国外卖餐饮市场规模达到 6 646 亿元。然而外卖在给现代生活带来方便、快捷、多样的饮食选择的同时,也带来了各种问题:小饭馆的卫生健康始终让人担忧;大型连锁餐厅一般采用中央厨房预制、配送门店加热的生产方式,流水线上下

[①] 搜狐. 2021 年中国方便面产量、消费量、市场规模及重点企业分析[EB/OL]. [2022-08-30]. https://www.sohu.com/a/581013402_120928700.

[②] 新华网.《2022 中国餐饮业年度报告》发布:"外卖市场规范""绿色减碳"纳入餐饮业未来发展目标[EB/OL]. [2022-09-30]. http://www.xinhuanet.com/food/20220930/b1a848883f4345a08df251ef76804e68/c.html.

来的食物越来越有工业品标准化、千篇一律的口感；食物（特别是讲究火候的食物）被外卖送来时，往往已过了最佳食用时间，吃起来味同嚼蜡，如有想法的厨师做爆炒猪肝时，甚至连菜肴从厨房到餐桌的时间都要计算在内，确保猪肝上桌时呈现最佳的鲜嫩口感，外卖则彻底剥夺了食客品味这类菜品的满足感。此外，外卖带来数量惊人的塑料垃圾，又是另一项保护环境的挑战。

于是，一些年轻人开始自己做饭，文艺青年热衷聚集的豆瓣平台上"下厨房"小组里，有超过134万个"中华小当家"时不时地讨论做饭技巧并展示自己的手艺。2021年6月，DT财经调研了1 231位年轻人，数据显示[①]：一线城市中，每周都要做几次饭的年轻人，占比达到48.1%。为什么年轻人开始重新有下厨房的意愿了？做饭也是一种DIY，下厨做饭会让自己觉得是在生活，而不是在生存。做饭是反抗弥漫整个社会异化的一种简单实践。"我"可以选择某些时刻逃离现代餐饮业的工业化和标准化，可以自由选择喜欢的食材、偏爱的口味，遵从自己对食物的想象——对一碗新鲜出炉、冒着香喷喷热气米饭的怀念，夺回对食材、分量、口味的控制权，以及对吃饭这件事百分之百参与。此外，会做饭也让"我"自己在众人面前的形象不再那么扁平，甚至有一点丰满，虽然"我"还是一个普普通通的大都市搬砖人，但有一点和标准化不一样的特征。不仅如此，有时厨房就像一个充满治愈力的隐形世界，只要身处其中，工作、学习、情感等来自各方面的压力都将抛诸脑后，因为"我"的注意力都集中在给自己"做点

---

① 澎湃新闻·澎湃号·湃客. 青年做饭行为报告：下厨可以，洗碗不行[EB/OL]. [2021-06-16]. http://www.xinhuanet.com/food/20220930/b1a848883f4345a08df251ef76804e68/c.html.

好吃的"这个目标上，经过数次努力以及和同道好友的切磋，"我"的厨艺终于能够出品一顿可口的饭菜，虽然只是简单的一菜一汤，也会让"我"乐在其中。因此，做饭也成为拥有后物质主义价值观的年轻人强调个体表达与生活质量的途径之一。

默默做饭的姜老刀和酥饼大人格外迷人

那么年轻人通常从哪里学习DIY做饭呢？DT财经数据显示：虽然人们都喜欢凭借天赋自由发挥，但是"95后""00后"群体更喜欢从视频平台学厨。其中，"日食记"便是年轻人喜爱的一档做饭短视频栏目。日——时光，岁月；食——食物；记——记录，日记。2013年6月发布第一条视频的"日食记"，作为美食头部自媒体，视频时长大多在3~5分钟，通过"一人一猫一食"呈现温暖治愈的风格，并设置了"听饭""深夜一碗面"等多个细分栏目。不仅如此，除了主号"日食记"，还设置了"做个东西""吃喝少年团"等分别聚焦创意手工、探店等不同内容的账号，形成更为立体的内容矩阵。短视频数据服务平台MCNDATA数据显示：截至2023年6月23日，"日食记"全网粉丝超过4 000万名，近30天发布的35个视频浏览总量达到1 852.8万[①]。

在"日食记"的镜头里，除了轻快的音乐，没有对话，没有其他画外音，只有一个在厨房里闷头做饭的男子——姜老刀，他表情平和、动作洗练。所用食材都是大超市、小菜场里随处可得之物，所用器皿锅具也是家居常用之物。视频不以炫技为出发点，只是跟随姜老刀的动作、食材的变化，简单展现出做饭这件事的本质——做点好吃的。偶尔镜头会扫过他喂养的白猫"酥饼大人"

---

① 搜狐. 把每道菜当一个"人"，《日食记》吸来2500万粉丝[EB/OL]. [2017-05-12]. https://www.sohu.com/a/140006952_522849.

矫健的身姿和好奇的眼神。与传统美食栏目介绍食材的来源、介绍菜品的典故，甚至几个人七嘴八舌讨论点评不同，"日食记"纯粹呈现做饭这件事，直白陈述普通做饭人而非专业大厨全身心沉浸烹饪之中并最终做出一道佳肴的过程。拍摄环境的简朴、家常，姜老刀的专注、自然，很容易让观者代入其中，感受到类似于自己选食材、自己DIY做饭的平和与乐趣。

创业来自内心对做饭的热爱

"日食记"里享受一人做饭的男主角姜老刀——姜轩，是上海弄堂里长大的一名普通小囡。他出身于双职工的家庭，从小就得自己做饭照顾自己，后来姜老刀发现如果帮父母把晚饭也做好的话能够得到夸赞，于是他逐渐爱上了做饭这件事，厨艺也开始突飞猛进，并且从中得到不少乐趣，用米哈里更为学术的话语来表示，就是做饭让姜老刀获得了"心流"的体验。

因为热爱，成年后的姜老刀组过乐队、拍过纪录片，大学毕业后创业开办影视公司，主要为客户拍摄宣传片和电视广告。"日食记"是姜老刀为公司员工做夜宵时，灵感突发创作的美食短视频节目。姜老刀坦言自己只是单纯喜欢做菜给身边的人吃。在他看来[1]："日食记"不是一个美食栏目，它只是在一个食物的制作过程中，反映内心世界的窗口。他希望通过日食记表达一点自己的世界观和价值观——将有限的生命花费在美好的事物上，通过做点好吃的，重新思考食物与人之间的关系。而这某种程度上，也是反抗异化的一种体现：是为了赶时间，接受标准化的食物果腹，还是自己做点好吃的，回归吃饭的本质？是遵循自己内心的

---

[1] MCNDATA. 日食记[EB/OL]. [2023-06-23]. https://www.mcndata.cn/g/15499.

感受,满足、发展自己的兴趣爱好,还是将时间精力放在赚取更多功名利禄之上?

为了呈现自己的思考,作为导演的姜老刀在"日食记"的内容结构上也设计了相应的表现方式。"日食记"开篇会有舒展的空镜,告诉观众做菜的环境和动机。例如:做火锅,开篇会展示冬日自然环境,接下来有条不紊地呈现家中火锅制作的过程,并点缀一些有趣的元素——酥饼大人的呆呆凝视;之后的品尝环节,也会传递在居家状态下品尝自己劳动成果的情绪,最后通过简单的黑板白字总结这道菜的食谱。三五分钟视频里呈现的这种日常氛围而又充满着诚恳的做饭仪式感,让姜老刀对做饭的热爱溢出屏幕外。正如90多岁的日本"寿司之神"小野二郎,数十年在料理台日复一日地制作寿司:行云流水的动作,张弛有度的力道,熟记于心的技法,一切都浑然天成,让食客如观看庖丁解牛的梁惠王一样,仿佛听到琅琅入耳、富于韵律的音乐之声,惊叹不已。

奏刀騞然,莫不中音。合于《桑林》之舞,乃中《经首》之会。
——庄子《庖丁解牛》

"日食记"的商业价值:植入广告

"日食记"的粉丝中 82.4%为女性,其中以"90 后"女性为主。为了让年轻观众能够记住食谱,便于自己动手 DIY,"日食记"的食谱家常、简单、明了。例如:家常的凉面、咖喱豆腐、红烧肉等,或是仅用平底锅就能烤出的芝士蛋糕,而非那些依赖烤箱才能完成的甜品。不仅如此,视频中将所需要的食材详细列举,并在每项材料旁标注用量;通过使用很少的器具,食物制作更为方便、简单。除了家常菜,"日食记"还会介绍大量新颖但简单的创意食谱，如用饺子皮包裹紫薯泥压制成紫薯饼。除了本帮菜外，辐射包括粤菜、川菜在内的众多菜系，涵盖中厨西餐、热菜冷盘的各种菜式，甚至有时会复刻游戏里的食物，或是临近节日时制作传统节日美食。一切务求让大多数在成长阶段从没做过饭或者不熟悉做饭的年轻人，通过逐渐参与感受到简简单单做一餐饭带给自己的满足、带给生活的乐趣。

姜老刀 DIY 做饭的广受欢迎，也让"日食记"迎来了商业上的价值。目前"日食记"的营收分为两部分：广告营销和产品销售。2018 年以前营收的主要模式是广告植入，早在 2016 年"日食记"单集广告费用已达 50 万元，整季传播套餐起步价约为 200 万元。而到了 2021 年电商收入超过 2 亿元，占总营收的 60%以上[①]。

2014 年，上海罐头场文化传播有限公司注册成功，标注着"日食记"开始商业化运作。由于制作团队认为好的内容需要静下心来慢慢享受，更新频次太高用户无法消化，因此，基本上维持每周一条的更新频率。这样的制作方式注定了视频无法量产，广告营收也无法实现体量上的爆发，由此团队开始思考其他的商业化突破。

"日食记"的商业价值：生活方式集合电商

2018 年，"日食记"开始搭建电商团队，并集中探索两个方向：一方面，针对视频中出现过、年轻人愿意购买回家用于 DIY 做饭的食材，构建"日食记"食材消费品牌；另一方面，创建美食垂直类平台电商，代销其他品牌的优质产品。经过两年的探索

---

① 界面新闻. 靠做菜年入上亿，扒一扒美食类自媒体运营模式[EB/OL]. [2020-10-20]. https://www.jiemian.com/article/5136142.html.

和测试,"日食记"最终采用了"平台电商+新消费"的发展路线。通过平台流量数据发现消费者偏好自研食品类产品,同时通过优选产品,完成酒饮、餐具、厨电、家居等多品类覆盖,目标是将"日食记"打造成生活方式集合品牌。

以首款产品葱油酱为例:"日食记"葱油拌面这期视频浏览量非常高,不仅如此,很多粉丝纷纷留言询问哪里可以买到葱油酱,自己回家可以尝试做葱油拌面。彼时市场上这款产品仍是空白,因此团队开始研发可以即食的葱油酱配方。通过半年多的时间,从原料、配比、分装到选厂、供应链整合——实验、梳理过来,最终推出的产品一年能卖出 100 万袋。除了葱油酱,"日食记"又陆续推出了卤肉燥、油泼辣子等拌面或拌饭食用的调料类产品,以及汤料包、火锅底料、水煮鱼调料等方便底料。毕竟对于基本没有做饭基础的大多数年轻人而言,如果完全从头做起准备一顿饭,还是比较困难,只有少数烹饪达人可以胜任。大多数人会因为不具备做饭技巧而无法呈现出原本期待的一餐饭。如果总是缺乏正向反馈,他们无法感受到做饭的乐趣,未来将不再愿意尝试 DIY。运用现成的调料和底料,一方面,为想参与做饭的年轻人节省了时间,让年轻人做饭不至于"翻车",也可以发挥自己 DIY 的想象,逐渐感受到其中的乐趣;另一方面,虽然使用葱油酱而不是自己熬葱油,也许在某些人看来不算彻底的 DIY,但起码是一种尝试,是一种满足自我、发展自我的努力,换言之,是一种简单反抗异化的尝试。毕竟按照马克思的构思,只有当社会发展到物质极大丰富可以满足每一个人的生存需求时,人们才能够彻底摆脱异化。

☞ **结语**

16世纪，米开朗基罗花费整整四年时光，为梵蒂冈西斯廷教堂创作了巨幅天顶壁画《创世纪》。在500多平方米的面积内绘制了9幅中心画和众多装饰画，以及343个人物。制作壁画是一场与时间抗衡的竞赛，如果灰泥在几小时里变得僵硬，艺术家便无法作画。不仅如此，绘制时需要一蹴而就，不能出现差错返工。因此，这4年里的大多数时间，米开朗基罗需要拉直身体、但又无法完全伸直手臂，一天持续十几个小时，痛苦难当。以至于当绘画完成后，年仅37岁的米开朗基罗变成了一个弯腰弓背的老者。然而，《创世纪》也许是人类留给这个世界最具艺术魅力的手作之一。德国文豪歌德在参观西斯廷教堂后感慨道[1]："没有到过西斯廷的人，无法了解一个人的力量所能达到的高度。"

北宋时期，只有在全国最大最繁华的城市——汴京开封，才可以享用到外卖。南宋孟元老在《东京梦华录》里回忆当年汴京的盛景："市井经纪之家，往往只于市店旋买饮食，不置家蔬。"社会化大生产作为工业文明的标志，给人们带来了物质的富足和生活的便利，比如外卖。然而随之而来的"异化"也让人们感受到自身工具化、标准化的痛苦。一些具备后物质主义价值观的年轻人开始反思，并试图开始反抗，回归到社会化大生产前的手作便是反抗异化的一种简单实践。

虽然DIY趋势才刚刚开始，但是不要小看它的力量。预制菜的突飞猛进、料理小家电销量的高速增长，甚至手作品牌的巧克

---

[1] 中国宗教学术网. 梵蒂冈博物馆：艺术和宗教巅峰对决[EB/OL]. [2015-03-30]. http://iwr.cass.cn/xw/201503/t20150330_3046937.shtml.

力成为"企鹅吃喝指南"电商平台上最受欢迎的品类,都与年轻人的DIY趋势密切相关。现在,也许你可以想想,在商业上你能做些什么?事实上,就某种程度而言,商业创造也是一种DIY。

本篇思考

1. DIY这项趋势对你所在的行业是否会产生影响?

2. 如果产生了影响,你是否能够聚合必要的资源利用这个趋势开发新的产品/服务?

3. 利用DIY趋势开展商业实践,你认为其中的难点是什么?

4. 你还知道哪些DIY子趋势商业创新?

第三节 精神高度内卷带来延缓衰老子趋势

强劲梦想之上的

时间的小溪,

时间石头之上的

小溪的急流。

——维利米尔·赫列勃尼科夫(Velimir Khlebnikov)

《强劲梦想之上的》

◇ 延缓衰老子趋势定义

越来越多的年轻人花费比过去更多的时间、金钱和精力在自己的身体健康上。他们采用各种各样的新科技或者传统方法来优化和提升他们的身体状态。

在过去五年里,提升健康的策略已进化得更加完善、全面、个性化，也更加科学化。在未来五年里，个人将会承担更多责任来保持他们自身的健康和幸福；消费者将会寻求更精准的目标，期望产品能带来显著成果。新的健康护理的供应商将会在非传统领域继续涌现。

✧ 现象与疑问

"疫情期间，基本上我在家每天都跟着帕梅拉练40分钟，现在已经能跟上她的中级课程了。有段时间我非常注意计算食物热量，现在虽然不是每样食物都查卡路里，但是尽量避免垃圾食物已经是种习惯。疫情前在外面吃饭，如果可能我也会尽量选择沙拉或者代餐。我觉得注重健身和健康饮食让我的状态比别人更好，包括皮肤和身材。"

——小张同学

如果说上述话语出自一位"90后"姑娘，大家可能习以为常，然而事实上出自一位初中二年级、14岁的上海中学生——小张。不仅如此，小张同学班级里有1/3的女生都不同程度保持着对健身、健康饮食的关注；小张同学之所以会跟着帕梅拉上健身网课，也是源自半年前同学间的推荐。

现在以健身、健康饮食为代表的延缓衰老，绝不仅仅是40岁以后热衷捧着保温杯的中年人以及60多岁还能在公园里技惊四座的大爷大姨的特权，三十多岁、二十多岁甚至十几岁的年轻人纷纷加入养生大军。那么我们不禁要问：正处于身体物理条件巅峰或者尚在爬坡阶段的年轻人，为什么热情洋溢地投入到延缓衰老的行列中？这种现象是昙花一现还是将持久长存的趋势？

✧ 正处巅峰的年轻人为何热衷延缓衰老

自我表达的嬉皮士与朋克

2016年戛纳电影节开幕影片是伍迪·艾伦的《咖啡公社》(*Café Society*)，20岁时曾经相爱的男女主人公多年后再次相遇，不再年轻的他们都已变成彼此曾经厌恶的模样——"You've become everything you poked fun, that you couldn't stand." "Time passes, life moves on."（"你已经变成了你曾经嘲笑而且无法忍受的那个样子。""往事如烟，生活不得不继续。"）年轻人的血液里无疑包含着暗黑色的叛逆色彩，反对主流、挑战权威和既定规则、幻想重新定义世界是年轻人的天性和渴望。20世纪60年代，由爱、和平、音乐浇筑而成的美国嬉皮士，有不少出身衣食无忧的中产阶级家庭。他们放弃原有生活，聚集在旧金山的海特-阿什伯里社区，寻找个人的自由与文化政治上的反叛。虽然他们生活清贫，有时甚至需要在垃圾箱里翻找食物，但可以快乐、无忧无虑地在洛杉矶的大街小巷里漫步、开怀大笑。1967年10月21日，华盛顿五角大楼前，一名参加全国性反越战示威的年轻、长发男子，将手中的康乃馨一朵一朵放入阻拦示威人群宪兵手中的枪管中，这一幕也许是关于一群年轻的理想主义者试图寻找改变世界方式的最诗意化的表达。

20世纪70年代，朋克文化在新一代英美年轻人中兴起。当代文化批评家和理论家迪克·赫伯迪格（Dick Hebdige）认为[①]：朋克用音乐、时尚、俚语等方式去制造一些属于他们的标志，通

---

① 迪克·赫伯迪格. 隐在亮光之中：流行文化中的形象与物[M]. 席志武，译. 重庆：重庆大学出版社，2022.

过模仿去嘲弄,以及无论何时何地只要有可能,他们就会在并非自己所选择的服从立场上奋而反抗。代表着反叛、颠覆、发泄与控诉的朋克文化,是嬉皮士文化衰落后影响西方青年价值观的主要思潮之一。最初只是在音乐上,朋克文化的追随者以地下音乐、极简摇滚等形式,反对过分华丽的摇滚编曲和炫技。之后是与社会政治运动的结合,其批判性歌词涉及众多政治事件:核武器、动物权利、干涉中美洲等。接下来是在时尚领域:马丁靴、破洞、充满攻击性的铆钉元素、大红大绿的鸡冠头,抑或是光滑平头都是朋克的产物。

从嬉皮士到朋克,人身、经济获得安全的年轻人,用各种途径表达自己对生活、社会方方面面的意见。他们无时无刻不渴望着激情与自由,循规蹈矩、按部就班只会带来窒息。这些年轻人用自己似乎永远不会耗损的精力和热情,给人类社会主流文化带来种种冲击与创造,并留下不可磨灭的印迹。

物质的丰富与精神的内卷

国内"95后""00后"的年轻人,成长于物质远比他们的父辈更富足的社会,有更多的商品可以选择、有更多的娱乐活动可以享用、有更包容的环境可以释放自我,这一代年轻人面临着比他们的前辈更加五光十色、多姿多彩的生活。但是在他们渴望放飞激情与感受自由之际,也迎来了更为沉重的学习、工作与生活压力。

"5+2""白+黑""996"等超长待机模式几乎成为整个中国超一线、一线和经济发达地区社会的缩影。大多数普通人都在高负荷的状态下工作生存，2019年国家统计局报告显示[①]：中国人平均每天需要工作9.2小时，是全球工作时间最长的国家之一。与之相对应，德国为5小时左右，美国为6.8小时，即便是以往以过劳死而著称的日本也只有6.6小时。2021年北京市公开的新冠疫情流调，展现了那些普通人四处奔波的生活轨迹——下班之后还要去做兼职，让许多年轻人倍感心酸，仿佛看到了自己忙碌的身影。

打工的年轻人如此，在校读书的学生也不例外，几乎所有人都想要有更高的绩点，因为这意味着更漂亮的求职简历、概率更高的保研机会。北京大学教育学院副院长刘云杉教授用4年时间访谈超过200位学生[②]。在这所中国顶级学府里，揭开漂亮的指标、体面的成功，这些中国最聪明的年轻人正普遍面临困境：在极度竞争中，成功压倒成长，同伴彼此竞争，精疲力竭。许多学生本以为上大学后，可以抽出时间读一读感兴趣的课外书籍，或者去逛逛独立影展、看看博物馆，但最后这些舒缓且富有逸趣的活动，基本上只能化为4年里心底一道永远无法实现的"白月光"。顶级学府如此，普通高校的众多学生为了考研能上岸、求职时有人愿意看一眼简历，在本科4年里一刻也不敢放松。2023年有474万名学生参加考研，但院校计划招生125万名左右，26%的录取率让竞争异常激烈[③]。

[①] 国家统计局和人口就业统计司，人力资源和社会保障部规划财务司. 中国劳动统计年鉴2021[M]. 北京：中国统计出版社，2021.

[②] 徐菁菁、郭子介. 绩点为王：中国顶尖高校年轻人的囚徒困境[J]. 三联生活周刊，2020（9）：28-83.

[③] 澎湃新闻·澎湃号·媒体. 2023年研究生考录比约为4∶1，"双非"高校已成为部分考生的热门报考选择[EB/OL]. [2023-02-13]. https://www.thepaper.cn/newsDetail_forward_21907365.

那么，为什么中国年轻人面临越来越大的生活压力？美国社会学家罗伯特·D. 帕特南（Robert D. Putnam）在《我们的孩子》一书中有这样一个比喻[①]：在他的故乡俄亥俄州，1959 年的那一代人就好像踏上自动上升的扶梯，站上去就能自动往上升；但半个世纪过去，当他们的孩子踏上时，扶梯却戛然而止。

年轻人活得越来越累，折射出中国经济正面临的变局。经济正在告别高速增长：2007 年中国的 GDP 增速高达 14.2%；2019 年只有 6.1%，12 年时间经济增速已萎缩一半多。GDP 并不是一个冰冷的统计数字，背后对应的是每个真实的企业和个人，GDP 大幅放缓对企业和个人而言意味着赚钱越来越难，想要获得相同的收入，过去需要付出一个小时，现在可能需要两个小时。

对个人而言，虽然 GDP 增长放缓、赚钱变得越来越难，但高昂的生活成本却让年轻人没有勇气放缓赚钱的速度。在房价、房租、医疗、教育、养老、长期维持在高位的物价等多座大山的高压下，大多数年轻人根本不敢稍作喘息，只有挤压正常的休息、娱乐空间才能换取必要的生存空间。对"70 后""80 后"而言，开放的社会结构与流动的社会阶层，让拥有一个比父母更好的未来是一件自然而然的事，但是对更年轻的"95 后""00 后"而言，希冀超过父母已是困难重重。

问题是对处于荷尔蒙旺盛期的年轻人而言，挑战权威、既定规则的天性需要得到宣泄的空间。于是在高强度的工作、学习之余，他们仍然希望有一点自我的空间、释放激情的时刻：泡吧、蹦迪、喝酒、吃重口味的火锅……对许多加班、学习循规蹈矩忙

---

① 罗伯特·D. 帕特南. 我们的孩子[M]. 田雷，等译. 北京：中国政法大学出版社，2017.

碌一天的年轻人而言,晚上十点半美好的生活才刚刚开始!某种程度上年轻人熬的不是夜,是短暂的自由,是完全属于他们自己的时光。即使躺在床上漫无目的地刷手机至深夜两三点,也是一种让他们觉得放松与回归自我的方式。

消费社会与消费符号

没有人不知道熬夜、饮食无规律、过度透支身体对健康的损害,但是这样做也是对压力、对现实的一种反抗和挑战。然而肉身成就的身体最终还是会发出种种警告。24岁的媒体从业者木木这样描述身体的变化[①]:"本身一直秉持着'吃喝玩乐要趁早,留点儿时间做好人'的心态,我也一直没有在意自己的身体状况。大四考研失败外加失恋,焦虑感和挫败感很强,一度觉得进入了人生低谷期。朋友看不过去就拽着我去酒吧和夜店散散心。后来发现在'闪耀的灯球'下,迷茫、混乱、失意,以及无处排解的压力,混合着酒精都一并蒸发了。酒吧也成为我常驻的娱乐场所,我经常凌晨四五点才回家。但是工作到第二年就有些撑不住了。因为我从事的是媒体行业,这个行业需要24小时待命,没有具体的上下班时间,有热点就得上,熬夜通宵是家常便饭。有一次,我在连续熬夜的情况下,又从朝阳跑到海淀去参加活动,基本上就没顾得上吃饭。通宵熬夜、肠胃不好、急火攻心,然后就彻底倒下了。完全不能进食、吃完就吐,胃像是被重拳殴打过一样,并且高烧不退,全身关节和肌肉都在痛。"

像木木这样"事未成,身已老"的年轻人不是个例,北京大

---

① 36氪. 90后"朋克养生"有多野[EB/OL]. [2020-08-31]. https://36kr.com/p/861152204626313.

学第六医院在进行首次全国性精神障碍流行病学调查时发现：各年龄段人群中，18～34岁的年轻人是酒精、失眠或疼痛药物使用障碍发病率最高的群体。丁香医生发布的《2020国民健康洞察报告》显示[①]：在对健康状态的自评中，从"70后"到"00后"，越是年轻群体，自评分值越低。

面对肉眼可见的健康非正常损耗，不少年轻人选择通过健身运动增强体质、预防疾病。然而生活在消费社会的年轻人也倾向于用购买和消费解决问题。一方面，让已经压力重重的年轻人克制欲望、放弃即时满足当下，回归循规蹈矩有节制的生活实在有违这个阶段的天性，毕竟寻求快乐是人类的本能行为，更何况是年轻人？另一方面，正如法国社会学家让·鲍德里亚（Jean Baudrillard）所说[②]：在消费社会中，消费者不是对具体的物的功用或使用价值有所需求，而是对商品所赋予的意义及意义的差异有所需求，即人们更关注商品的符号价值、文化精神特性与形象价值。年轻人可以通过对养生商品的消费制造实现健康的幻想，而不需要寻求本质的改变。

英国社会学家齐格蒙特·鲍曼（Zygmunt Bauman）写道[③]：消费主义的欺骗性之一在于自我价值实现的幻化，把消费等同于个人自我实现；越有效的消费意味着越有效的自我实现，无限的消费意味着最终的自我实现。换言之，消费＝健康，"养生"为年轻人释放激情、追求即时满足提供了庇护。就像某小红书用户所

[①] 丁香医生. 2020国民健康洞察报告[R/OL]. [2020-01-22]. https://file1.dxycdn.com/2020/0114/365/.

[②] 鲍德里亚. 消费社会[M]. 刘成富，等译. 南京：南京大学出版社，2014.

[③] 齐格蒙特·鲍曼. 工作、消费主义和新穷人[M]. 郭楠，译. 上海：上海社会科学院出版社，2021.

说,"那些保健品哪怕只是摆在那儿,我好像就能感觉生活品质提升了,过得精致讲究了,看上去也更爱自己了"。2017年,成都地铁通道内出现"朋克养生展",由此年轻人"熬最深的夜,敷最贵的面膜"的生活方式被称为"朋克养生"。

接下来让我们阅读两个响应年轻人延缓衰老子趋势的商业创新。

✧ 直面年轻人喜欢探究真相的挑战

年轻人延缓衰老特点一:知识型养生

与父辈的延缓衰老更倾向于"治和补"不同,年轻人因为年龄缘故更倾向于"养和防"。不仅如此,教育的更广泛普及,让他们比前辈拥有更多科普知识,以及更具有辨别真伪的能力,他们不仅更愿意相信科学的证据链,也有更多信息渠道去探究这些"偏方"背后是否有完整的科学解释。例如:老一辈人都强调喝热水有益健康,因此即使作为中国摇滚乐的精神领袖——黑豹乐队,其鼓手、曾经像铁一般桀骜不驯的赵明义,50多岁后也端起了保温杯。2022年初现象级电视剧《爱很美味》里,女主角夏梦的妈妈说夏梦瘦不下来都是因为湿气重不喝热水,另一位女主角刘净的妈妈则强调刘净崴了脚、视力下降也是因为不爱喝热水。究竟喝热水是不是真的有益健康?毕竟很多欧美人只喝冷水,不仅如此,如果你去日本旅行会发现:与我们文化相近、注重养生的日本,餐馆里也只提供冷水。

其实中国人养成喝热水的习惯也只有六七十年。南宋刘松年绘制的《宋人撵茶图》里,工笔白描出彼时爱喝热茶、戒饮冷水的宫廷贵族，但是物质的匮乏让当时的普罗大众还是以喝冷水为主。1934年，见识到中国内陆与沿海巨大差异的蒋介石和宋美龄，在南昌发起"新生活运动"，要求全国民众"从此能真正做一个现代的国民，不再有一点野蛮的落伍的生活习惯"，因为喝没有经过杀菌处理的冷水容易致病，"水不沸不喝"亦成为新生活运动的重要内容。中华人民共和国成立后，1952年开始的爱国卫生运动，强调喝开水要从娃娃抓起：应该给孩子喝开水，保证每天喝三次，养成喝热开水的习惯。最终中国人养成了这一习惯，甚至有些人产生了"喝开水包治百病"的"信仰"。

真能降糖？我不信

然而面对更愿意探究"真相"的年轻一代，已无法通过运动或类似"脑白金"广告的洗脑方式说服他们，必须拿出科学依据。国内家电巨头——美的集团烹饪部门关注到年轻人对养生的重视：不少人会努力克制自己每餐的饭量，精打细算到个位数的卡路里；爱美人士为了控糖抗初老，更多选择以沙拉为代表的轻食，而非碳水化合物。由此他们设想：如果电饭煲煮出的米饭能够轻食养生，会不会打动年轻群体？毕竟自公元前6 000年就在中国种植的水稻，在主食中含糖量排名第一。作为人体所需糖分的主要来源，米饭中80%都为碳水化合物，其中大部分是淀粉，在摄入后经过消化转化成葡萄糖进入血液循环并生成能量。

在此预设下，烹饪部门经过研发推出轻食电饭煲。与以往电饭煲单纯煮饭不同，轻食电饭煲通过"一煮、二沥、三蒸"，即大火沸腾，淅出淀粉；百孔沥糖，水流循环30次，脱糖冲刷；恒温焖熟，蒸透米饭。简言之，通过电饭煲内部双胆过滤排出米汤，米水分离后水中带走大量更容易被人体吸收的支链淀粉,在一定程度上降低米饭的含糖量。然而美的轻食电饭煲推出伊始,并没有如设想中备受年轻人欢迎,相反不少人质疑其收割"智商税"。一位热爱拳击的"95后"女孩小宇,第一次在直播间刷到轻食电饭煲时,一脸不屑:"洗一洗怎么就能降糖呢?感觉这是智商税。"品牌影响力强如美的,在新品教育市场的过程中一样备受年轻人的挑战。

如何以年轻人喜爱的方式获得他们的认可

面对不尽如人意的反馈,美的研发团队也很无奈[①],"这确实是有科学原理的,轻食电饭煲不仅通过沥饭方式,脱去20%左右的糖分。米饭中的抗性淀粉作为一种能产生饱腹感的膳食纤维,会在传统电饭煲的高温操作下流失,但轻食电饭煲能通过控温等控制大米淀粉糊化程度,将总膳食纤维提升25%,带来饱腹感的同时减少食物能量摄入"。

要获得年轻人的信任,还是要遵循年轻人的喜好通过提供科学依据从而避免被其挑战。美的积极寻求权威机构的专业报告背书,通过与南方医科大学合作获得临床研究数据[②]:食用美的轻食电饭煲煮出来的米饭,食用者餐后2小时血糖升幅下降20.06%。为了进一步直观利用数据证明轻食电饭煲降低血糖升幅的作用,美的与国内专业的糖尿病在线管理平台——糖护士合作,通过智

---

① 搜狐. 轻食电饭煲、无醇啤酒之后,养生的90后还可以更作?[EB/OL]. [2021-11-04]. https://www.sohu.com/a/499066695_120780844.
② 中国日报中文网. 口感更要健康,美的厨电变革成就一碗好饭初衷[EB/OL]. [2021-04-20]. https://tech.chinadaily.com.cn/a/202104/20/WS607e9460a3101e7ce974a3f7.html.

能记录仪测试血糖,采集用户血糖数据曲线变化,既让现有用户看到自身血糖控制的变化,又让潜在消费者打消"智商税"的疑虑。

成长于信息时代的年轻人,更擅长接受与尝试多元的信息技术,因此互联网、智能手机、短视频传播等已成为他们接收信息的主要渠道。美的在知乎、小红书、微博等社交媒体平台,通过短视频、海报、图文等年轻人喜闻乐见的方式进行传播。但是传播的重点依然是提供科学的证据链,如直链淀粉和支链淀粉的区别,美的轻食电饭煲的工作原理,以图片形式直观呈现煮低糖米饭前米汤浓度的变化等。此外,美的明确告知人们轻食电饭煲的使用注意事宜:食用低糖饭不能作为降血糖的主要方式,更不能替代药物;低糖饭不能达到"减重"或者"降血糖"的效果,它的作用是降低饭后血糖升幅;老年人购买轻食电饭煲后,可以无须控制地摄入米饭——是一种完全错误的理解。

有分寸不夸张才能打动火眼金睛的年轻人

经过美的的不懈努力,轻食电饭煲作为一个新的品类逐渐赢得了年轻人的信任和青睐,然而随之而来的问题是:面对美的的成功,不少同行纷纷推出自有品牌轻食电饭煲,原本是一个新兴的细分领域,一下子涌入众多对手,竞争异常激烈。对此,美的还是坚持突出自身的科技研发优势。一方面,最新推出的第三代智能轻食电饭煲采用新一代沥糖釜,让米饭的抗性淀粉含量从第二代的23%跃升至50%,还原糖降低50%。同时通过双蒸汽阀,大幅度缩短蒸饭时间,快速米饭的烹饪时间从 25 分钟降低到 18 分钟,杂粮饭的烹饪时间从 80 分钟减少到 45 分钟,响应年轻人做饭时间相对较短的应用场景需求。更高的脱糖率、更短的做饭时间，这些特质让美的轻食电饭煲更具有竞争力。另一方面，由于一些竞争对手利用伪概念和假效能夸大产品功效，给刚刚兴起的轻食电饭煲市场造成信誉影响，如果不能有效管理规范，最终会导致消费者对整个市场丧失信任，从而给全体市场参与者带来毁灭性影响。为此，美的积极与行业相关部门合作，制定低糖电饭煲行业标准，首个与低糖米饭品质相关的行业团体标准《低糖电饭煲烹饪的米饭品质要求》（T/CHEAA 0015—2020）已于2021年6月1日正式实施，对于规范、保护行业健康有序发展具有重要意义[①]。

这类以科普为核心的推广，和类似"脑白金"以铺天盖地洗脑为核心的推广相比，截然不同。在脑白金的推广中，企业并没有明确说明脑白金的主要成分是褪黑素。作为人体本身会分泌的一种激素，褪黑素用来帮助睡眠。体外服用褪黑素并不能帮助人体分泌更多的褪黑素，一旦停止使用，睡眠状况会恢复原样。不仅如此，作为一种激素，褪黑素会不同程度地影响到身体中一些生理过程。盲目服用褪黑素可能产生头晕、恶心等一系列副作用。国际上，加拿大、美国允许褪黑素作为膳食补充剂出售，单位剂量在 0.1～10 mg；英国、德国、瑞典等一些国家将褪黑素作为处方药进行管控[②]。设想如果脑白金明确说明产品成分以激素为主，在大多数对激素使用既不理解也抱有一定顾虑的中国人中，会有多少人毫无顾忌地购买脑白金，甚至将其作为补品孝敬家中长

---

① 中国家用电器协会. 低糖电饭煲烹饪的米饭品质要求[R/OL]. [2021-06-01]. https://www.cheaa.org/upload/files/2020/12/31115833118.pdf.
② 澎湃新闻·澎湃号·湃客. "失眠救星"褪黑素，真的能拯救你的睡眠吗[EB/OL]. [2019-11-05]. https://www.thepaper.cn/newsDetail_forward_4866885.

辈？设想脑白金缺乏科学依据的推广传播不是面向年轻人的父母，类似于夏梦和刘净的妈妈——认为百病之源是不喝热水，而是面向夏梦和刘净——拥有更好的教育背景、敢于反叛传统（找年下男友、放弃银行工作开小饭馆）的年轻人，将会面临怎样的挑战和质疑？

◇ 满足年轻人功能性即食养生的需求

年轻人延缓衰老特点二：功能性即食养生

每年秋天，不少人会前往包括同仁堂在内的中医药铺或是中医院配制膏方。煎膏属于中医八大传统剂型之一，一般多在冬令进补，有"冬蛰藏，春发陈"之意，故又称冬令滋补膏，是传统国人冬季调治疾病的重要方法。针对每个人的体质和病症，药铺/医院经过组方、拟方、熬制、收膏，最终熬炼出厚状半流质的制剂。消费者可以委托药铺/医院将制剂分装成袋或罐——方便每日服用，有些更为讲究的老一辈则选择找出自家的煎药罐自己煎制。

相较于父辈，年轻人既没有时间花费在熬制中药、每日服用上，也不愿意忍受传统中药浓重的药材味，他们更愿意接受携带食用方便、口感更接近普通食物的功能性即食养生品。"95后"海归女孩Joyce，每天早饭后会熟练地拿出一盒分好的丸片服用，包括Swiss碳酸钙片、Pola美白丸、Blackmores护肝片等五六种。她这样解释自己的服"药"行为：毕业工作忙到飞起，住在公司加班、48小时连轴转、后半夜开会，都是我上班的常态，这让我身体有点吃不消，越早吃这些越好，不能等到身体走下坡路再想起来吃，一定要坚持才有效果。2020 年阿里健康"6·18"活动中，蛋白粉、维生素类产品分别同比增长751%和387%，其中"95后"和"00后"活跃用户同比增长126%[①]；2021年天猫"双十一"开售首小时，中药相关产品成交额同比增长 6 倍："四物汤""四君子汤""乌发汤""熬夜护肝茶"等中药配方的茶包型即食养生品备受追捧，25~40 岁的人成为主力购买人群[②]。

咖啡、面包、奶茶都可以变成延缓衰老的利器

与此同时，同仁堂也推出了自己的功能性即食养生品。这家始创于清康熙八年（1669 年），自清雍正元年（1723 年）开始为清宫供给御药、历经清朝八代皇帝的中药老字号，旗下新零售品牌知嘛健康，2020 年开始在北京陆续开设三家新零售概念体验店（图 8-4）。走进富力城店，上下两层面积近 500 平方米，一楼是咖啡、饮品、零售综合的体验区，一侧用一整面墙壁的展示柜陈列同仁堂特色商品，包括蜂蜜、枸杞、燕窝、西洋参等，天花板则以盛放着各味中药材的透明药盒装饰。

知嘛健康的核心品类是草本咖啡。以"咖啡+中药材"的模式，推出诸如甘草拿铁、罗汉果美式、肉桂卡布奇诺等系列饮品。"咖啡也是一种天然草本。况且我们并不是将枸杞和咖啡放一块就行，而是以中医药的角度来做新式饮品。通过中医配伍、汤液

[①] 21 世纪经济报道. Z 世代养生大军撑起万亿市场[EB/OL]. [2021-07-23]. https://www.21jingji.com/article/20210702/herald/8f5c7323340aa5a5885594814fbaf824.html.

[②] 21 世纪经济报道. 解码"Z 世代"消费观："双十一"凸显三大趋势[EB/OL]. [2021-11-20]. https://www.21jingji.com/article/20211120/herald/23b1085fe4d830f9687bfaae62639b5c.html.

第八章 超越:"我"要可持续发展的自我

图 8-4 知嘛健康线下零售店
(图片来源:知嘛健康官网)

经法、五味格局计算等一系列复杂且精准的测试,才达到了现在的一种平衡状态,这也是同仁堂独有的特色——从萃取方式到食材组合,都对应着一定的药理。"[1]除咖啡外,门店也提供润肺茶、黑枸杞葡萄柚等非咖啡类的饮品。此外,还有针对二十四节气推出的节气限定饮品,如加了氮气的酸梅汤即是针对大暑节气。按照中国二十四节气的划分,每相隔 15 天即会有一个节气,门店会据此推出大概 3~5 个限定新品。

除了饮品,门店还出售主打少糖少油的面包,知嘛健康员工特别强调:"面包、甜点制作的原材料,采用的都是有机食材,融入了我们同仁堂药食同源的天然草本,烘焙产品完全不加糖,皆源自食材天然甜味。"此外,知嘛健康的最新产品枸杞原浆、蜂蜜、

---

[1] 36 氪. 对话同仁堂知嘛健康:中医养生走向"好玩"[EB/OL]. [2022-03-01]. https://36kr.com/p/1636114342973832.

代餐粉、草本有机食物等也在门店售卖。进入冬季，店内还顺势推出了六款小红罐膏方：咖啡熬嘢膏、黑枸杞靓眼膏、咖啡益发膏、丹凤冻龄膏、咖啡暖男膏和秋梨固元膏，分别针对熬夜提神、养发、活血美容、冬季补阳和润肺补气。小红罐膏方不仅分量更为小巧——大约是一周的剂量，口味也和传统膏方不同。同仁堂以传统中医方剂学著作《汤液经法》为基础、以"药食同源"为准则，创新配方和成分，让小红罐的口感高度接近日常零食。因为理念和口味都符合年轻女性养生的要求，在双井门店每天可以卖出100瓶以上。

2021年上海淘宝造物节现场，挂着"良药苦饮"招牌的知嘛健康展位前聚集了不少年轻人。一些人表示：没有想象中难以下咽的中药味，挺好喝的，甚至有人表示：已经尝过好几杯了。除了日间推出以草本咖啡为主的各种饮品，知嘛健康在店铺面积和营业时间不冲突的前提下，延展消费场景，推出"轻酒精"饮品，构建"日咖夜酒"的品类组合，如运用同仁堂燕窝露酒、枸杞酒做基底，搭配肉桂、菊花、蜂蜜等食材，制成独特的养生鸡尾酒匹配年轻人喜欢小酌一杯的潮流社交场景。

2022年初，同仁堂以制茶司的名义在杭州推出奶茶铺，主打"东方草本哲学，自然养身之茶"的理念，与周围其他奶茶铺不同，制茶司店里时不时会飘出药材的香味。销量最好的招牌必喝榜单里，排名前三的分别是阳春茉莉龟苓膏、熬夜水和胶原玫瑰鲜乳。除了即饮奶茶，门店内还售卖主打养生调理的茶包：红糖姜茶、金橘柠檬菊花茶、桂花荔枝蜜桃乌龙茶、冰糖荷叶柚子茶、橘皮普洱茶……每款茶包都对应着不同的"功效"。如果说前台售卖的"养生奶茶"更强调奶茶属性，那么茶包里的养生配方则更注重传统的药理属性。

如何保护创新是同仁堂未来的挑战

知嘛健康原计划在北京和上海布局更多门店,但不时出现的疫情打乱了他们开店的节奏。不仅如此它也碰到了其他功能性即食养生品同样的难题——同质化竞争。仔细研究市面上出现的各种功能性即食养生品,不论是睡眠软糖、碳水阻断丸、美白丸,还是护眼片、护肝片,各种成分与形态大同小异、缺乏新意。

2021年6月恰逢欧洲杯,知嘛健康面向熬夜看球的人群推出含有人参、菊花、罗汉果和蜂蜜的"熬夜水",主要功能为补气、缓解疲劳。很快"熬夜水"成为年轻人的新宠,仅在小红书上搜索"熬夜水",便有40多万篇相关的笔记。然而"椿风""荷田水铺""若遇江南""炖物24章""花梨元气研究所"等新式茶饮品牌,以及"张仲景""童涵春堂""王老吉"等老字号马上相继推出自家"熬夜水"。不仅风格大同小异,而且主打均是中式养生茶饮或草本养生概念,即使是知嘛健康门店员工也讲不出彼此之间的差异。

2018年,美国人均功能性食品消费额达到924元;日本人均功能性食品消费额为662元;而中国香港人均功能性食品消费额为767元;中国内地人均功能性食品消费额仅有117元[①]。虽然功能性即食养生品市场容量巨大,但由于功能性即食养生品进入门槛不高,如何保护创新产品的生命周期需要同仁堂颇费一番脑筋。

---

① 网易. 中国功能性食品市场规模稳定增长[EB/OL]. [2021-02-09]. https://www.163.com/dy/article/G2ATKU2M0518H9Q1.html.

☞ 结 语

如果必须二选一的话,我肯定是嬉皮士,我所有的同事都属于嬉皮士。不同的人对嬉皮士有不同的理解,但是对我来说,20世纪六七十年代的嬉皮士运动给我留下了深刻印象,有些活动就是在我家后院举行的,嬉皮士运动启发了我。

——苹果公司创始人史蒂夫·乔布斯

"996"是我工作的常态。好像只有在回到出租屋里,卸下所有盔甲后,那片刻的宁静才是我跟自己独处的时间,也是一天中唯一轻松的时刻。我终于可以放松地看看我喜欢的电影、明星八卦。其实我更害怕天亮,因为醒来就是生活。

——普通的"95后"从业者小王

动笔写这一章节的那天,我抬头看了一眼日历,发现25年前也是这一天,作家王小波离开了这个世界。他在小说《黄金时代》里写道[①]:"那一天我二十一岁,在我一生的黄金时代,我有好多奢望。我想爱,想吃,还想在一瞬间变成天上半明半暗的云。后来我才知道,生活就是个缓慢受锤的过程,人一天天老下去,奢望也一天天消逝,最后变得像挨了锤的牛一样。可是我过二十一岁生日时没有预见到这一点。我觉得自己会永远生猛下去,什么也锤不了我。"

不同年代、不同地域的年轻人以不同的方式表达自己对于这个世界的理解和要求,对于自由不羁的向往。身处中国超一线、一线城市的年轻人享受着经济高速发展带来的人身、经济安全同

---

① 王小波. 黄金时代[M]. 北京:北京十月文艺出版社,2021.

时,也承担着高速运转带来的种种压力。因此,某种程度延缓衰老既是他们身体的需求,也是将个人表达、生活质量放在优先目标的表现。最后,谨以王小波的短篇《一只特立独行的猪》中的结尾,作为本章的结束语。

我已经四十岁了,除了这只猪,还没见过谁敢于如此无视对生活的设置。相反,我倒见过很多想要设置别人生活的人,还有对被设置的生活安之若素的人。

因为这个缘故,我一直怀念这只特立独行的猪。

延伸阅读 8-2

本篇思考

1. 你自己有哪些延缓衰老的方式?出于什么原因开始养生?
2. 你所在行业是否会受到延缓衰老子趋势的影响?
3. 你所在企业能否提供与这一需求相关的产品/服务?
4. 你还知道哪些延缓衰老子趋势商业创新?

第四节　我要的 DIY、延缓衰老,你可以满足吗?

"有专门 DIY 的店,比如香水店。自己可以试着调制香水,有前调、中调、尾调,就是符合你自己个性的香水。现在还有首饰店和皮具店,可以自己制作首饰,比如用原料做银的手圈、戒指;或者把原料皮做成首饰盒。"

——柳女士,21 岁,杭州

"我上次在超市看到小时候妈妈用的百雀羚,推出了主打淡纹功效的新品,说是贴合'95后''00后'的抗初老护肤需求,'你的第一瓶抗初老面霜'。"

——王女士,22岁,上海

从出生到死亡,每个人的一生都有无数需求需要满足,而这也是一切商业的来源。或许我们可以说生命不息,商业不止。

在可持续发展的自我大趋势中,年轻人表现出:希望向内探索自身的无限可能性;虽然工作、生活已经很"卷",但我拒绝躺平;我要成为更好的我;我拒绝向整齐划一妥协;工作不仅是维持生存,更要满足、发展我的兴趣;即使肉体再疲倦,精神也要坚持下去。

相比某些大趋势,可持续发展的自我大趋势在某种程度上更容易被商业产品、服务所满足,因此商业竞争也更激烈。

第九章
选择:"我"要拥抱新的体验

第一节 年轻人如何探索外部世界?

与大多数人从个体角度向内抑制压力,以及从社会群体角度参与可持续发展的社会,从而消减压力不同,有一群年轻人采取从个体角度向外寻求压力释放,以及从社会群体角度强化自身的地位和与众不同。他们在这两者间寻找平衡点,从而舒缓因为需求不被满足而带来的潜意识中的不安。我们将众多年轻人采取的这一类趋势定义为:寻求新体验。

"我以前喜欢住高档的酒店,万豪、铂悦。现在喜欢住民宿,因为更有家的感觉,服务也是自助式的,全程不需要面对面沟通,很方便。"

——徐先生,23岁,杭州

"我游学期间去过欧洲十多个国家,喜欢探索和体验不同地区的风土人情。看看世界是什么样子,不喜欢在一个地方待太久。如果有可能,我希望每隔一段时间在不同的国家生活。我喜欢这种流动的感觉,向往这样的生活。"

——张先生,24岁,广州

"我在B站上搜过里昂商学院,也在学校的官网上,通过VR技术游览过校园每个角落的环境,像是提前入学了一样,对学校整个环境有个概念,就觉得很真实。"

——倪女士,22岁,上海

"我对吃、穿、用的品牌都没有什么概念,不是一味地寻求必须要LV,必须要GUCCI或者是必须要什么,只要第一眼能让我看上的,让我感觉美到窒息的东西,哪怕现在用不上,我也是一定要买的。"

——文女士,27岁,北京

"寻求新体验"这类趋势包含"服务""流动""虚拟与现实的模糊""对美的求索"等四个子趋势。在这一篇中我们着重描述"虚拟与现实的模糊"以及"美的求索"这两个子趋势。

第二节 科技进步带来虚拟与现实的模糊子趋势

像听到海岸的浪一样
听到暴风中的钢琴。
灰暗的云
在风中疾走。
——斯雷科奇·科索维尔(Sreko Kosovel)《在风中摇摆》

◇ "虚拟与现实的模糊"子趋势定义

因为时间如此宝贵,年轻消费者需要更多的娱乐体验。这种体验需求被推向极致：不仅限于娱乐品类的各种感官体验层出不穷。随着年轻人消费水平的提升，这个趋势有加速迹象。

虚拟与现实的模糊这一趋势，是指随着网络科技的发展，他们所提供的体验与现实世界以新的方式高度融合，消费者越来越无法区别哪个是现实，哪个是虚拟。

◆ **现象与疑问**

天黑了，请闭上眼睛、展开想象。时间飞速推移至2045年，作为一家游戏公司产品经理，你的一天将可能这样度过：

早上7点，起床后，AI管家已帮你准备好健康可口的早餐。不仅如此，在你用餐时，她还负责介绍你的今日行程和最新的社交资讯。

早上9点，上班时，你在虚拟会议室开会准备项目方案，虚拟同事将根据你的方案进行智能测试，评估方案实行可行性，并给予即时反馈。

中午12点，午餐时，突如其来的一场大雨让你打消了外出就餐的念头，不过风雨无阻的无人驾驶机器车送来外卖，你一边和虚拟朋友海阔天空畅聊，一边品尝美食。

下午5点，工作结束后，你进入虚拟购物广场，计划为周末与男友的烛光晚宴购置一套新衣，虚拟导购员全程陪伴、细致推荐，而你可以通过虚拟试衣间确认穿戴效果再做决策。

晚上8点，享用过AI管家准备的丰盛晚餐后，你骑上家用动感单车、戴上轻便的智能头盔，在虚拟裁判员的指引下，与世界各地的骑行爱好者，在春意盎然的杭州后山上，展开一场10千米山地竞速自行车赛，甩掉工作一天带来的疲劳。

晚上10点，你上床后，戴上智能眼镜，在虚拟宠物猫——安安的陪伴和它亲昵的咕噜声中，你安然进入舒适的梦乡。

这看起来像是科幻片的生活方式，事实上已有部分片段悄然在我们的现实生活中出现。虚拟与现实看似是一枚硬币的两面，两者之间的界限却越来越模糊。数年前，Space X 和特斯拉 CEO 埃隆·里夫·马斯克（Elon Reeve Musk），在接受美国硅谷最有影响力的科技媒体之一"Recode"采访中，畅想虚拟现实[①]：未来，现实和虚拟世界将变得难以区分，虚拟现实可以在任何一个设备上实现连接，人类生活在基础现实的可能性是十亿分之一。

◇ 拟像理论、虚拟与现实

究竟从什么时候开始，虚拟与现实原本泾渭分明的界限开始变得模糊、彼此纠缠？关于这点让我们看看拟像理论如何解释并预测这一现象。一生从未获得过教授头衔的法国作家、哲学家、社会学家让·鲍德里亚，却给这个世界留下了两个影响深远的理论——消费社会（consumer society）和拟像（simulacra）。在《象征交换与死亡》一书中，鲍德里亚提出"拟像三序列"（the three orders of simulacra）[②]：

第一序列——仿造（counterfeit）：从文艺复兴到工业革命前，这一阶段任何被复制的客体，都被看作是一个独一无二原件的仿造品，它们遵循"自然价值规律"，追求的是模拟、复制和反映自然，现实和虚拟二者之间的界限还没有根本消除，真实依

[①] 虎嗅. 马斯克谈虚拟现实：地球将变得可模拟和复制[EB/OL]. [2021-11-1]. m.huxiu.com/article/473358.html.

[②] 让·波德里亚. 象征交换与死亡[M]. 车槿山, 译. 上海：译林出版社, 2020.

然存在。

第二序列——生产（production）：工业时期，这一阶段遵循"市场价值规律"，目的在于赢得市场价值。生产是一种复制客体的特殊性质，产品的地位不再是原件的复制品，现实与虚拟之间地位相等。

第三序列——仿真（simulation）：后工业社会时期，这一阶段遵循"价值的结构规律"，数字代码技术的出现和大范围应用，构建出一个虚拟的场域，在这个场域中每个产品的生产都不以现实为基础，却又极度真实。由此我们进入了一个没有原本的超真实时代，现实与非现实之间的区分已变得日益模糊不清，最终的结果是现实被虚拟所影响。

让我们以绘画为例来理解看似迷幻的拟像理论：在工业革命之前，绘画是力图对客观事物或已有绘画丝毫不差的绘制，即使偶尔出现真假难辨，但绝大部分情况下，人们还是非常容易区分哪个是原物，哪个是仿造品。到了工业革命时期，采用机械制造的方式，一幅名画可以通过印刷术翻制，复制品和原件非常接近，并且复制品之间没有任何区别。到了后工业社会时期，绘画不需要有原件存在，通过数字代码可以无中生有创作出没有任何现实根基的作品。作为第一个利用计算机绘图的人，1953年本杰明·拉珀斯基（Benjamin Francis Laposky）用示波器创作了名为《电子抽象》的画作。

通过拟像理论，鲍德里亚为我们描绘了一个由拟像统治的社会，真实（real）不再是真实之源，而是成为一种由拟像生产出的超真实（hyperreal）。完全由拟像统治的社会虽然听上去离我们有些遥远,但数字技术的发展让虚拟与现实趋势的商业运用开始日益显现。接下来,让我们阅读两个响应年轻人虚拟与现实世界模糊子趋势商业创新。

◇ 在家也能和一群人疯狂健身

传统健身器材和新兴移动互联擦出的火花

2015年,曾任舒华中国(有限)公司全国营销总监的骆少猛辞职后,创办了福建野小兽健康科技有限公司(以下简称"野小兽")。彼时移动互联技术方兴未艾,总想自己做点什么的骆少猛突发奇想:也许传统的健身器材行业和新兴的移动互联可以擦出点火花?

国家体育总局发布的《2014年全民健身活动状况调查公报》显示[①]:2014年我国经常参加体育锻炼的人群占比为33.9%(注:调查对象为6周岁以上居民);而美国运动理事会发布的《2015年版体育参与报告》显示[②]:2.92亿个6岁以上的美国人中有2.09亿人参与各式各样的运动,占比达到71.6%。与此同时,我国城镇家庭平均每百户仅拥有4套健身器材,普及率尚不足5%。不仅居家健身器材普及率偏低,由于健身场景枯燥,用户独自锻炼缺乏专业指导,往往激情一过家用健身器便闲置不用,成为家中第二个"晾衣架"。骆少猛一直关注着这种现象,觉得这对消费端而言是一种浪费,也抑制了潜在消费者购买家用健身器材的欲望;

---

① 国家体育总局. 2014年全民健身活动状况调查公报[R/OL]. [2015-11-16]. https://www.sport.gov.cn/n315/n329/c216783/content.html.

② 中国体育用品业联合会. 美国体育运动理事会发布《2015版体育参与报告》[EB/OL]. [2015-11-01]. https://cn.csgf.org.cn/xhzx/hydt/508.html.

对供给端而言，产品售出后，由于缺乏与用户继续高频互动的场景，导致用户与企业间黏性不高。"中国消费者有很强的健身需求，但健身的习惯还未养成，去健身房时间成本又太高。"骆少猛希望利用科技，为受限于现实条件但又有较强健身需求的年轻人群，构建一个你来我往、热火朝天健身的虚拟空间，在这个虚拟空间里，用户能获得和现实一样的运动体验、一样的专业指导，从而满足更多人在家运动也能享受专业健身房效果的需求。

经过数年发展，目前野小兽构建起：福州运营总部+泉州智能硬件研发中心+泉州工业区自有工厂。此外，野小兽在福州设立直播中心，近20位专职教练每天除了按时进行课程直播，还负责课程体系和课程内容的研发。野小兽通过粉丝数量、完播率等指标建立起针对教练团队的考核体系。作为国内第一家互动式家庭健身平台和智能健身器材制造企业，2018年野小兽的营收为6 000万元，2019年翻倍至1.2亿元，2020年达到6亿元，位居智能家庭健身行业前三。

居家健身不再孤独乏味

与传统健身器材采用直销、经销的销售方式不同，野小兽的产品主要在天猫、京东等各大电商平台销售。野小兽智能动感单车定价在1 000～10 000元，用户在电商平台下单后即可坐等快递到家，并可参照说明书组装单车。用户下载野小兽App后，针对单车的使用和学习，通常会有两个选择：按月度订阅，每月需支付38元的视频课程费用；按年度订阅，原本456元的年费还可以优惠至198元。订阅该项服务后，用户自动成为野小兽的VIP会员，可以观看虚拟平台上所有往期课程视频内容，同时根据课表选择每天中午或傍晚的直播课。就内容而言,野小兽提供包括身心放松、新手入门、耐力训练、脂肪炸弹、心肺训练、极限挑战、音乐主题、单车派对等自主制作的八类课程。根据自己选定的课表,在线上专业教练的指导下,野小兽用户便和身处祖国各地甚至海外有着共同目标的"兽友"(公司对其用户的昵称),通过虚拟平台共同健身、互动切磋。健身过程中,用户心率带会实时采集心率数据,并将消耗的卡路里、运动里程、个人排名等信息一同显现在动感单车大屏上,而这一切都是通过嵌入单车内部的智能硬件和蓝牙终端完成。截至2020年9月,野小兽拥有40万名在线注册用户,月活跃用户达4万人,其中45%的用户愿意续费上课。2019年公司课程服务收入不到500万元,2020年则达千万元。

对用户来说,野小兽智能动感单车和传统动感单车最大的不同,是虚拟模仿了与现实健身房高度相似的沉浸式运动场景:有专业教练陪伴和指导运动开展,有伙伴一起参与运动,彼此互相鼓励、友好"内卷"。这大大增添了一个人在家运动的乐趣,减少了运动损伤,也提供了时间安排的便利。"如果让我一个人在家骑自行车,通常十分钟就放弃了,即使听着音乐也觉得闷,看剧又容易分心,骑着骑着速度就下来了。现在,一百多人同时骑行,我觉得特别鼓劲儿,不跟上不行啊!人家身材那么好,还那么认真!再加上有教练带领我们做运动前的热身和运动后的拉伸,整个感觉好多了。"一位每周三次参加网上直播课的兽友,这样总结自己的感受。

第九章 选择："我"要拥抱新的体验

✧ 虚拟世界也可以反哺现实世界

在骆少猛看来，虚拟和现实的交互，给了野小兽和传统运动器材厂家不一样的生产运营模式：兽友在现实空间（家）里产生的运动数据和体验，汇总在虚拟空间里，并最终传导给另一个现实空间（研发中心），影响现实中产品和服务的改进。

野小兽有多位产品经理负责统筹老产品的迭代和新产品的研发。对产品经理而言，最初的竞品调研、数据分析阶段，除了常规销售数据外，还可以直接从消费端获得在线数据。野小兽用户可以在各个电商平台以及 YESOUL App 直接留言，比如有的消费者反映更喜欢在山间骑行的感觉，有的消费者认为坐垫和脚踏板的距离对其身高而言偏短，这些用户数据成为产品规划的重要参考依据。产品规划完成后交由泉州智能硬件研发中心负责调研和评估。评估通过后，研发中心将进行智能硬件研发生产排期，最终将智能硬件部件交由工厂完成嵌入和组装，实现产品和服务的升级。野小兽的发展在相当程度上依赖于用户在虚拟空间使用的体验，反过来，虚拟空间的改进又提高了用户的使用体验，形成一个良性循环，这是传统健身行业仅仅依靠线下完全无法实现的改变。

✧ 人们为什么迷恋虚拟世界

对于未来，企业认为需要不断通过提高用户体验强化用户对野小兽虚拟空间的情感认同。如果将健身对用户的价值分为功能性和情感性，那么居家健身只能满足用户的功能需求——健康的体魄、优美的身形、饱满的精神状态，但是通过交流、互动产生

257

的信任感,通过竞赛产生的荣誉感,通过分组合作产生的团结感等情感价值需要在虚拟空间产生、实现。在这个空间用户停留的时间越长、频率越高、获得的乐趣越多,越能反衬出自己一个人在家锻炼的无聊感,越有利于野小兽创立好的口碑、开拓市场。为此,骆少猛将美国互动健身平台 Peloton 公司(PTON.US)作为野小兽发展的标杆。Peloton 打造明星健身教练吸引忠诚粉丝群持续付费、举办标志性年度大型活动大幅提高声量吸引新增用户,都是野小兽可以学习的方式。

Peloton 在美国被称为"健身界的苹果和奈飞"。它的授课教练分为 Peloton instructor 和 guest instructor。目前总共有 30 多位教练,负责全部课程的内容研发和直播讲授。几乎每位教练都具备吸引眼球的外形、极强的个人标签、熟练的教授指导技巧,以及隔着屏幕都能感受到的强大的控场互动能力。Peloton 运用推广明星的手法来推广这些教练,非常重视在 Instagram 等社交媒体平台的运营,制作了大量精美内容,对接媒体资源帮助教练增加知名度。由此 Peloton 为自己打造出超过 10 万名粉丝的明星教练。

不仅如此,Peloton 通过健身产品游戏化运营,不断为用户增加他们称为"To-The-Point-Of-Addiction"(沉溺其中)的体验。例如:用户在训练中可以给一起骑行的伙伴加油——give me digital five,并且构建 PBL [Points(点数)、Badge(徽章)、Leaderboard(排行榜)]中的徽章系统。另外 Peloton 设计了 express with tags 的玩法,用户可以从一系列的 tag(标签)中选择,比如 Peloton newbie、5k training、together we go far 等,或者自己生成 tag,还可以筛选相同 tag 的伙伴——connect with your community。

值得一提的是 Peloton 标志性的年度大型活动——Pelothon

（Peloton+marathon）。这是一个为期 4 周的挑战赛，30 多位教练被分成 6 支队伍，用户可以选择加入自己最喜欢的一支队伍，一起连续训练 4 周、完成各种任务和挑战。最后 Peloton 会将收入用于公益和慈善组织。根据 Peloton 官网显示，2020 年有 324 790 位用户参与该项年度活动，同时 Peloton 捐献出 100 万美元给非营利组织。

所有这些在虚拟空间精心设计的运营环节，为用户创造了友谊、竞争、荣誉、奋斗、挫败、胜利、关爱等各种各样真实的情感感受，带来了高品质的使用体验，并最终对虚拟空间产生了强烈的情感认同。Peloton 年报显示：2017—2019 年，Peloton 用户增长速度达到每年 144%，不仅如此，近三个财年平均每月用户净流失率分别为 0.7%、0.64%、0.65%。目前 Facebook 官方的 Peloton 会员群已经有 34 万多名会员，此外还有许多由用户自建的小众化群组，从新手到专业骑者，或者是依据某个自己喜欢的骑行理由，都能在上面找到相应的社交小组群。

◇ 年轻人试图打破年轻人的"精神孤岛"

炙手可热的元宇宙究竟是什么

面对虚拟与现实商业运用的逐渐增多，我们不禁要问：最终我们将面临一个怎样的虚拟世界？也许比拟像理论更具象、更有科技路径可循的元宇宙（Metaverse），是一个不错的答案。元宇宙一词出自 1992 年美国科幻小说家尼奥·斯蒂文森（Neal Stephenson）撰写的《雪崩》一书[1]，书中描述了一个与现实世界类似的网络世

---

[1] 尼尔·斯蒂芬森. 雪崩[M]. 郭泽，译. 成都：四川科技出版社，2018.

界——元界,也就是元宇宙。在小说中,所有现实世界中的人在元界都有一个网络分身,而这个概念也为之后元宇宙的发展提供了方向:VR/AR技术、互联网、游戏、社交网络融合在一起,衍生出下一代互联网形态。在国内,光大证券通过类比移动互联网各部门,加总元宇宙各细分领域(社交、游戏、短视频、在线视频、电商、移动办公)的方法,测算:元宇宙2025年国内市场空间为3 400亿~6 400亿元量级[①];在国外,探索元宇宙的厂商之一——游戏公司Roblox,在短短一年时间内,估值从40亿美元飙升至297亿美元。面对元宇宙概念的蓬勃兴起,我们不禁要问:虚拟与现实的跨界融合需要多久才可能实现?换言之,当下的技术发展是否支持在短期内实现人类对元宇宙的幻想?

元宇宙需要哪些科技支持

打造一个完整状态的元宇宙至少需要满足三个条件。首先,计算机技术以及互联网通信技术相对成熟,但即使是目前最先进的5G技术运用也只是触及元宇宙的门槛。其次,必不可少的社交网络将用户聚合在一个公共虚拟的空间中,这样才能为元宇宙奠定社交基础,不仅如此,还需要为这个公共虚拟空间设立规则。最后,XR(扩展现实)技术发展水平能够满足元宇宙的需求。XR技术是打开元宇宙大门最关键的钥匙,缺乏XR技术,目前的互联网和社交网络,都只是一种简单的信息投射,既无法将虚拟世界精准地投射到物理世界中,也无法让虚拟世界获得更强的沉浸感。

---

① 新华网. 元宇宙概念掀涨停潮,专家提示炒作风险[EB/OL]. [2021-12-14]. http://www.news.cn/money/20211214/d8b5cfe32311415682029ac531fcc2bc/c.html.

第九章 选择:"我"要拥抱新的体验

XR 技术包含 AR(增强现实)、VR(虚拟现实)、MR(混合现实),是指由计算机图形和可穿戴设备生成的所有真实和虚拟环境。但目前可穿戴设备的技术发展还远未满足元宇宙构建的要求。例如:为了长期沉浸于虚拟世界,人们需要长期穿戴辅助在线的可穿戴设备,这些设备的重量不能超过人们日常使用可承受的范围。然而目前技术较为领先的 VR 眼镜(Oculus Quest2)重 503 克,AR 眼镜(微软 Holo Lens 2)重 566 克,而普通眼镜仅为 20~50 克。超出 10~20 倍的重量必然会给穿戴者带来种种不便。不仅如此,重量仅仅是可穿戴设备改进的一个维度,还有视场角、分辨率、续航等多个维度都需要叠加提升,因此元宇宙仅仅是在硬件层面即有漫长的发展道路,遑论软件开发以及软硬件配套等问题。

可见,元宇宙既需要相当长的时间来酝酿,也不会因某个标志性事件的发生突然到来。然而,出于工作、教育、娱乐等各种目的,用户会将越来越多的时间消耗在虚拟空间中,正如当下使用野小兽虚拟健身空间的兽友,以及用户在互联网进行社交、消费、娱乐等活动过程中,建立起大量代表自己的数字身份。也许将如全球 VR 影视头部工作室 Oculus Story Studio 的联合创始人爱德华·萨奇(Edward Saatchi)所说:"我们现在正以不同的方式生活在元宇宙之中,不同的阶段有着不同的成熟度。我们不断地构建着数字世界,数字化着自己以及物理世界。"[1]

元宇宙的根基离不开现实世界的情感认同

虽然技术的不成熟让元宇宙离我们还相当遥远,但是技术的

---

[1] 虎嗅. 未来,我们如何与虚拟人共存[EB/OL]. [2021-03-19]. https://www.huxiu.com/article/416024.html.

不断进步又让我们感受到虚拟与现实的融合在日益增进。对于企业/组织而言，面对这一趋势，一方面，需要积极探索新技术和原有产品研发、运营流程该如何结合。美国量子物理学家大卫·多伊奇（David Deutsch）在其著作《无穷的开始》（the beginning of infinity）里写道[①]：只要不违反物理定律的想象都是现实。只要人类不再自大，不毁灭生态环境，我相信未来的物质资源会极大地丰富，而想象力才是稀缺资源。由此出发，如 2016 年成立的 PsiQuantum，使命是建造世界上第一台商业量子计算机——实现 100 万量子比特规模，可纠错、容错的通用量子计算机，其联合创始人包括著名的量子理论家和诺贝尔物理学奖得主薛定谔的孙子特里·鲁道夫（Terry Rudolph）。另一方面，需要关注现实与虚拟的情感联结，如何让用户对虚拟事物、虚拟空间投射更多情感认同。而这一点也许在某些情况下是企业采用虚拟技术的目的。

以野小兽为例，目前国内智能家庭健身市场主要有三类企业，第一类是与野小兽类似，自身具备硬件生产制造能力，主打硬件销售+软件服务的企业，除了野小兽，国产品牌动感单车还有英尔健、汉马、蓝堡、麦瑞克等。第二类是以华为、小米为首的这类企业，虽然公司主业与智能家庭健身相距甚远，但希望借助提供智能健身硬件切入家庭生活场景，这类企业本身不具备硬件研发生产制造能力，通过硬件代工+软件服务完成其商业计划。第三类则是以 Keep、咕咚等为主的健身数据平台型公司，这类企业都在家庭智能健身领域逐步深入谋划布局。面对激烈的竞争态势，仅仅依靠自身硬件生产提供的微弱成本优势，不足以搭建起坚固的

---

① 戴维·多伊奇. 无穷的开始，世界进步的本源[M]. 北京：人民邮电出版社，2019.

护城河,骆少猛关于未来的思考还是放在——不断提高用户体验,强化用户对虚拟空间的情感认同上。2020—2021年Peloton的发展更是有力支持了这一点。

由于管理层对需求的误判,2020年下半年Peloton投入巨资打造新生产线,盲目扩大生产,并且大规模扩充团队,最终在一年半时间里,Peloton的制造产能翻了10倍。然而疫情的好转却让市场无法消化这么多新增的产能,大跃进式盲目追求增长让Peloton在2021年底市值跌入谷底。不过专业投资人士认为Peloton还是很有可能爬出深坑,因为通过提供高品质的用户体验,用户对Peloton的虚拟空间有高度的情感认同,由此Peloton拥有着极强的用户黏性。2021年底,这家公司纯数字订阅用户(只加入线上会员,没有购买硬件设备)超过620万人。更重要的是,Peloton的用户认同感极高,其流失率低于1%。换言之,一旦用上Peloton,用户就不会离开。BMO资本负责分析Peloton的分析师西米恩·西格尔(Simeon Siegel)认为:如果没有疫情,Peloton的表现很可能会比现在更好,没有那么多噱头,却有更稳健的增长和稳定的现金流[①]。

年轻一代如何从情感认同探索虚拟现实

让用户对虚拟投射更多情感认同,这一点对于成长在家庭结构更为小型化——三口之家、从小熟悉网络环境的年轻一代也许更为重要。2021年底,苹果公司参与举办的第六届中国高校计算机大赛中,来自三名浙江大学大三学生的参赛作品"谓尔"App,

---

① 新浪. 疫情没结束,Peloton已经跌完了,Netflix、Zoom也难逃腰斩[EB/OL]. [2022-01-27]. https://finance.sina.com.cn/tech/csj/2022-01-27/doc-ikyakumy2890943.shtml.

从来自500多所大学的超过1 400多件参赛项目中脱颖而出，获得大赛一等奖以及重量级的"最具创新奖"。

这三个男孩都是"00后"，喜欢阅读科幻小说，网络时代是属于他们的年代。他们向与会者阐释谓尔的理念[①]："我们希望这样一个App能够解决现在社会里，尤其像我们这一代人——生活在网络时代又普遍是独生子女——的那种孤独的心理。"三人给出的解决方案是通过搜集用户的特征和生活习惯，用算法在"谓尔"为其创造一个数字化的自己、元宇宙里的分身、拟像里的仿真。

做谓尔之前，三人也接触过一些主打"触及灵魂""灵魂社交"概念的应用，"但你说，真正的灵魂社交，一定是这个东西被投射到虚拟空间之后，把用户真正的内在特质用参数化向量描述出来"。那么什么是他们这代人真正的内在特质？三人给出的答案是"精神孤岛"。不仅如此，他们觉得自己和周围的同龄人虽然都渴望"共同亲历者"，但不愿意敞开怀抱——"孤岛上偶尔才会架出一座桥"。

那么谓尔能给予"精神孤岛"的年轻人什么呢？三人通过定性访谈调研周边在校人群和刚工作的年轻人——你觉得什么能够让你变得更好？从而得出19个关键词，接着又面向一批非学生人群特别是内陆地区年轻人，开展一轮问卷定量调研。在得到的反馈里，有三个高票选项出乎他们的意料："复盘""与家人的通信""与自己认为有价值的人经常沟通"。结合被调研者普遍最看重的几项内容，三人将谓尔的目标修正为"自我提升"，即由用户自己

[①] 浙江大学启真交叉学科创新创业实验室. 三个零零后的元宇宙社交实验：向内看，也是一种Meta [EB/OL]. [2021-11-01]. http://xlab.zju.edu.cn/NewsDetails?id=9.

设定目标，然后由数字化的自己给出正向反馈。在虚拟世界里不断获得正向反馈的"自己"，逐渐影响现实中社恐的自己走出精神孤岛，"我们对于元宇宙的认知在于，不仅是人沉浸于虚拟世界，而更多是虚拟世界能够作用于现实世界"。

☞ 结语

2021年5月，首届全球NFT[①]加密艺术大展——"确实中的冲击"在上海举办。27位/组艺术家带来的近百幅作品中，不少都是关于虚拟与现实这个主题，如乔纳森·纳什（Jonathan Nash）以20个iPad呈现的作品。iPad屏幕上展示的是由艺术家创作，被不同超真实环境环绕下的各种手机屏幕。这幅作品希望告诉观者，智能手机已经成为接入虚拟世界的直接端口，它在很大程度上成为人们了解知识最主要的途径。人们不再去记忆那些历史事实和名字，也不再需要记住任何词条和知识，人们将脑中的知识通过手机存储在云端，只需要打开屏幕，输入想要查找的关键词，一切相关信息便会出现。换言之，手机加速了人们将自己数字化的进程。

虚拟与现实不仅成为艺术品的内容，也改变了艺术品的交易方式。在艺术品市场，真品是艺术品价值的核心，梵高手绘的《向日葵》和模仿度高达99.99%赝品，价格天差地别。但以图像文件表现而非真人制作的数字艺术品，不仅赝品和真品之间无法区分，更非常难以确权保护版权，因此以往难以评估数字艺术品的价值。但是对数字艺术品赋予NFT后，数字艺术品也将拥有独一无二、

---

① non-fungible Token的缩写，中文含义为非同质化代币，本质上是一种有价值的虚拟互联网物品。

延伸阅读 9-1

稀缺、不可分割的属性。不仅旁人无法伪造，甚至连创造者本人也无法篡改、复制，从而使得数字艺术品的确权、价值评估变得真实可靠，能够在艺术品市场进行交易。虚拟构建的 NFT 的这种真实性，甚至超过了传统现实世界中艺术家通过签名来表明真品的真实性。

从仿制、生产到仿真，再到虚拟的 NFT 对艺术品真实性的证明，虚拟不再仅仅是现实的分身，而是逐渐对现实产生影响。俄裔美籍作家弗拉基米尔·纳博科夫（Vladimir Vladimirovich Nabokov）在回忆录《说吧，记忆》里这样开头[①]："摇篮在深渊上方摇着，而常识告诉我们，我们的生存只不过是两个永恒的黑暗之间瞬息即逝的一线光明。也许虚拟与现实也是两个一线边界正在消亡的永恒。"在这个融合的过程中，虽然对于野小兽这样面临激烈竞争的企业而言，让用户使用可穿戴设备增加虚拟世界的沉浸感还为时过早，但仍有许许多多"To-The-Point-Of- Addiction"（沉溺其中）之处，可以增强用户对企业所构建的虚拟空间的情感认同，让虚拟影响现实，从而不断实现企业在真实世界的商业价值。

本篇思考

1. 在你的经历中，有哪些关于虚拟空间的体验？
2. 当前有哪些虚拟技术对你所在行业产生影响？
3. 在你看来，AI 技术能否应用于你所在行业？
4. 你还知道哪些虚拟与现实的模糊子趋势商业实践创新？

---

① 弗拉基米尔·纳博科夫. 纳博科夫精选集[M]. 王家湘，译. 上海：上海译文出版社，2019.

第九章　选择："我"要拥抱新的体验

第三节　富足的物质生活引发对美的求索子趋势

美发生着变化，像一只蜥蜴
将皮肤翻转，改变了森林；
又像一只螳螂，伏在
绿叶上，长成
一片叶子，使叶子更浓密，证明
绿比任何人所知的更深。
——理查德·威尔伯（Richard Purdy Wilbur）《美发生着变化》

◇ "对美的求索"子趋势定义

"95后""00后"成长在一个物质相对充裕的时代，他们对事物的追求展现出的是一个从功能需求到精神需求，从物理价值到心理价值的转变。美是通向心理附加值的一把钥匙，对美的求索是一种心理需求要得到满足的体现。对美的求索不仅体现在所购买的产品或服务能吸引人的目光，而且希望产品或服务通过文化、时尚、潮流、艺术、工艺等更高价值的元素，能帮助自己构建独特的风格，创造一种全新的生活体验。

◇ 现象与疑问

中国地产行业近年来发生了巨大变化。国家统计局公布的2022年全年房地产开发投资与销售数据显示[①]：商品房销售面积

[①] 国家统计局. 2022年全国房地产开发投资下降10.0% [EB/OL]. [2023-01-17]. http://www.stats.gov.cn/sj/zxfb/202302/t20230203_1901712.html.

同比下降24.3%，商品房销售额同比下降26.7%。一片萧条之下，2020年才成立的一家房地产企业——宸嘉发展，将艺术与美作为自身产品的标签，从产品理念、产品设计到产品细节，无不追寻美的极致与力量，并在武汉、长沙、上海创造了惊人的销售业绩。例如：宸嘉成都嘉佰道项目里，高挑的公寓电梯厅内，一道道拱形门廊以铁锈红作为基调，穿插略带磨砂的瓷白，辅以特定灯光渲染，建筑空间的艺术美令人沉醉；精装修公寓里，客厅、餐厅和卧室等所有活动区域，天花板与墙面都呈现出对艺术线条空间美的思考；第45层作为高层建筑必备的避难空间，以法国小众高分文艺片《寒枝雀静》作为设计灵感，通过艺术墙绘画、绿植环绕、软装陀螺椅等元素，呼应电影有关人性"生活三部曲"的探究；大堂里《故乡·他乡》艺术画展中，展品包括周春芽、何多苓、奈良美智、草间弥生等当代艺术家的真迹……

由此，成都嘉佰道项目虽然以不被业内看好的60～69 m² 小户型为主（以往这类房型因面积较小，被认为不会被富人所青睐），仍在开盘当日售出超过200套，买家则以年轻且具备国际视野的"富二代"为主。在他们看来，成都嘉佰道类似于纽约上东区中央公园旁的标志性奢华公寓。换言之，宸嘉发展通过对产品艺术与美的深度构建，呈现出物质与精神的极致盛宴，成功完成了一场对并不缺少房屋居住的年轻高净值人群居住情绪的恰到好处的梳理和回应。

宸嘉发展在地产行业输出的这一现象级产品，说明对相当一部分消费者而言，美不仅是锦上添花的元素，更是能够带给他们愉悦，促使他们采取购买行动的决定因素。于是，对相当一部分商业组织而言，美不仅是产品的外观，更是一种生产力，是一种能够给企业带来可观利润的重要因素。

由此，我们想进一步探索，什么是美？美在年轻人心中意味着什么？商业组织如何利用美这种生产力创造价值？

❖ 年轻人为什么追求美

美不仅是表象更是形而上

何为美？这是美学这门学科研究的基本问题。1750 年，德国哲学家亚历山大·戈特利布·鲍姆嘉通（Alexander Gottlieb Baumgarten）首次提出美学概念[①]。在他看来，人的心理活动分为知、情、意三个方面，既然有逻辑学研究知或人的理性认识，伦理学研究人的意志，那么也应该有一门学科研究人的情感即人的感性认识。他将这门学科命名为"美学"（Aesthetics）。

美学是研究人与世界审美关系的一门学科，即美学研究的对象是审美活动。审美活动是人的一种以意象世界为对象的人生体验活动，是人类的一种精神文化活动。然而，当我们为"美"寻找一个定义时，我们发现每个人的理解都不同。古希腊哲学家柏拉图认为：美是理念；俄国作家车尔尼雪夫斯基认为：美是生活；庄子则在《知北游》里表示：天地有大美而不言。

虽然每个人心中对美的定义、标准都不同，但大家都在追求美。1970 年，马斯洛在新版的《动机与人格》一书中[②]，将人类需求模型从 5 个层次变为 7 个层次，增加了认知需求和审美需求。审美需求是指人对美的生理、心理、精神上的需求和欲望，是人

[①] 鲍姆嘉通. 鲍姆嘉通说美学[M]. 高鹤文，等译. 武汉：华中科技大学出版社，2018.

[②] 马斯洛. 动机与人格[M]. 许金声，等译. 北京：中国人民大学出版社，2013.

们生命需求的一种表现方式,这是人所独有的自由自觉的生命活动的本质特征以及人生存、发展的内在机制。人们对于美的需要也是一种基本需要,比如希望行动的完美,对于事物对称性、秩序性、闭合性等美的形式的欣赏,对于美的结构和规律性的需要等,都是审美需要的表现方式。审美需求被马斯洛归结为高阶的"成长需求"。他指出,满足个体的基本需求,有助于更高层次成长需求的激发。并且基本需求在满足之后不再产生新的需求,而成长需求的特点是越被满足越产生更强烈的需求,从而激发个体强烈的成长欲望。

这代年轻人为何对美情有独钟

美食、美器、美景当前,拿出手机先拍照分享,是众多年轻人的行为模式。这种对于美好日常的分享,其实隐藏着年轻人的一种态度——"颜值即正义"。有颜值意味着美好的存在,而美好的背后是对生活的一种热爱,是获得人生丰富体验的一种方式。拍照分享是年轻人的一种审美活动,这种活动本身也在创造美,如何构图?什么时间拍?如何美化?都需要年轻人精神上的付出,只有创造出满意的作品他们才会分享出来。

这样一代的新青年与他们的成长背景高度契合。回溯过去,"70后"成长的年代,中国正经历经济与文化从封闭到开放的巨变。由此他们更多关注基本需求:吃穿住行的改变与满足。"80后"在社会震荡中成长,他们走过高考的独木桥,更在毕业后目睹了房价的飞涨,人群间差距的逐渐拉开,因此,他们是更为现实的一代,更注重自我提升,渴望通过满足基本需求实现更美好的生活。而"95后""00后"与他们完全不同,成长在物质与文化更为繁荣的年代。生活在超一线、一线大城市的他们，成长期经历着幸福、丰盛且完整的生活，因此，这代年轻人可以更平和地完成价值观的养成与塑造，并且在无须担忧基本需求满足的基础上，不断追求成长需求的满足，从而获得更高阶的愉悦。

满足年轻人对美的追求困难重重

每一代年轻人都在重塑这个世界。面对众多年轻人对美的求索，不少商业组织都在寻求如何满足这类需求趋势，然而他们也发现挑战重重。首先，每个人对美的定义与标准不同，如何满足众人心中不一样的美？当人们经常处于饥肠辘辘时，端到面前的食物总是被一扫而光，此时餐馆好与否只有一个标准：能否填饱肚子。当人们不再是为了满足填饱肚子这一基本需求，而是为了获得不一样的体验吃饭时，食物是否好吃仅仅是一个方面，食物之美、器皿之美、氛围之美……都变得无比重要，都成为能否让食客赞不绝口、下次再来的因素。然而，当涉及精神层面需求的满足时，就如一千个人心中有一千个哈姆雷特，你欣赏的碗的形状，也许别人并不中意。因此，企业如何获知众人心中美的定义和标准，并给予他们美的满足呢？

其次，如何平衡对美的求索与商业运作的要求？美常常与艺术相关联，人们对美的极致追求带来各种动人心魄的艺术品。黑格尔甚至认为，美学的研究对象是研究美的艺术。然而，要创造完美的艺术不仅需要无止境的探索，有时甚至需要偏执，正如梵高在生前穷困潦倒，死后却声名鹊起，创造美有时却意味着孤独、痛苦被众人所抛弃。但是，商业组织需要获得利润才能得以存活，一味追求艺术的美、自己认可的美，不愿意与市场的审美水准相妥协，不能有效控制追求美所需要的成本，这样的求索无法持续。因此，如何平衡对美的求索与商业运作之间的关系，复杂而又微妙。

最后，如何让整个组织具备创造美的能力？美需要敏锐的感知，创造美的人需要有天赋。譬如我们站在楼宇中、抬头望向天空时，有的人无动于衷，有的人会看到云卷云舒、斗转星移，会因为看到大自然在流动中创造属于自己的节奏和韵律而分外感动。当面对城市中霓虹的闪烁和摇曳的灯火时，不停变换着形态的光影，能让李宗盛有所触动，创作出描绘都市人情感的歌曲《夜太黑》，而有的人却只顾埋头赶路。因此，如何让组织中背景迥异的个体不论天资的差异，形成统一的对美的认识和理解，具备对美的感知和创造力，从而打造整个组织创造美的能力，是企业面临的又一个难题。

接下来，我们将通过阅读包小姐和鞋先生如何满足年轻人的对美的求索这一子趋势的案例，看看这家组织如何解答上述三个难题。

✧ 因为寻常而追求包与鞋的美

竞争激烈的中国制鞋行业

中国是全球最大的制鞋国，占全球鞋类总产量逾 60%。国家统计局数据显示[①]：2022 年，规模以上皮革、毛皮、羽毛及其制品和制鞋企业营业收入达 11 339.9 亿元。中商产业研究数据则指

---

① 工业和信息化部. 2022 年皮革行业运行情况[EB/OL]. [2023-02-23]. https://www.miit.gov.cn/jgsj/xfpgys/qg/art/2023/art_07cf5c6b10344e489a187bc4a2e5d909.html.

出[1]：中国鞋业市场规模从 2016 年的 549 亿美元增长至 2021 年的 699 亿美元，复合年增长率为 5%；预计 2026 年市场规模达 975 亿美元，2021—2026 年复合年增长率达 6.9%。

庞大的市场规模背后是庞大的企业群体。中国皮革协会数据显示[2]：2021 年，中国规模以上制鞋企业达 4 175 家。这些企业主要分为四大产业集群：①以广州、东莞等地为代表的广东鞋业基地，主要生产中高档鞋。②以温州、台州等地为代表的浙江鞋业基地，主要生产中低档"网红鞋"。③以成都、重庆为代表的西部鞋业基地，主要生产中低档女装鞋。④以福建、泉州、晋江为代表的鞋业生产基地，主要生产皮革鞋靴和运动鞋。

具体到女鞋，国内的百丽时尚、星期六，新加坡的 CHARLES & KEITH 都是拥有众多店铺、知名度较高的大型鞋业集团。弗若斯特沙利文数据显示[3]：2020 年按零售额计算，百丽时尚以 11.2% 的市场份额占据中国时尚鞋履市场首位。

因为不美所以寻找美

胡剑萍是国内饰品品牌阿吉豆的创始人。她喜欢鞋子也常常逛鞋店，却总是感觉看到的鞋子虽然可以穿，但无法满足自己对美的要求。2016 年，胡剑萍和一位曾在意大利留学的员工前往当地出差。这位员工带着她参观了一个全球知名的鞋业展。就像爱

---

[1] 中商情报网. 2022 年中国鞋业市场规模及发展趋势预测分析[EB/OL]. [2022-07-02]. www.askci.com/news/chanye/20220702/1442161911297.shtml.
[2] 香港贸易发展局经贸研究. 中国鞋类市场概况[EB/OL]. [2022-10-19]. https://research.hktdc.com/sc/article/MzA3OTMwODcz.
[3] 澎湃. 退市 5 年后鞋王百丽再上市：毛利率 65%，高瓴带来哪些改变[EB/OL]. [2022-03-20]. https://www.thepaper.cn/newsDetail_forward_17190146.

丽丝进入魔法仙境一般,胡剑萍一下子迷失其中,逛了整整一个上午,"我才发现鞋子可以这么好看,重奢、轻奢、基础款,各种品类都有!"回忆起当时的震撼,胡剑萍眼里仍然闪现着激动。

从展会出来,她立即给国内同事打电话,要做一个鞋类品牌。这个看似非常冲动的经营决策,包含了她对国内制鞋行业长期的思考:连锁鞋店提供的鞋子款式单一,虽然能够满足人们穿鞋走路的功能需要,但无法满足人们对一双漂亮鞋子的向往。随着国内越来越多的人拥有更富足的物质基础,将有越来越多的人涌现想要买到好看鞋子的需求。

因为缺乏制鞋行业经验,最开始胡剑萍采取开设买手鞋店的形式,以拉如达薇亚为整体品牌名,在热闹的上海徐家汇美罗城,开设了第一家国际鞋履品牌集合店。在她看来,仅仅有具有设计美的产品还不足以满足顾客对美的要求,购物环境也需要具备氛围美,"我就想做出一个在自家欧式客厅里随心所欲试穿鞋子的感觉"。但是,空间设计公司却告诉胡剑萍,她的许多想法不切实际,没有人像她这样做鞋店。眼看沟通数次无果,胡剑萍决定赔钱与设计公司解约,她要按照自己对美的感觉,设计空间,完成店面装修(图9-1)。胡剑萍脑海里有一个朦胧的效果图,她照着这个想象中的画面跑了很多家石材店、家具店,挑选材料。她不能允许装修落地时和原来的设想有一点差距。当时有一堵墙,她坚持要自己的设计师敲掉,以至于敲掉前设计师说对最终结果已丧失信心,然而胡剑萍却说:"你要相信我,相信我的感受力。"等到一切落定,设计师自己都说:"真的太棒了!"

在胡剑萍看来,做一个品牌,但却无法完美呈现从产品、营销推广到购物环境、购物体验等一切与这个品牌相关的事务,是

第九章 选择："我"要拥抱新的体验

图9-1 拉如达薇亚店面
（图片来源：拉如达薇亚官网）

一件非常痛苦并且商业上注定不会成功的事。她对美的求索最终获得了理想回报：865平方米的店铺位于美罗城主入口；透过玻璃橱窗，挑高的穹顶、旋转的楼梯、精致陈列的鞋履，一览无遗；黑胡桃木的地板、意大利小牛皮的沙发、奥地利的水晶吊灯、纯手工的真丝地毯、摆放稀有时尚书刊的角落……构成了一个好似珍藏鞋履的博物馆。懂鞋、爱鞋之人可以徜徉在春夏季超过60个、秋冬季超过147个欧美潮流鞋履品牌中，寻觅自己的心头之好（图9-2）。由此，带给她们的不仅是一种外在的鞋履购物体验，更是一种内心对美的求索的释放。

虽然几年以后，美罗城店由于业主不同意安装地暖导致冬季顾客体验不佳等种种原因而关闭，但拉如达薇亚在上海的兴业太古汇、久光百货、万象城（上海、杭州），这些年轻潮流人士热衷出没之地开设店面，并获得了单店每年过千万元的营销收入。

图 9-2 拉如达薇亚产品展示

(图片来源:拉如达薇亚官网)

连锁鞋店也要美起来

开设集合店积累一些制鞋行业的经验后,胡剑萍计划开设品牌连锁女式鞋包店。一方面,她认为零售行业的经营理念相通,通过阿吉豆累积的运营经验可以嫁接到鞋类经营;另一方面,她坚信自己最初的判断:热爱美、想找到一双具备美感的鞋子,从而感受到精神上愉悦的年轻女性,将越来越多。然而现实远比想象艰难。

拉如达薇亚店内鞋履单品定价为:春夏款在 2 000~4 000 元、秋冬款在 3 000~7 000 元,因此与定价千元左右的百丽、星期六,甚至更低价位的 CHARLES & KEITH 有着不同的消费群体。计划中的鞋店定价在 500~1 000 元,将与现有品牌连锁鞋店正面竞争。不仅如此,经过多年发展,百丽集团 2016 年年报显示:全国店铺超过 2 万家,一年卖出 6 500 万双鞋,年营收超过 400 亿元。走进国内三线及以上城市任何一家主流百货，都可在鞋类零售区看到百丽旗下的 BELLE、思加图、天美意、他她等 10 多个品牌的柜台。换言之，百丽占据了国内主流鞋类销售渠道。

但是，胡剑萍和她的团队认为：在百丽庞大的身影下，通过响应年轻人对美的求索一定会有自己的一席之地。百丽集团年报显示：2017 年净利润同比减少 18.09%，较 2012 年几乎腰斩。其中既有百丽自身开店速度过快的因素，也有线上电商对线下实体店冲击的因素，还有百丽注重产品功能性，忽略年轻人对鞋子审美需求的因素。

因此，她们将开设品牌连锁鞋店包小姐与鞋先生（以下简称"包与鞋"）的初衷定义为：精心挑选可以满足不同阶层审美需求的作品，为人们带去风格迥异的个性美学，让独到的美如同标签一般诠释人们的选择。胡剑萍认为一个品牌背后其实是一群具有相同喜好的人的集合，包与鞋的客户群体应该是 25～30 岁、有一定阅历的年轻女性，她们对美有一定鉴赏力和超越普通人的感知力。

然而，仅有初衷远远不够，特别是不像磨脚、鞋子紧等功能性需求可以通过选用柔软的皮革、更符合人体工程学的鞋楦有效解决，审美是一种看不见、摸不着的精神活动，并且每个人都有自己认同的审美标准，无法统一。因此如何正确理解人人心中不同的美，同时通过产品中某些可见的元素给予物化的诠释和响应，是摆在胡剑萍面前的第一道难题。

谁可以表达包与鞋对美的理解

在产品层面，经过前期市场研究，包与鞋将色彩作为响应年轻女性审美需求的一个重要元素。通过数据分析，她们发现近几年年轻女性消费者在个人颜色偏好上的消费特征越发明显。全球色彩权威机构潘通（PANTONE）副总裁劳里·普雷斯曼（Laurie Pressman）曾说[①]："80%的人类经历都是通过眼睛过滤。"色彩能够在生理和心理上无意识地影响人们，它不仅是创造情绪的最重要的设计元素，也是传达信息最重要的沟通工具。包与鞋团队将颜色作为一个重要因素开展产品设计，如他们在其他品牌冬季仍以黑灰色为主、不敢推出白色产品时，开店第一年即推出白色靴子并成为爆款。同时，在门店空间设计上，也做了大块面积的颜色淡化处理，运用原生态的水泥、金属以及大面积的墙体，更好突出产品颜色。此外，产品陈列也一改鞋店按照细分品类划分陈列区域的传统方式，将颜色相同或相近的鞋包摆放在同一个展示区（图9-3）。每个色块代表着每一种审美的自我个性标签，消费者可以根据对色彩的审美需求快速搭配。

图 9-3　包与鞋产品展示

（图片来源：包小姐与鞋先生官微）

---

① 澎湃. 潘通 2023 年度代表色公布：能唤起大自然力量的非凡洋红[EB/OL].[2022-12-05]. https://m.thepaper.cn/baijiahao_21030692.

"当时我就是被店里一排绿色的鞋给吸引住了,我觉得好鲜亮,很少有鞋五颜六色地放在那儿,然后我觉得它的色彩搭配特别漂亮。"

——祁女士,25 岁,上海

款式是产品层面响应年轻女性审美需求的第二个重要元素。包与鞋看到越来越多的消费者在某些品类消费上开始求异去同,更注重个性表达,因此,在产品设计上,他们没有选择聚焦,而是采取多款式、多风格、多场景的丰富度策略。他们认为现有品牌连锁女鞋提供的产品具有的是基础之美、偏功能性之美,包与鞋的美应该和这些美不一样——多样而四溢,可以是经典的美、浪漫的美、都市的美,也可以是有趣的美、休闲的美、中性的美……除了款式的多元化,包与鞋还赋予每个色彩岛台不同的故事主题,从而回应具有不同审美偏好的人群。"我特别喜欢上海七宝万科广场最开始那家店。因为面积足够大,既可以让商品陈列得非常漂亮,也可以将每个款式中你要表达的故事系列与形态完美呈现。"回忆起包与鞋首家店铺(图 9-4),胡剑萍颇有感触。

图 9-4　包与鞋店铺

(图片来源:包小姐与鞋先生官微)

"它整体的风格比较百变，它这一季至少有五个颜色的主题和陈列，基本上每一个季度陈列都会变。"

——刘女士，31岁，北京

饰品化则是产品层面第三个重要元素。在与国外优秀鞋履品牌合作过程中，团队发现鞋履饰品化的趋势日益明显。鞋子开始从功能性为主的产品属性，逐渐成为一个人整体形象的重要组成部分，换言之，鞋子装饰性的作用日益突出，这就要求鞋履设计需要选用一些特殊材质，并加入一些装饰元素。作为阿吉豆饰品的创始人，胡剑萍对饰品非常熟悉，于是她带领设计团队将饰品作为一个重要的设计元素进行产品开发。每年她们前往意大利LINEAPELLE国际皮革展定制鞋包材料，特别是一些特殊材料，如天鹅绒、真丝布、网纱等，同时，前往日本、韩国采买所需辅料。由此，确保包与鞋的产品在手感、色彩精准度、质感上与国内普通材料制作的产品有明显不同（图9-5）。不仅如此，包与鞋上采用的钻饰、花饰和其他五金装饰物等，多采用施华洛世奇原材料或其他进口材料。这些饰品的做工和质感都优于其他同等价位的品牌产品。最终的销售数据显示，增添了饰品元素的鞋履深受年轻女性的欢迎。

"即使一双平平无奇的拖鞋，可能那颗珠子就做得很吸引人，比如有偏光，会有一些小金粉在里面，不是说外面流行亮闪闪的，就搞一个超大的钻，往上面一装，他们会考虑色彩色块整体的和谐度。"

——杜女士，27岁，武汉

第九章 选择:"我"要拥抱新的体验

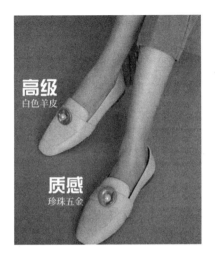

图 9-5　女鞋展示

(图片来源:包小姐与鞋先生官微)

开发节奏突破季节限定是产品层面的第四个重要元素。传统制鞋企业都是按季节开发产品,并分为四季或六季上新。这种上新方式还是依据鞋履的功能性确定,如凉鞋适合夏季穿着,因此春末夏初上新;靴子适合冬季,因此秋末冬初上新。包与鞋事业部总经理段长缨希望突破这种传统季节逻辑,组建专职研发设计团队,像运营饰品一样,以月为单位进行产品开发,以周为单位开展上新,"我们的逻辑是美不分季节,人们按照自己内心对美的定义和标准寻找心爱之物,并且愿意在找到时付费购买,因为这种购买行为本身就会带给消费者愉悦,而无须等到使用时才能感知愉悦。"

"我哪怕现在不穿,三四年之后我再拿出来穿,一样,它整体的设计风格还是立足当下的。"

——章女士,32 岁,上海

此外，非产品层面，注重线下门店发展也是诠释美的一个重要元素。包与鞋认为线上更多的是解决便捷、即刻需要，而线下更容易让消费者感受到美、触摸到美。作为一个以体验为主的品牌，门店的视觉、触觉效果是她们更希望让消费者感知到的部分。"门店里安放的大圆镜直径达 2.2 米，相应地还有同样大小的橙色圆形沙发，摆在店中央。对于坪效和成本都非常重要的零售业，这么大的镜子和沙发，意味着我们边墙的陈列位就会减少，周边也不能摆放得很规整。但是牺牲商品陈列的同时，我们给顾客带来独特的体验，甚至有顾客将我们的大圆镜和橙色大沙发，作为一个打卡点自拍发在小红书上。"段长缨解释道。当一位消费者走进包与鞋的店铺，她会发现灰色的墙面、金属的支架沉稳、大方；以黑白、紫色、粉色、绿色、蓝色、红色等色系为法则陈列的鞋履则富有灵动感，这种商品与空间在色彩上的衬托与冲突传递给她与众不同的美的感觉。试穿区高质感、多色彩的丝绒沙发则提供舒适的试穿及休息空间，同时，大面积的圆形镜面和暖调的灯光让空间增加了温度的质感。原本多用于饰品类商品的毛球装饰物镶嵌在鞋面上，展示出富有活力的多样化精神，而鞋子的马卡龙粉色则仿佛在色彩里掺入牛奶，清新脱俗，结合五颜六色的毛球装饰元素，扑鼻而来的春日气息，让人爱不释手。

"我觉得它这个软装，先说色调和其他店就不太一样……一进去明显就感觉这家店有点调调，包括店里放的音乐，就是那种意大利歌曲，但是很衬它整个店铺的感觉和装饰，店里的视觉冲击感让我对它的店产生了兴趣，区别于其他普通品牌的鞋店，至少给我的心理状态，是能勾起我进去的想法……我好奇为什么有这么多色调的鞋在里面，到底是什么样的鞋呢？"

——陈女士，24岁，成都

美学是更高阶的营销方式

打开任何一本营销书籍，作者会告诉我们应该聚焦在产品属性能给消费者带来的利益点上。消费者把需求表达为他们从产品上寻求的利益点，如牙膏防止蛀牙、去除牙斑，汽车的安全和舒适性，工业品按时交货和账期等。科特勒在其经典《营销管理》教科书中写道[①]："利益点细分是将消费者按照他们从产品中所寻求的利益点来进行分类，是一种消费者分类的强大方式。"Urban 和 Star 在 Advanced Marketing Strategy 一书中也强调了构思一个"独特的利益点主张"的重要性[②]。他们表示，"对于一个足够大的消费者群体，如果我们在一个非常重要的维度上开发出竞争优势，那么我们就能获得实质性的市场份额和较高的利润。从竞争的角度，我们需要能将我们的产品以一种能为消费者产生效用和为我们产生利润的方式与竞争对手差异化开来"。由此，营销人的工作常常是打磨产品属性，直到产品适配消费者的期望，为消费者的问题提供一个满意的解决方案。

然而，今天大多数消费者不会被硬性广告宣传但却易被孤立的产品卖点打动。市场逐渐由产品属性导向转为生活方式和价值导向。消费者的选择是基于产品是否适配他的生活方式，或者产

---

① 菲利普·科特勒，凯文·莱恩·凯勒，亚历山大·切尔内夫. 营销管理[M]. 卢泰宏，译. 北京：中国人民大学出版社，2009.

② Glen L. Urban, Steven H. Star. Advanced Marketing Strategy: Phenomena, Analysis, and Decisions[M]. Prentice Hall，1990.

品是否赋予他一种理想的体验。

1997年,施密特和西蒙森提出了营销美学的概念[1]。营销美学指借由公司和品牌产出物带来美好感官体验的营销,从而提升公司和产品身份。换言之,营销美学就是打造美学体验。体验是将视觉、听觉、触觉、味觉、嗅觉、直觉等沉浸于企业打造的事物中。相比寻找利益点,营销美学是更高阶的营销方式。当运用得当时,能迅速为企业和品牌在消费者心智中构建独特的身份印记。

2018年包与鞋品牌正式成立后,陆续在全国开出五家门店,其中,上海七宝万科广场店和北京蓝色港湾店销售额超过场地原租赁品牌两倍以上,南京中央商场店占据该商场鞋类销售前三名。然而伴随着包与鞋的迅速发展、组织人员的迅速扩张,胡剑萍发现自己又迎来了一道道难题。

艺术的美与商业的"俗"该如何平衡

艺术家的孤独与寂寞常常在于他们的作品无法被普通人所理解和认同。胡剑萍内心对美的定义是:它一定是能触碰到你,然后让你有点颤抖,哪怕是轻微,那就是美了。然而,她更清楚自己是在运营商业的基础之上追索美,并且她要响应的是众人对美的需求,而不仅仅是自己对美的向往。她和包与鞋的团队需要寻找美与商业平衡的分寸,换言之,产品需要呈现美,但不能鹤立鸡群,不能过于超前,也不能脱离商业的本质赚不到利润。"我们有一个品牌某个品类的做法很值得反思。产品太高傲、太美,导致出货率很低。我们和消费者都觉得它美,认为它夸张而唯美。

---

[1] 施密特,西蒙森. 视觉与感受:营销美学[M]. 曹嵘,译. 上海:上海交通大学出版社,1999.

但是消费者觉得有距离，她不敢碰，她没有自信能驾驭这个产品，消费者觉得可能只有自拍才能用，平时戴不了，所以这个产品的成长力就很低，需要我们检讨纠正它的设计尺度。"

为了构建自身创造美的能力，包与鞋每年都会收集大量的全球流行趋势分析资料以及竞品资讯，并开展研究，从而确保自身对美的理解敏锐不保守、有据可循。在不断充实资料库的基础之上，团队拟制自身创造美的逻辑框架：从基础品类分析开始，思考材质选择、色彩精确度的边界。例如：对于黄色的选择，冬季是否可以运用黄色？哪种色号的黄色合适？特别明亮的黄、还是淡雅的黄？某种材质能否最终呈现想象中黄颜色的效果？胡剑萍不希望团队为了证明与众不同而创造不同，一切的设计选择需要建立在逻辑思考基础之上，需要吻合产品价值链的要求：在包与鞋的商业规模设定下，谁是包与鞋的消费者？她们在哪里？群体有多大？包与鞋的商品线该如何布置？

2023年包与鞋推出的桃粉色丝绒刺绣浅口平底鞋深受欢迎。桃粉色本身是潘通公布的2023年10种春夏时装流行色。潘通对桃粉色的定义为：滋养的桃子色调邀请你进入一个温暖的怀抱。这非常符合经历了三年疫情困扰的人们，需要某种情绪上关照的精神需求。而且桃粉色也是与春天桃花盛开的景致无比呼应的色彩。但是这种浅浅的粉色需要加入其他元素，不然轻飘飘的感觉无法回应25～30岁已经有一些阅历的年轻女性，需要有一些沉淀的审美要求。设计团队在鞋面上加入灵感来源于法国插画师Sarah Corynen"不对称猫咪与毛球"的刺绣。黑与白压住了桃粉色的飘；猫咪与毛球源自日常生活，亲切、温暖；简洁明了、不失风趣机智的笔触，则是部分年轻姑娘喜爱的画风。因此，虽然定价 999 元/双，但其他品牌没有类似的款式，因此市场反馈相当积极。

与桃粉色丝绒刺绣单鞋相比，包与鞋也常常碰到一些款式很有信心，但销售数据不尽如人意的情况。对此，团队相信市场数据的价值，他们更愿意通过反思总结，力图更深入地探索年轻女性的审美精神世界。

艺术的美需要良好的商业运营来实现；设计团队的许多理念需要后端供应链与工厂的配合。但目前工厂对设计团队的一些理念有时无法理解，有时执行有偏差，因此，包与鞋需要不断加强与工厂的磨合，才能让设计图上的美丝毫不差地真正成为商品陈列在门店。此外，包与鞋坦承相比一些成熟品牌，她们在鞋楦设计方面仍需努力，穿着走路舒适与否虽然是鞋子的功能属性，但作为鞋履品类的基础必须要改进。为此，管理层开始招募制鞋供应链领域专业人士，希望能迅速弥补这一块短板。

包与鞋将门店好的服务定位为实现发展的基本要求。在她们看来，无论是百丽还是 CHARLES & KEITH，服务水准都可圈可点。这个领域竞争激烈，包与鞋很难做到脱颖而出，但要保持不落人后。包与鞋需要将精力聚焦于如何通过颜色、材质研发鞋履的美、如何通过精致的推广片、企划和陈列传递鞋履的美。构建创造美的能力才能在商业上获得更多成长的可能。

组织创造美的能力如何培养

胡剑萍将包与鞋的未来界定为：保持旺盛的对市场、对消费者的感知和洞察能力，挖掘消费者对美的需求，不断通过美的创造满足她们。坚持在商品上持续下很大的功夫，创造具备美感的物品，有时让包与鞋的团队也感到困难重重。为此，她既要不断在团队内强调创立包与鞋的初衷，也需要参与设计运营各项环节进行把关。虽然不论是店铺设计、选品、产品设计还是推广资料审核，她都乐在其中。胡剑萍认为自己在物的面前非常柔和，创作美带给她许多愉悦。但是，随着包与鞋组织的不断壮大，她面临的问题越来越多，需要构建整个组织创造美的能力：不仅需要强化对消费者、对品牌的理解力，还要有更为统一的对美的认知。为此，她在以下方面进行了深入探索。

首先，挖掘具有审美能力的人。一方面，包与鞋从国内外院校中招募功底扎实、具备基础审美能力的应届毕业生，同时也从其他企业招募具备专业营销能力的人才。在这个过程中，胡剑萍会尽可能寻找那些审美偏好与自己接近的人。在她看来，每个人的审美标准不同且很难实现彻底颠覆，如果差距太大，将给日后开展工作带来各种困扰。另一方面，她常常花大量时间与下属交流、吃饭，找各种机会观察现有员工中谁具备较好的对人与事的观察能力，谁与自己的审美偏好更为接近。"最开始和团队解释自己的想法很辛苦，这几年我们在挖掘人才上花了很多功夫，现在面对感受力跟我比较相近的人，解释起来就没有那么痛苦了。"胡剑萍这样解释审美力相似的价值。

其次，培养员工美的创造力。找到那些可以被同化的人是关键，下一步是要不断同化他们。不仅是在包与鞋团队，在其母公司古马众物内部，听音乐、看电影、阅读艺术类书籍，参加音乐节……都是企业提倡员工积极参与的活动。通过观看大量欧洲电影，员工常常在工作间隙探讨画面中的人物如何穿衣戴帽，如何装扮自己；通过观看日本动画，他们学习如何呈现高水准的配色、布景。经过一遍两遍直至许多遍的熏陶，慢慢地，员工的感受力不断增强，对美的鉴赏力也不断累积，逐渐融入理想中希望构建的品牌氛围中。"我们首先需要内在有一点天赋，然后通过学习像海绵一样不断吸取外面的东西，就好像那句话：看过很多书虽然没有记得，但是它都在你的骨子里，成为你的一部分。接下来，当你再看色彩，再看感受力时，就会是神来之手，就是上帝拉着你的手在帮你做事情。"

最后，确保组织拥有可持续的创造力。包与鞋要求产品中心每个岗位都有三个人能承担彼此的日常工作。通过构建接班人梯队，确保人员流动时，组织的创造力不受影响。此外，包与鞋在梳理品牌白皮书。这样有助于员工在日常工作时，直观理解品牌的内涵以及外部评判标准，清楚知晓哪些元素与品牌的调性相符，哪些图片呈现的氛围与包与鞋的气质相冲突。清晰的评判标准有利于减少员工们对美界定、理解的不确定性，减少工作中反复沟通、确认等不必要的环节，有助于团队围绕白皮书构建统一的对美的认知和衡量体系。

现在胡剑萍常常不需要参与包与鞋所有中间环节，只是在大型企划或是研发定稿前参与把控。然而，她还是常常遇到由于组织审美能力、创造能力的不足，导致品牌与消费者之间的偏差，或是审美分寸之间的偏差。在她看来，一切都需要尽可能完美，有时就是一点点偏差，效果就截然不同。"一加一等于二，它可以定义，但是比如应该用哪种红色，红的程度差一点点，感觉就会完全不一样。"因此，对她而言，构建组织整体创造美的能力仍不能有一丝懈怠，仍是任重而道远。

第九章 选择:"我"要拥抱新的体验

创造美虽然很难还是要坚持

三年疫情不仅放缓了包与鞋发展的脚步,更是带来各种经营困境。作为在国内拥有近40家门店、规模尚不够大的包与鞋,如果没有母公司的支持,也许无法熬过三年零售业的惨淡。面对盈利的压力,团队有时也会建议胡剑萍放低对产品设计、宣传推广创造性的要求,选择一些没那么痛苦更容易赚钱的模式。不过胡剑萍并不认可,她认为复制者没有灵魂,她希望能坚持古马众物"以物连接,让人们感受生活的美好"这一愿景,而且她相信能感受到美、愿意寻觅美、从拥有美中体验到愉悦的年轻人将越来越多。

☞ **结语**

"我们面对的是大气、现代、轻熟的都市女性客群。她们见识广泛、热爱生活、内心丰富,在各种场景都希望展现出积极乐观、享受当下的一面。她们乐于投资穿搭,对于时尚趋势有自我见解。面对这类客群,我们将工作重心聚焦于如何通过颜色、材质研发产品的美;如何通过精致的推广片、企划和陈列传递产品的美;如何在门店落地各种细节,让顾客体验到购物的美好。所以,包小姐与鞋先生很少做广告,也没有重金邀请明星代言人。不仅是包与鞋,阿吉豆和集团旗下其他品牌都是如此。"包与鞋母公司古马众物集团的品牌总监黄阳这样描述集团的营销策略。

正如包与鞋将产品研发和营销重心放置于对美的求索,而非传统营销上的利益点,我们强调美学的重要性,恰恰因为美学提供了多重、具体、可见的价值。

首先,美学创造忠诚度。当产品和服务在主要属性上没有区隔时，不可见的体验即成为核心卖点。顾客的审美需求被满足，美学可以成为主要差异点并牢牢抓住顾客。

其次，美学提升定价能力。为什么一双耐克球鞋可以卖 1 500 元？一杯星巴克咖啡可以卖 40 元？典型的回答是他们有强大的品牌资产。但是他们的品牌资产中哪一部分允许他们定价高于竞争对手？答案隐藏在围绕这些品牌的独特美学。当公司或产品能提供消费者能看见、听到、触摸、感受到的具象体验，我们就在为产品增添价值，因此，我们当然可以为产品所增加的部分定价。

延伸阅读 9-2

最后，美学能洞穿信息壁垒。消费者日益被各种信息所包围、堵塞，但是美学可以洞穿信息壁垒。它有独特的象征标志可用来识别企业与品牌，重复的信息可以提升视觉符号的可记忆性。因此，产品很容易被识别和被挑选。一个强大的识别信号可以取得相当高效的沟通效果。此外，美学可以帮助抵御竞争。美学色彩越强，越多的元素体现美学色彩，竞争对手就越难模仿。很难想象竞争对手会全盘复制感官体验的每个元素。

本篇思考

1. 在你心中，美的定义是什么？什么样的事物可以称为美？
2. 对美的求索子趋势是否会对你所在行业产生影响？
3. 包与鞋在美的管理中，还要开展哪些工作，才能让产品的美具有可持续性？
4. 在你看来，营销美学与品牌营销的区别在哪里？

第四节 我要的虚拟与现实世界的模糊、对美的求索，你可以满足吗？

"我在购物中心里体验过英特尔的真人体感试衣间，大屏幕+PC+体感设备非常方便。不用来来回回换衣服，我就可以知道哪些衣服适合我，这不是很好吗？"

——石女士，22岁，成都

"野兽派的东西是不便宜，但是你不觉得它家花艺、家居美得像艺术品吗？我很喜欢它家布置门店的品位，就好像赋予了一花一物自由自尊的灵魂。"

——张女士，22岁，武汉

大自然的变化永不停息。它犹如一部有精密结构和运作模式的机器在不停运转，它由无数种元素构成——光线、水流、空气、雨雪、雾、空间、温度、色彩、音律、动物、植物……而每一种元素都是这架庞大机器上精妙的部件。

人类社会的变化永不终止。每一天恰如春雨过后，新鲜事物勃然而生——对话、交谈、理念、理想、行走、运动、食物、工作、旅行、实验……每一种事物都让人类社会的每一天都有存在的必要和价值。

我们每天都在观察和感受着自然社会与人类社会两台机器各自以及交互运转时产生的景象。有时，我们体会到流动而不是一成不变带来的乐趣，无论是工作还是生活的变化，都让内心因为禁锢而带来的压力得以释放；有时我们因为触达美好的事物，而让乏味带来的内心的压抑被愉悦冲刷得荡然无存；有时我们因为在梦境或是虚幻中联结到更充沛的情感或是更新奇的事物，而让内心被现实种种束缚压制的自我得到进一步发展和完善。由此，我们体验到新世界的美丽与愉悦。

在寻求新体验趋势中，年轻人表现出：希望在向外寻求自身地位和与众不同以及向外寻求压力释放之间体会到世界的不同；谁说生老病死只能固守一地？谁说人要脚踏实地才能获得成功？谁说不要被眼花缭乱的美景所迷惑？人生或生活就是持续变动的多面体和经验组合！一切对美的追求和向往都是理所应当！

20世纪20年代，美国作家海明威曾在巴黎工作。他将那段时尚、前卫、绮丽的日子比作"流动的盛宴"，后来海明威将这段经历写成一本书——《流动的盛宴》[①]。扉页处有这样一句话："假如你有幸年轻时在巴黎生活过，那么你此后一生中不论去到哪里，她都与你同在，因为巴黎是一席流动的盛宴。"

---

① 海明威. 流动的盛宴[M]. 汤永宽, 译. 上海：上海译文出版社，2020.

后记　敬畏、不停歇与永远好奇

第一次世界大战结束后,以汉斯·哈恩(Hans Hahn)、奥托·纽拉特(Otto Neurath)和莫里茨·石里克(Moritz Schlick)为核心的一小群常居维也纳的哲学家定期聚会,讨论科学的哲学基础。他们中大多数人并不是现代意义上纯粹的哲学家,而是物理学家、数学家。他们想用科学的方法论和语言重新思考哲学这门学科。最终这群人被称为"维也纳学派",他们的清谈阔论奠基了其后对欧美影响深远的逻辑经验主义[1]。

石里克等人是以科学的眼光重新打量哲学这一传统的学科,我们也希望以全新的视角看待所谓的"年轻人需要什么?"这个不年轻的命题。近15年的研究,让我们获得了一些能够形成文字的观察和思考,但是仍然还有这样、那样不断涌现的现象,需要我们持续关注与探究。因此,在本书完成之际,我们也在计划下一步的工作:一方面,持续完善现有"中国年轻人需求趋势框架",为已有概念的趋势,如基于兴趣的社交、逃避现实、持续学习等等,提供关于成因的细致解释以及相关商业创新的编撰;另一方面,对已描述的趋势进一步积累相关商业创新素材,不断扩充现

---

[1] 大卫·埃德蒙兹. 进步知识分子的死与生[M]. 许振旭, 译. 上海: 上海三联书店, 2023.

有素材库。

也许有人会问：为什么每篇趋势前都引用一首诗？这其实是我们想致敬跨学科带来的新奇与美好。正如物理学家、数学家用自己熟悉的话语和方式，为以形而上为核心的哲学打开了新的重估之门，我们也希望与读者一起，以人文的视角重新理解年轻人的需求趋势和商业的众多创新。

当然，由于我们两位研究者视野有限，本书难免存在各种值得进一步探讨、商榷之处，非常欢迎读者通过微信公众号与我们交流，或是提供关于某个概念自己观察到的商业创新实践。作为20世纪最有影响力的哲学家之一的路德维希·约瑟夫·约翰·维特根斯坦（Ludwig Josef Johann Wittgenstein），也是维也纳学派参与者之一，他在年迈之际曾认为自己早年著述的《逻辑哲学论》具有明显错误。因此，如果读者发现我们的谬误或是能逻辑性地推翻本书中的某个趋势，我们将非常欢迎。

纽拉特曾运用一个比喻来说明科学是如何进步，后来这个比喻被称为"纽拉特之船"。他说，"我们必须先行假定现有的知识是可靠的。我们不能一下子推翻所有的假设——那是无稽之谈。但我们也不能设想有任何坚如磐石的基础。我们总是可以在进步的过程中弃掉一些'知识'"。"我们就像是水手必须在外海重建船只，而终究无法在干船坞里把船拆掉，再用最好的材料重建它。"

于是，抱着和纽拉特同样的心态，我们将继续研究之路。在此，诚恳感谢一路上给予我们支持的诸位老师和同事。